协同金融

李子刚　池仁勇
章延文　周　宁
编著

清华大学出版社
北　京

内 容 简 介

本书全面阐述了协同金融领域的基础理论、前沿问题及实际案例。全书由 8 章构成。第 1 章主要介绍协同金融概念与内涵；第 2 章分析协同金融与实体经济的关系；第 3 章介绍协同金融系统的构成及其生态链；第 4 章分析金融协同框架组织形式、协同金融主体；第 5 章梳理金融协同网络形成与治理；第 6 章聚焦于金融协同网络中金融与科技的互动；第 7 章介绍金融协同原则与激励机制；第 8 章从金融分工体系、混业与兼业、竞合关系角度探讨了协同金融分工与合作。

本书适合金融理论工作者，从事互联网金融、银行同业金融等工作的实践工作者以及相关专业的学生阅读。

本书封面贴有清华大学出版社防伪标签，无标签者不得销售。

版权所有，侵权必究。举报：010-62782989，beiqinquan@tup.tsinghua.edu.cn。

图书在版编目（CIP）数据

协同金融 / 李子刚等编著 . —北京：清华大学出版社，2022.7
ISBN 978-7-302-61288-9

Ⅰ. ①协… Ⅱ. ①李… Ⅲ. ①金融体系－研究－中国 Ⅳ. ① F832.1

中国版本图书馆 CIP 数据核字（2022）第 122491 号

责任编辑：高晓蔚
封面设计：汉风唐韵
版式设计：方加青
责任校对：王荣静
责任印制：宋　林

出版发行：清华大学出版社
网　　址：http://www.tup.com.cn，http://www.wqbook.com
地　　址：北京清华大学学研大厦 A 座　　　　邮　　编：100084
社 总 机：010-83470000　　　　　　　　　　邮　　购：010-62786544
投稿与读者服务：010-62776969，c-service@tup.tsinghua.edu.cn
质 量 反 馈：010-62772015，zhiliang@tup.tsinghua.edu.cn
印 装 者：三河市金元印装有限公司
经　　销：全国新华书店
开　　本：185mm×245mm　　　印　张：17.25　　　字　数：322 千字
版　　次：2022 年 8 月第 1 版　　印　次：2022 年 8 月第 1 次印刷
定　　价：88.00 元

产品编号：094134-01

本书系：

国家社会科学基金重大项目（17ZDA088）阶段性成果

浙江省新型重点专业智库浙江工业大学中国中小企业研究院科研成果

支持单位：

浙江工业大学中国中小企业研究院

前言

在当前金融行业转型的背景下，按照金融全牌照尤其是银行业转型的内在规律，金融机构以金融科技最新技术和最新模式为切入点构筑业务平台，服务于各类金融业务，提升金融生态能力。在数字化共生时代，金融机构需要构建生态圈开展协同业务，组织结构的重组是实现金融协同的关键一步。在数字技术的帮助下，价值创造和价值获取的方式已经完全变化，这种变化的力量正在重新定义每一个行业。这将助推金融机构展开组织结构变革，经营方式创新，创新业务模式，开创全新的经营管理方式。经营重心由内部管理转向外部网络构建，借助于价值合作伙伴，金融机构可以为顾客贡献不断拓展的价值，实现组织外协同。

协同金融布局于金融界、科技界和产业界，致力于推动金融—科技—产业协同创新，以三界融合创新为方向；总体目标是建设金融科技产业创新生态系统，赋能金融机构，促进金融科技创新。协同金融的具体目标是研发和推广一批金融科技创新项目；构建一个包含金融科技创新平台的生态体系；培养一批金融创新人才。

本书以协同金融与科技金融协同发展为研究对象，以协同金融服务实体经济为着力点，从理论研究与实践案例分析视角对协同金融的现有理论与前沿实践案例进行全面系统的介绍。

本书具有以下特点。

（1）紧随时代探前沿。2019年9月央行官方正式发布了《金融科技（FinTech）发展规划（2019—2021年）》，首次提出持牌金融机构在依法合规前提下发展金融科技，有利于提升金融服务质量和效率，优化金融发展方式，筑牢金融安全防线，进一步增强金融核心竞争力。协同金融将金融科技、金融机构串联起来，构建金融科技产业创新生态组织。因此，研究协同金融发展具有政策意义。

（2）引领行业促发展。随着互联技术驱动的"万物互联"时代的到来，技术变革引发了对行业边界的巨浪冲击，使得市场不确定性激增，金融机构再也无法获得原来的"稳态"，协同开始成为金融机构获取效率的新来源。在金融科技的发展过程中，"金融"和"科技"的关系到底如何协调促进？本书将运用理论与案例结合的方法为行业发展出谋划策。

（3）理论实践相结合。本书由浙江工业大学中国中小企业学院和潍坊银行股份有限公司牵头，邀请业内多位资深专家与从业者，对协同金融领域的基础理论、前沿问题及实际案例进行分析，不仅拥有详尽的行业理论分析，而且涵盖行业内各参与主体在实践过程中最新颖的案例介绍。本书既有高屋建瓴的理论指导，又有实践工作者切实可行的一线经验介绍。

本书对以下用户具有重要参考价值。

（1）金融行业从业者。本书拥有大量全面一手的案例资料，也是协同金融实践者的经验介绍，能为金融从业者提供一定的实践指导。

（2）金融行业进入者。本书不仅分析金融行业的演化历程与发展现状，还提出行业发展面临的问题以及未来发展方向，并结合相关案例进行解读，能为行业进入者提供一个全面清晰的行业认知。

（3）关注金融行业的普通用户。本书尽可能地降低专业难度，从而能让很多没有专业知识背景的读者了解金融行业，并运用理论与案例相结合的方法向普通读者生动地展示行业发展情况，普及协同金融相关知识。

本书邀请学界与业内多位资深专家学者，全面深入地剖析了协同金融的基础理论、前沿问题及实际案例，总体由8章构成。

第1章作为本书的开篇章节，主要介绍了协同金融概念与内涵。首先通过对协同金融起源与发展进行梳理，为读者从广义上正确理解协同金融概念理清思路。其次，以辛迪加起源与发展为切入点，分析了金融辛迪加的种类与协同金融的关系，然后列举了辛迪加贷款和辛迪加投资，紧接着介绍协同金融的概念，让读者对协同金融有一个更为深刻的认识。最后，以金融逐渐向跨行业协同发展、混业经营为背景，从宏观层面叙述区域金融协同发展，从微观层面叙述金融机构进行联合来支持实体经济。从区域协同金融、金融企业协同的角度，通过相关案例来说明协同金融的具体表现，表达了协同金融不仅仅是贷款、融资概念，还是与实体经济共发展、共生存的思想。

第2章顺承第1章的内容，引入实体经济的概念，主要围绕金融与实体经济的关系、金融协同与实体经济发展等方面展开论述。2.1节主要阐述金融支持实体经济，从金融与实体经济互为前提的角度分析二者关系，并用一些地区数据进行分析。其中，在内涵特征方面，首先介绍实体经济的概念及其四大特征，然后再高度概括其概念内涵。在理论演化方面，按照时间顺序梳理金融发展的理论基础，然后使用统计数据佐证金融服务实体经济。2.2节的重点在于剖析金融协同与实体经济二者关系，并列举出金融支持实体经济发展的途径、方式和效果。其中，从金融机构与企业合作、金融机构之间合作两个角度分析金融协同支持实体经济，同时从资产证券化、中小企业集合债等角度进行阐述。2.3节主要介绍金融协同服务实体经济发展案例。其中，详细介绍中小微企业集合债券、公司信用卡的由来、发展历程以及结构，并结合杭州余杭金控中小企业集合债券、腾讯微粒贷、美国公司信用卡进行案例分析。

第 3 章主要介绍了协同金融系统与生态。首先，在分析传统金融系统的基础上，引入协同生态的概念，形成协同条件下金融系统的理念。其次，分别从银行、科技金融、资产管理三个角度深入剖析了协同金融生态链的不同类型。3.3、3.4 节从宏观、中观、微观三个不同层次，内外双循环两个角度分别探讨了内外部环境对金融生态的支撑作用。最后，选取平安集团作为互联网金融经典案例进行综合分析，加深读者对互联网金融生态系统的理解。

第 4 章主要分析了金融协同框架与组织形式。首先，从组织架构角度，列举了几种主要的金融协同组织形式，分析了协同组织的产生背景。其次，分析了协同金融共同体的概念与运行机制，并详细列举说明了协同金融合作主体与内容在协同金融中的作用。最后，选取区域金融与科技金融的耦合、青海中关村的两个案例对这一章的内容进行总结深化。

第 5 章主要介绍了金融协同网络是如何形成与治理的。首先对金融协同网络涉及的相关理论——社会网络理论和网络治理理论进行了阐述。基于社会网络理论提出金融协同网络的概念与特点，并梳理了金融协同网络的内容，包括金融机构内部协同、金融机构与金融科技机构之间的协同、金融与实体企业之间的协同。基于网络治理理论提出了金融协同网络的治理体系，包括监管系统、风控系统、纠纷调解系统、征信系统以及服务系统。其次对金融协同网络形成过程中涉及的组成成分、构建过程以及构建渠道进行分析。从金融协同网络的内部竞争与主体和环境的作用机制对金融协同网络如何运行进行了阐述。最后以"中信集团"和"蚂蚁集团"为典型案例，对比分析了传统金融行业与新兴互联网机构构建协同金融网络的异同。

第 6 章聚焦于金融协同网络中金融与科技的互动。知识经济迅速发展的时代，科技和金融成为影响国民经济发展的重要因素。金融协同网络的构架离不开科技的支撑。本书梳理了科技与金融的发展历程，厘清了金融科技与科技金融的内涵与特点，并对科技金融的作用机制进行了剖析。科技与金融的互动不仅促进了金融效率的提高，还促进了金融模式的创新。首先，互联网技术在金融中的应用催生了如"P2P 借贷""众筹"等新的金融模式，虽然有些模式已经被禁止，但不可否认，其也在金融发展史上留下了浓重的印迹；其次，人工智能在金融中的应用催生了如智能投顾、智能风控等技术，大大提高了金融效率；再次，大数据技术与金融结合催生了大数据征信业务，使金融机构对企业更加了解，促进企业融资；最后，区块链技术在金融场景中的应用，催生了数字货币、数字支付等金融业态，也提高了金融的安全性。

第 7 章主要介绍了不同金融机构在新型协同式金融创新模式下开展金融业务时所要

遵循的原则和激励机制，从协同原则、现代激励理论、激励制度设计和案例分析四个方面展开论述。金融机构之间构建彼此互助、共同成长的平台需要遵循利益共享和信息共享原则、权责对等原则、独立性原则和风险收益对等原则；同时，本章运用现代激励理论中的收益分配理论和交易成本理论来研究金融协同过程中如何能够产生更大效益，以及运用委托代理机制、谈判机制和定价机制来解释跨组织的协同合作模式，以制度为基石，构筑更加高效的金融协同发展动力机制；最后在此基础上选取"光大银行税贷易的激励机制"作为典型案例分析，详细介绍其业务流程，并在激励制度上提出相应的政策建议。

第8章顺承第7章的内容，引入金融分工的概念，主要从新的发展格局下介绍了协同金融分工管理与合作的运行机理。首先以金融分工的演进与发展为介入点，架构了我国金融分工发展体系的整体框架及发展脉络，尤其是我国的银行业的金融分工体系和非银行性金融机构的分工体系，并指出未来金融分工的发展前景；其次介绍了目前基本的三种金融分工机制——多核心机制、分散型机制、集合型机制，然后基于层次分析法（AHP）建立金融分工机构评价的指标体系，对信用评级、监管评级和能力评级3个一级指标及其15个二级指标的权重进行计算；最后选取"中信证券跨境并购里昂证券"作为金融分工管理的典型案例，在此基础上剖析了金融分工应用于跨境并购的业务模式，并针对不足之处提出针对性政策建议，以谋求协同金融的高质量发展。

本书一方面能为金融资深从业者提供全面的一手案例资料，另一方面为金融行业进入者了解行业发展前沿提供一个知识共享平台，同时，也能为普及协同金融知识提供一个良好的传播媒介，具有较高学术价值与社会应用价值。本书作为"普惠金融"系列著作，为国家社会科学基金重大项目（17ZDA088）、浙江省新型重点智库——浙江工业大学中国中小企业研究院、浙江省中小微企业转型升级协同创新中心团队的成果，是课题组撰写团队开展联合攻关的科研成果结晶。

全书由李子刚、池仁勇、章延文、周宁负责策划、设计、组织与统撰，具体参加本书撰写的成员有（以姓氏笔画为序）：王昀、王国强、朱锐、池仁勇、阮鸿鹏、张昕怡、周宁、周芷琪、章延文、储锦超、廖雅雅。本书在研究和撰写过程中，得到潍坊银行等国内外有关组织机构和部门的指导与大力支持，使得本书内容充实，数据准确，资料丰富，在此一并表示诚挚的感谢。

参加本书撰写的专家、学者和实践者对自己撰写的内容都进行了专门潜心研究，但由于金融行业发展面临的内外动态环境都在随时发生变化，加之时间紧迫，难免存在一些不足。本书中如有不妥之处，敬请各位研究同行和读者批评指正为幸。

编著者

目录

第1章 协同金融概念与内涵

1.1 协同金融起源与发展 ·· 2
    1.1.1 辛迪加的定义 ·· 2
    1.1.2 辛迪加的特点 ·· 2
    1.1.3 辛迪加的组织结构 ·· 3
1.2 辛迪加起源与发展 ·· 4
    1.2.1 早期辛迪加起源 ··· 4
    1.2.2 辛迪加在金融业务中的发展 ·· 4
    1.2.3 金融辛迪加分类 ··· 5
1.3 协同金融概念及其拓展 ·· 8
    1.3.1 协同的概念 ·· 8
    1.3.2 协同金融的概念 ··· 9
1.4 协同金融与金融协同 ··· 9
    1.4.1 协同金融的必要性 ·· 9
    1.4.2 协同金融的发展路径 ·· 10
    1.4.3 典型案例 ·· 12
1.5 协同金融与金融生态 ·· 21
    1.5.1 金融生态的概念 ·· 21
    1.5.2 金融生态中的协同机理 ··· 22

第2章 协同金融与实体经济

2.1 金融与实体经济关系 ·· 29
    2.1.1 实体经济的定义 ·· 29

2.1.2 金融发展理论 · 29
2.1.3 金融发展与经济增长的关系 · 30
2.1.4 金融服务实体经济 · 31
2.1.5 金融与实体经济之间的关联性 · 34

2.2 金融协同与实体经济发展 · 35
2.2.1 企业财务公司与银行合作支持实体经济 · 35
2.2.2 企业与融资担保公司合作支持实体经济 · 37
2.2.3 资产支持证券融资 · 38
2.2.4 中小企业集合债券 · 40
2.2.5 金融机构之间合作支持实体经济 · 42

2.3 金融协同服务实体经济发展案例分析 · 45
2.3.1 中小微企业集合债券概述 · 45
2.3.2 杭州余杭中小企业集合债券案例分析 · 47
2.3.3 腾讯微粒贷 · 49
2.3.4 公司信用卡 · 50

第3章 协同金融系统与生态

3.1 协同金融系统构成 · 54
3.1.1 传统金融系统 · 54
3.1.2 协同条件下金融系统 · 54

3.2 协同金融生态链 · 59
3.2.1 银行间生态链 · 59
3.2.2 科技金融生态链 · 62
3.2.3 资产管理生态链 · 63

3.3 协同金融生态支撑 · 65
3.3.1 宏观层次——经济大环境的支撑 · 65
3.3.2 中观层次——相关机构的支持 · 68
3.3.3 微观层次——金融内部的配合 · 70

3.4 协同金融内外循环 ·· 71
   3.4.1 内循环：金融机构间协作共赢的生存之道 ······································· 71
   3.4.2 外循环：金融与实体协同发展的崭新路径 ······································· 73
   3.4.3 内外循环动态匹配：服务经济新格局 ·· 77
3.5 互联网金融生态系统案例——平安集团 ··· 77
   3.5.1 案例背景 ·· 77
   3.5.2 案例分析 ·· 78

第 4 章
金融协同框架与组织

4.1 金融协同组织形式 ··· 84
   4.1.1 协同组织产生背景 ·· 84
   4.1.2 金融协同组织形式 ·· 85
4.2 协同金融共同体 ··· 93
   4.2.1 协同金融共同体 ··· 93
   4.2.2 协同金融共同体运行机制 ··· 98
4.3 协同金融主体与内容 ·· 102
   4.3.1 协同金融主体 ·· 102
   4.3.2 协同金融内容 ·· 104
4.4 案例分析 ·· 106
   4.4.1 京津冀协同创新共同体 ··· 106
   4.4.2 青海中关村"金融共同体" ··· 108

第 5 章
金融协同网络与治理

5.1 金融协同网络概念与相关理论 ·· 111
   5.1.1 社会网络理论 ·· 111
   5.1.2 金融协同网络的概念与特点 ·· 113
   5.1.3 金融协同网络的内容 ·· 114

5.1.4　网络治理理论 ·· 118
5.2　金融协同网络的形成 ··· 121
　　5.2.1　金融协同网络构建 ·· 121
　　5.2.2　金融协同网络的运行机制 ··· 124
5.3　案例——以"中信集团"和"蚂蚁集团"为例　126
　　5.3.1　传统金融行业的协同网络构建——以"中信集团"为例 ························· 126
　　5.3.2　新兴互联网机构金融协同网络的构建——以"蚂蚁集团"为例 ················· 135

第6章
科技协同与金融协同

6.1　科技与金融的互动 ··· 153
　　6.1.1　科技与金融的发展历程 ·· 153
　　6.1.2　金融科技 ··· 155
　　6.1.3　科技金融 ··· 157
6.2　互联网 + 金融 ··· 160
　　6.2.1　互联网技术 ·· 160
　　6.2.2　互联网金融 ·· 161
　　6.2.3　案例——以平安集团为例 ·· 166
6.3　人工智能 + 金融 ··· 170
　　6.3.1　人工智能技术 ·· 170
　　6.3.2　应用场景 ··· 171
　　6.3.3　案例分析——以"度小满金融"为例 ··· 174
6.4　大数据 + 金融 ··· 177
　　6.4.1　大数据技术 ·· 177
　　6.4.2　案例——芝麻信用 ··· 178
6.5　区块链 + 金融 ··· 180
　　6.5.1　区块链技术 ·· 180
　　6.5.2　区块链在金融中应用场景 ··· 181
　　6.5.3　案例分析 ··· 182

第 7 章
金融协同原则与激励机制

7.1 金融协同原则 ······ 187
    7.1.1 利益共享与信息共享原则 ······ 187
    7.1.2 权责对等原则 ······ 190
    7.1.3 独立性原则 ······ 191
    7.1.4 风险收益对等原则 ······ 193

7.2 现代激励理论与金融协同 ······ 194
    7.2.1 激励是什么 ······ 195
    7.2.2 收益分配理论 ······ 196
    7.2.3 交易成本理论 ······ 198

7.3 协同金融的激励制度设计 ······ 201
    7.3.1 委托代理机制 ······ 201
    7.3.2 谈判机制 ······ 203
    7.3.3 定价机制 ······ 205

7.4 协同过程的激励机制——以光大银行税贷易为例 ······ 208
    7.4.1 案例概述 ······ 208
    7.4.2 光大银行税贷易业务 ······ 209
    7.4.3 政策与建议 ······ 211

第 8 章
金融协同分工管理与评估

8.1 金融分工体系 ······ 215
    8.1.1 金融分工的演进与发展 ······ 215
    8.1.2 我国的金融分工体系 ······ 219
    8.1.3 我国金融分工发展面临的风险 ······ 226
    8.1.4 我国金融分工的发展前景 ······ 227

8.2 协同金融分工角色管理 ······ 228
    8.2.1 金融分工机制 ······ 228

8.2.2　金融分工机构的资格评定 …………………………………………… 232
　　8.2.3　金融分工过程的信用评级 …………………………………………… 233
　　8.2.4　金融分工过程的监管评级 …………………………………………… 237
　　8.2.5　金融分工过程的能力评级 …………………………………………… 241
8.3　**案例分析：中信证券跨境并购里昂证券的分工管理** ……………………… 244
　　8.3.1　案例概述 ………………………………………………………………… 244
　　8.3.2　并购绩效评估 …………………………………………………………… 246
　　8.3.3　政策与建议 ……………………………………………………………… 250

参考文献 …………………………………………………………………………………… 252

第 1 章
协同金融概念与内涵

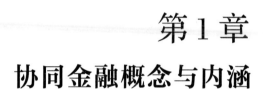

1.1 协同金融起源与发展

在全球经济一体化和金融创新的驱动下,金融分业经营的序幕渐渐拉开,同时混业经营、多方合作成为国际金融发展的新动向,从而衍生出协同金融。协同金融的思想可以追溯到一百多年前的辛迪加组织。随着金融业务的逐渐延伸,贷款、融资、投资、保险、租赁、资产管理等专业金融服务迅速完善,并且与实体经济共同发展、共同生存。从微观层面看,协同金融包含金融机构、非金融机构之间的合作,如银行同业拆借、外汇结算合作、资产证券化等业务。从宏观层面看,协同金融包含区域之间的金融合作及不同金融机构之间的合作,如金融机构相互渗透,跨地区开设营业网点;不同金融机构合作开展集合贷、票据交易、外汇交易、证券投融资、产权交易等业务。

1.1.1 辛迪加的定义

辛迪加一词源于法语 syndicat,这个单词在法语是"组合""集合"的意思。虽然,辛迪加不会垄断整个市场,但会造成局部垄断与规模经济。辛迪加是由同一行业内少数企业相互签订协议而产生,是金融业务共享和利益分担机制。一般情况,企业加入辛迪加后,销售与采购权被辛迪加总部统一控制。从理论上看,辛迪加是一种自我组织的团体,也是临时由个人、公司自愿组成的,以处理某些特定的业务、追求或促进共同利益为目的。辛迪加的本质是签署共同的业务合作协议而形成的企业联盟,如果辛迪加成员企业签订排他性经营协议以获得垄断利润,就会涉及反垄断相关条款,损害市场公平性原则。

1.1.2 辛迪加的特点

相比于垄断组织卡特尔,辛迪加具有稳定、存续时间长的特点。尽管辛迪加的参与者一定程度上保留了生产、法律层面的独立性,但在协议项目层面上受到明显制约,无法独立经营,必须按照经营项目的设定开展经营。假如辛迪加的成员打算退出,将会受到项目协议条款的约束和承担相应违约损失,因此受到辛迪加的抵制,有着较高的风险。

一旦企业参加辛迪加，在项目完成之前不轻易退出，因此辛迪加表现出相对稳定的组织形式。

1.1.3 辛迪加的组织结构

辛迪加成员企业进行商议推举出代表，成立总办事处，负责单位原料采购及产品销售，统一管理辛迪加项目运营。这种统一采购与销售，其目的是辛迪加成员单位实现独占市场，在流通领域占有一定的垄断地位，使其提高销售价格、缩减原料采购价格，进而分享垄断利润。如图 1-1 所示为辛迪加结构图。

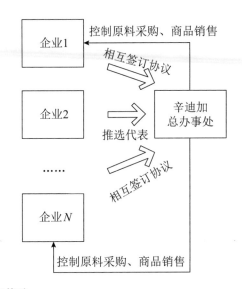

资料来源：课题组整理修改

图 1-1 辛迪加结构图

简单来说，辛迪加就是供应商通过联合起来形成一个供应商联盟体，统一地向上游采购，统一地向下游销售，形成一个强大的市场联盟体，以瓜分市场利润。南非钻石加工制造企业德比尔斯公司就是一个典型的钻石辛迪加。德比尔斯垄断钻石加工制造，以其下游十大看货商为支撑，形成巨量的销售分支机构遍布全球的网络。控制供货、独家定价、排他协议等种种措施使得德比尔斯可以左右全球的钻石供应销售。

1.2 辛迪加起源与发展

1.2.1 早期辛迪加起源

辛迪加起源于19世纪末的欧洲，由垄断组织卡特尔演化而来，多集中于农业、工业制造领域①，逐渐形成了控制工业领域的垄断组织。例如，辛迪加在20世纪初的德国工业经济中占有举足轻重的地位。与此同时，煤炭、钢铁领域也逐渐形成了辛迪加，其产量在德国煤炭、钢铁总产量中所占比重超过40%。由此可见，工业生产辛迪加带来巨大的产量规模效应。

1.2.2 辛迪加在金融业务中的发展

19世纪末20世纪初，一些大型投资项目对资金需要巨大，单一金融机构无法供给和管理大型项目，于是出现多家大型金融机构联合投资某一个项目的现象。例如，辛迪加承销团经常参与新的证券发行承销。自从美国银行家杰伊·库克发明这种承销合作形式以来，辛迪加承销团的技巧已经得到了显著的提高，现在已经成了向市场推广、发行新证券的约定俗成的方法。一般大型项目辛迪加都是大型金融公司发起成立，因此，在许多重要的辛迪加承销团中都有雷曼、基德-皮伯第商号、克拉克-道奇商号、J.P.摩根、高盛和科恩-娄布商号（Kuhn Loeb）等的身影。二战之后金融机构协同投资进一步发展，涌现出大量的金融辛迪加组织，主要涉及债券发行承销、投资。1963年7月，伦敦一家商业银行同比利时、德国和荷兰的三家银行组成国际银行辛迪加，发行了一笔1 500万美元的债券，并在伦敦证券市场上市，成为世界上第一笔欧洲债券。华尔街著名金融机构美国雷曼兄弟公司，于20世纪90年代初为亚洲开发银行发行面值3亿美元的龙债券②。该龙债券的承销辛迪加成员由亚太地区的主要金融机构组成，并在亚洲金融市场定价与发行。

---

① MBA 智库百科 [EB/OL].[2019-03-12]. https://wiki.mbalib.com/wiki/%E8%BE%9B%E8%BF%AA%E5%8A%A0.
② 百度百科 [EB/OL].[2008-04-20]. http://baike.baidu.com/view/1333889.html.

1.2.3 金融辛迪加分类

金融辛迪加根据相关业务可以分为承购辛迪加、辛迪加贷款、辛迪加投资等。辛迪加的重要特点是它降低或分散金融业务中的相关风险，突破资金限制，增强金融企业竞争力，获取重要的资源信息。

（1）承购辛迪加

承购辛迪加（underwriting syndicate）亦称证券包销商。承购辛迪加对首次发行的证券统一承购与包销，在证券发行中起担保作用，承担证券发行中的风险[1]。承购辛迪加成员由多家金融机构组成，一般由辛迪加的发起机构担任集团经理。承购辛迪加的成员应具有互补性，即它们各有一定的资金、市场、管理等相应优势，以确保股票承销任务的顺利完成。

在通常情形下，承购辛迪加须依照约定价格和时间购买证券产品，然后再进行销售。在证券销售过程中，承购辛迪加成员可以把证券直接出售给投资者，也可以批发转让给其他成员。承购辛迪加成员在销售证券过程中须遵守合同规定条款和相应法律法规。

单个投资银行以全额包销方式承销股票可能会面临较大的发行风险，特别是对发行量很大的股票，单个投资机构往往难以承担资金供给和风险，同时也缺乏足够的销售网络，联合相应金融机构共同承销是唯一应对策略，承购辛迪加应运而生。因此，单个投资银行往往无力承担或不愿意独自承担全部发行风险，而是联合其他承销机构组成承销辛迪加，由承销辛迪加的成员共同包销股票，并以各自承销的部分为限来分摊相应的发行风险和收益，这就是金融辛迪加的共享机制。

承销辛迪加的规模和结构取决于证券发行的规模、期限类型和发行地区。承购辛迪加一般由实力雄厚的投资银行进行组织，由它作为牵头经纪人（lead manager）或主承销商（lead underwriter）。主承销商的主要职责是：代表承销商辛迪加与发行人就承销条款进行谈判，确定股票发行量、发行价格、承销差价等，签订承销合同和有关文件，并代表承销辛迪加向发行人最终付款。组织承销辛迪加的成员签订分销合约，明确各成员的承销份额、各自权利及其应该承担的职责，并根据各承销商的承销份额分配承销费用和承销报酬；负责稳定发行市场的股票价格。在有些情况下，同一笔交易特别是大额股票发行有若干个经理人，它们被分为主承销商、副主承销商以及承销辛迪加成员，联合管理这笔交易。

---

[1] 栾华. 投资银行学 [M]. 北京：高等教育出版社，2011.

以辛迪加方式包销股票，不仅可以突破单个承销商在承销能力方面的限制，扩大股票销售网络，满足巨额股票发行的资金需求，还能尽快完成股票的发售，进而降低和分散承销商的发行风险。这种优越性能否得以充分发挥将取决于承销辛迪加的组成结构。因此，牵头经理人（主承销商）选择的承销辛迪加成员应该是资信优良、拥有广泛的投资者客户基础和销售网络，并有很强的售后市场研究力量和为日后上市交易创造市场能力的投资银行。承购辛迪加运作流程如图 1-2 所示。

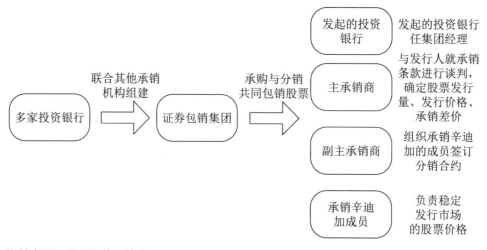

资料来源：课题组整理修改

图 1-2　承购辛迪加运作流程

（2）辛迪加贷款

辛迪加贷款（syndicated loan）也称为银团贷款，是指由具备贷款业务资格的一家或多家银行牵头，吸收多家银行和非银行金融机构组成银行集团，按照同一贷款协议条款，在约定的期限和条件向同一借款人提供贷款的方式[①]。国际辛迪加贷款是由多国或地区的银行联合成立银行财团，依据相应比例对借款人提供一笔中长期贷款。由于国际辛迪加贷款金额大、周期长，通常需要政府等机构担保。贷款的利率通常有固定利率和浮动利率两种。

银团贷款通常金额大、周期长，会有相应优惠，可以保障项目资金及时到位并降低融资成本，是重大基础设施、工业项目建设首要融资方式。银团贷款为大额借款项目而生，结合多家银行之力，满足大型基建和集团公司贷款需求。

---

① 百度百科 [EB/OL].[2008-04-20].http://baike.baidu.com/view/762232.html.

辛迪加贷款要求数家银行维持同一贷款条件，按照同一贷款合同规定的时间和比例，向借款人提供本外币贷款及授信业务。银团贷款里，有牵头行、参与行和代理行之别，在"信息共享、独立审批、自主决策、风险自担"四原则下，各方权责分工各异。牵头行负责贷前调查、谈判、确定贷款条件并组建银团，代理行代表大家进行贷款发放、收回和统一管理，其他参与者统称为参与行。联合贷款，基本也是一家机构负责获客、贷前初审、贷款管理和回收，其他持牌机构在独立审批、独立决策并与借款人独立签署合同的基础上参与进来，同样要遵循"信息共享、独立审批、自主决策、风险自担、利益共享"等基本原则[①]。银团贷款流程如图 1-3 所示。

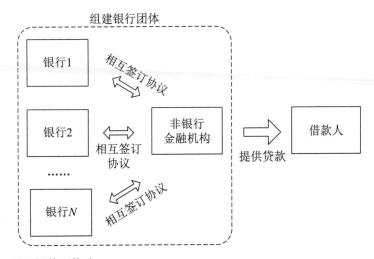

资料来源：课题组整理修改

图 1-3　银团贷款流程

（3）辛迪加投资

辛迪加投资（syndication）也称为联合投资，是多家投资机构按照某种约定进行联合投资于某一大型企业或项目，是被广泛应用在大型基础领域的投资。辛迪加投资的概念由 Wilson（1968）首次提出，认为它是一种投资机构在不确定环境下通过联合来实现风险分散、收益共享的投资方式[②]。在辛迪加投资过程中，多家投资机构共同承担风险和损失，增强资金供给能力，形成风险降低效应[③]。辛迪加投资为大型投资项目提供资

---

① 人人都是产品经理. 联合贷款，应该怎么管？[EB/OL].[2019-10-28]http：//www.woshipm.com/it/3021027.html/comment-page-1.

② Wilson R.Theory Of Syndicates[J].Econometrica，1968，(36)：1-119.

③ 李俊峰. 风险投资的辛迪加模式研究 [J]. 湖北社会科学，2009，(05)：80-83.

金供给保障，同时降低了大型企业与资本市场之间的信息不对称性，因而可以保障项目长期投资过程中的资金投入及其稳定性[①]。辛迪加在风险投资和私募股权投资中得到了广泛应用，辛迪加模式是风险投资中经常使用的投资模式。辛迪加投资分类如表1-1所示。

表1-1 辛迪加投资的类别

分类标准	具体分类	内容
根据投资机构分布划分	国内联合投资	中国境内投资机构联合对某一大型企业或项目进行投资
	中外联合投资	中国境内、境外投资机构联合对某一大型企业或项目进行投资
	国外联合投资	境外投资机构联合对某一大型企业或项目进行投资
根据项目投资阶段划分	首期辛迪加投资	投资机构联合对某一大型企业或项目首期进行投资
	后期辛迪加投资	在完成首期投资后，投资机构联合对某一大型企业或项目继续进行投资

资料来源：课题组整理所得

1.3 协同金融概念及其拓展

1.3.1 协同的概念

俄罗斯学者Ansoff（1965）最先提出协同的概念，认为协同即是相对独立的各组成部分在资源共享的基础上共生互长并实现价值创造。协同论由德国学者哈肯于1971年提出，哈肯从系统论的角度提出系统中的各组成要素之间、要素与系统之间以及系统与环境之间都存在协同作用，并阐述协同效应是各主体通过协同作用发挥出"1+1>2"的整体效应[②]。

协同论又叫作协同学，是研究各个系统间的共同性及协调达到共同目标的机理与规律的一门科学。协同论的主要研究对象是非封闭系统下个体之间相互影响相互联系而促成的协同效应，这种协同效应使得非封闭系统从非稳定状态转变至稳定状态，从低级稳定转变至高级稳定，以及从稳定又转变为非稳定的具体协同规律和共同性的一种新兴理论。

协同理论提出后所有学科都做出了巨大的贡献，不仅在物理、化学、工程等自然学科领域得到了广泛运用，在经济、社会、文化等社会学科领域也受到了广泛关注。

---

① 陆瑶，张叶青，贾睿，李健航. "辛迪加"风险投资与企业创新[J]. 金融研究，2017，(06)：159-175.
② 顾祎旸. 协同创新的理论模式及区域经济协同发展分析[J]. 理论探讨，2013，(05)：95-98.

1.3.2　协同金融的概念

目前国内外学者对"协同金融"的概念尚未达成共识。国内外围绕协同金融的讨论，主要集中于金融协同与区域经济发展、特定地区的金融协同发展趋势、金融协同发展的水平、区域协同发展中的金融支持等四个方面。区域经济协调发展作为可以达到区域内各参与方收益共享和利益最大化而进行的顶层设计和系统谋划，必然要求与此相适应的金融跨区服务、跨机构服务，进而实现金融要素在区域间的流动和合理配置，即金融协同发展[①]。

协同金融是金融系统构成要素之间相互依存、适应、调整、促进，使得金融系统结构不断优化、系统有序程度不断提升的途径。金融系统协同发展的最显著特点是通过金融子系统间的非线性作用，能够实现单个子系统所无法完成的目标，即产生"1+1>2"的协同效应。协同金融联合金融、科技、产业界，致力于推动金融、科技与产业协同创新，通过三界融合创新，促进产业高质量发展；协同金融以开放银行、平台策略、场景金融和交易驱动为目标导向，是资源和能力互补过程，实现"1+1>2"的放大效应。

1.4　协同金融与金融协同

1.4.1　协同金融的必要性

区域发展具有非均衡性的特点，区域间金融发展的失衡也成为了一种客观现象。为了打破这种非均衡性乃至失衡的现状，协同发展变得尤为重要。金融作为经济和社会发展的重要因素，区域金融的协同发展也必然是区域协同发展中的重要内容和主要手段。金融作为现代经济的血脉，高效的金融体系和统一的金融市场是协同发展的必然要求。金融行业的发展在增强区域经济活力、优化区域经济结构乃至带动地区经济发展等多个方面的作用显著。一个地区的经济发展是否均衡，与这个地区金融发展有很大的关联，一个地区良好的金融发展情况以及合理的空间布局是保障这个地区经济资源是否能够得到合理利用和分配的重要基础，只有实现了区域金融的协同发展，才能实现区域经济的协同发展[②]。协同金融除了区域之间的协同，还包括市场、机构、产品等层面的协同。

[①] 何德旭. 推进区域金融协同发展 [J]. 中国金融，2015，(21)：81-82.
[②] 杨铠宇. 京津冀区域金融协同发展水平评价及政策建议 [D]. 河北大学，2016.

协同金融的必要性体现在：在金融行业转型的背景下，按照金融全牌照尤其是银行业转型的内在规律，在转型的方向和必由之路上进行重点布局，以金融科技最新技术和最新模式为切入点构筑业务平台，服务于大类金融业务，助力金融机构提升金融生态能力。协同金融可以实现金融、科技与产业三界融合代际跃升，建设金融科技产业创新生态组织，赋能金融机构，联合金融科技创新。协同金融视角下金融、科技、实体经济三者关系如图1-4所示。

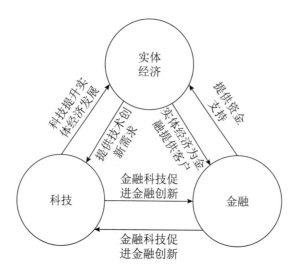

资料来源：课题组整理所得

图1-4　协同金融视角下金融、科技、实体经济三者关系

1.4.2　协同金融的发展路径

协同金融包含3条路径，即机构协同、产品协同、市场协同。表1-2列举了金融协同的路径和内涵特征。

表1-2　协同金融的路径和内涵特征

金融协同的路径	内涵特征
机构协同	各类型金融机构开展形式多样的互动协作、人才交流，以形成支持的金融合力
产品协同	利用政策优惠，重点支持各类金融产品的协同创新，让企业和个人享受全方位、高质量的资金融通和风险保障服务
市场协同	促进不同区域间市场互联互通，金融要素在区域间有序流动，让高效金融服务助力区域资源优化配置

资料来源：课题组整理所得

协同金融紧紧围绕金融产品、金融工具和金融服务,助推科技与产业发展,推动经济高质量发展。金融产品的种类主要包括贷款、证券、资产证券化、保险、信托、资产管理等,为客户提供具有特色、高质量、便利安全的金融服务。例如,银行与保险、证券存在着客户协同,业务协同、数据协同等诸多协同,保险公司与银行、期货公司与银行、证券公司与银行都存在协同关系。最重要的一点,资产证券化作为金融机构与企业协同的主要方式,解决了企业融资困境,也实现了银行等金融机构资产更具有流动性。表1-3列示了金融协同的方式及具体业务。协同金融能推进金融政策、金融市场、金融数据、金融人才等要素的一体化发展。

表1-3 金融协同方式及具体业务

金融协同类别	协同方式	具体业务
金融机构协同	银期合作	全国银期转账业务
	银保合作	保险代理业务、保险资金托管
	银证合作	第三方存管业务、代理销售集合资产管理计划、融资等
	银行同业合作等	资金信托代理业务
金融机构与非金融机构协同	资产证券化	企业融资、代理国库集中支付、代理地税社保金征收、地方债国库现金管理等
	银政合作等	
金融市场协同	跨境证券市场互联互通等	沪港通、深港通

资料来源:课题组整理所得

协同金融催生了银期合作与银保合作。银期合作是指商业银行与期货行业(包括期货公司及期货投资者、期货交易所)开展资产、负债、中间业务等方面的合作。银期合作主要内容包括期货结算业务、期货保证金管理以及标准仓单质押贷款业务等。银保合作是指银行和保险公司充分利用双方的优势资源,通过共同的销售渠道,为共同的客户群体提供兼备银行和保险特征的金融产品,以一体化的经营形式来满足客户多元化金融需求的一种综合化的金融服务[1]。

期货结算业务包括期货资金结算和银期转账两部分内容。其中,期货资金结算业务是指商业银行作为结算银行根据当日交易结果和交易所有关规定,对交易所、交易所会员和期货投资者的有关款项进行计算、划拨的业务活动,充当交易所和会员单位及期货投资者之间资金流转的桥梁和纽带;银期转账是指商业银行为期货投资者(例如,期货客户包括机构客户和自然人客户)和期货公司之间提供的电子化(包括电话、网络、自助终端等)资金划转服务,主要包括期货投资者入金、出金和期货公司对出入金的审批、查询等功能[2]。

---

[1] 章喆红. 保险业交叉销售的现状分析和策略建议[J]. 上海保险,2008,(09):44-46.
[2] 胡红光. "银行IB"业务是深化银-期合作的一个双赢选择[J]. 经济生活文摘(下半月),2011,(09):44-45.

期货保证金管理业务是指商业银行利用独立的资金管理平台协助监管部门进行期货保证金的运行监督管理。保证金封闭运行是指期货经纪公司在指定银行开立有关账户，自有资金与客户期货交易保证金严格分开管理，专户封闭运行。实行封闭运行后，期货经纪公司、期货交易所和指定结算银行之间形成一个由备案专户构成的封闭系统，客户保证金在银行的保证金账户和交易所的席位构成的封闭圈内运行。

1.4.3 典型案例

区域金融协同案例：上海农商银行区域农村金融协同模式[①]

（1）跨区域联合成立农村金融服务委员会

2019年8月上海农商银行与江苏、浙江、安徽三省21家农商银行联合发起设立长三角农村金融机构公司金融市场业务、贸易金融业务专业委员会，倡导在公司金融、零售金融、金融市场等领域共享资源、加强合作、优势互补、互利共赢，提供综合、优质、全面的金融服务，以提升长三角农村金融机构的市场影响力[②]。该委员会定位为独立于各成员单位的非法人组织，旨在通过信息共享、合作共赢，建立紧密的业务合作关系，职责包括提高中小微企业授信的可获得性、助推民营企业转型升级、深入国际结算、跨境金融市场业务合作。具体合作业务如表1-4所示。

表1-4 长三角农村金融机构业务协同

发起银行	合作银行	具体合作业务
上海农商银行	张家港农商银行、昆山农商银行、常熟农商银行、无锡农商银行、江南农商银行、杭州联合银行、鄞州银行、绍兴瑞丰农商银行	外币拆借业务
	江南农商银行、杭州联合银行	外币掉期交易和国内信用证二级市场福费廷业务
	合肥科技银行、紫金农商银行	受托代付业务合作
	海门农商银行、宜兴农商银行	代理出口业务

资料来源：课题组整理修改

与此同时，为响应长三角一体化战略，上海农商银行与长三角农村金融机构开展同业融资、利率债分销、债券借贷等多品种的业务合作，在投资策略、市场研判、风险预警等方面进行信息共享。在金融产品与业务推介方面，上海农商银行向长三角农村金融

[①] 中国金融信息网.第二届长三角农村金融座谈会在沪举办《长三角农村金融机构合作宣言》发布[EB/OL].[2019-08-02]. http: //news.xinhua08.com/a/20190802/1876230.shtml.

[②] 新华财经.长三角农村金融机构合作宣言[EB/OL].[2019-08-02]. http: //news.xinhua08.com/a/20190802/1876230.shtml.

机构专业委员会成员推介线上同存业务，有力推动了长三角农村金融机构业务协同创新。

（2）跨省市推进金融普惠

除了加强合作协同，多年来，上海农商银行还立足总行延伸金融服务范围，推动分支机构积极支持所在地经济建设和社会事业发展，承担金融企业的责任与使命。上海农商银行扎根本地市场，围绕"三农"、小微企业、科技创新创业，提供金融普惠服务，同时，与浙江、江苏两省的相关金融机构开展合作，协同推进服务实体经济的金融服务。

例如，上海农商银行深度参与嘉善"精密机械创业园一期"、昆山市"智能机器人产业园"和周市镇乡村振兴等项目的协同金融服务，为两省小微企业、"三农"提供便利化的普惠金融服务；并于2019年5月，与嘉善县政府签订《支持实体经济高质量发展战略合作协议》，为嘉善县提供总计100亿元的普惠金融支持（表1-5）。

表1-5 上海农商银行跨省市推进金融普惠服务

服务对象	金融普惠服务类别
昆山市科技局、昆山科技型小微企业	支持科技型小微企业的昆科贷产品体系
嘉善县"精密机械创业园一期"	提供固定资产贷款
昆山市"智能机器人产业园"项目	提供固定资产贷款
昆山市周市镇乡村振兴项目	提供固定资产贷款
与嘉善县政府签订《支持实体经济高质量发展战略合作协议》	提供总额人民币100亿元的表内外意向性融资支持

资料来源：课题组整理修改

2019年，上海农商银行昆山支行对接昆山市科技局，纳入当地支持科技型小微企业的昆科贷产品体系；对接苏州科技局苏科贷和苏州市地方金融监督管理局信保贷产品，支持当地推进普惠金融和科技金融。

近年来，众多上海企业前往周边区域设立分支机构，带动产业转移与技术溢出。上海农商银行嘉善、昆山支行依托总行优势，积极与兄弟分支机构协同联动，为企业提供跟踪配套服务，助力长三角区域内产业转移与金融普惠。

金融机构协同案例：中邮证券与邮储银行、大连商品交易所与中国农业银行[①]

（1）银证协同案例

中邮证券和邮储银行这两家著名金融机构将"小集合理财产品"代销作为践行银证协同的工具。邮储银行为中邮证券的"小集合理财产品"进行优先排期，反过来，中邮证券为邮储银行客户回报良好收益。邮储银行在代销"小集合理财产品"过程中获取代

---

① 这就是协同！[EB/OL].[2019-09-11]. https://www.sohu.com/a/340387725_556390.

销费与托管费收入，同时，成为邮储银行留住高净值客户的重要工具[①]。

中邮证券小集合产品于 2017 年起在邮储银行持续销售以来，始终保持良好的投资业绩。"鸿利来 3 号"产品投资业绩在同期同类产品中排名第 7 位，其他产品投资收益排名均在前 30 位，优秀的投资业绩和风控水平积累了口碑[②]。通过邮储银行和中邮证券的协同合作，使得"小集合理财产品"得到市场认可并实现成功募集，其募集规模与效率高于行业同类产品，从而体现了银证协同的优势。

中邮证券和邮储银行以"小集合理财产品"代销为抓手，深化协同模式，充分发挥邮储银行的渠道优势和中邮证券的投资管理优势，为客户提供收益稳健、风险可控的资产管理服务，实现了集团利益最大化。中邮证券与邮储银行协同结构如图 1-5 所示。

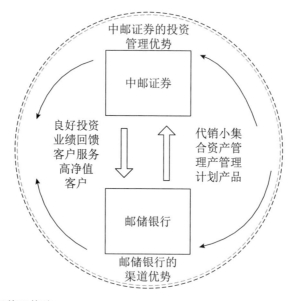

资料来源：课题组整理修改

图 1-5　中邮证券与邮储银行银证协同模式

（2）银期协同案例[③]

2013 年以来，大连商品交易所大力推动银期合作，提出"1+6"银期合作模式，即

---

① 银证协同小集合产品代销突破 20 亿元. 中国邮政报 [EB/OL].[2019-09-05]. http://www.chinapostnews.com.cn/html1/report/2019/3515-1.htm.
② 中国邮政. 中邮证券资管业务再创佳绩 [EB/OL].[2019-08-02]. http://www.chinapostnews.com.cn/html1/report/2012/3412-1.htm.
③ 农行与大商所签署战略合作协议 [EB/OL].[2017-09-29].http://www.dce.com.cn/dalianshangpin/xwzx93/mtkdss/6062237/index.html.

以期货保证金存管业务为基础，开发产业客户，带动相关资产管理配套服务，推进理财产品创新，扩大仓单质押业务，提供结算和风控服务，协同开展交割仓库监管以防控交割风险。随着合作深入，大连商品交易所将原 6 项合作内容逐步拓展至 N 项，创新提出"1+N"银期合作模式，包括铁矿石国际化、"保险+期货+融资"业务、商品期货指数及基金、仓单质押融资、场外掉期业务、银期信息共享与市场推广等方面的合作，具体业务如表 1-6 所示①。

表 1-6 大连商品交易所银期合作协同

金融机构	协同方式	具体业务
大连商品交易所 中国农业银行	银期合作	"保险+期货+融资"业务
		商品期货指数及基金
		仓单质押融资
		银期信息共享与市场推广
		场外掉期业务
		商品期货指数基金

资料来源：课题组整理修改

2017 年 9 月中国农业银行与大连商品交易所双方在原有"1+6"银期合作模式基础上，创新推出"1+N"银期合作模式，重点推进包括铁矿石期货国际化、"保险+期货+银行"业务、商品期货指数基金、场外商品市场建设、银期信息共享与市场推广等方面的合作，巩固和扩大双方在各自领域的优势，为供给侧结构性改革和实体经济发展提供协同金融服务。

资产证券化案例：广深珠高速公路 PPP 项目证券化②

成熟的收费公路项目具备持续稳定的现金流，根据基础资产设计的不同，可以通过公路收费收益权 ABS 开展相关业务。收费公路项目资产证券化能有效降低融资成本，拓宽投资渠道，并取得稳健回报；对实体经济而言，有助于缩短融资链条，降低相关实体经济部门的杠杆率。

（1）项目背景

广深珠高速公路是大陆首条成功引进外资修建的高速公路。该项目于 1987 年 4 月动工，1997 年 7 月正式通车。在项目的建设过程中，建设资金全部由外方股东提供，地方政府并未投入资金。但是，地方政府在高速公路公司中派驻了产权代表，并通过协

---

① 农行与大商所签署战略合作协议 [EB/OL].[2017-09-29].http://www.dce.com.cn/dalianshangpin/xwzx93/mtkdss/6062237/index.html.
② 广深珠高速公路资产证券化案例 [EB/OL].[2017-01-17].http://www.360doc.com/content/17/0117/14/34435984_623046746.shtml.

商占有公司 50% 的股份权益。改革开放以来，国内交通基础设施建设迫在眉睫，然而当时政府财政资金相对不足；20 世纪 80 年代中期国内资本市场尚未成形，因而无法进行高速公路项目融资。引进外资并在国际证券市场发行公司债来筹集建设资金，在此之前尚无先例，但后来高速公路通过这种渠道获得融资建设成功。这种融资方式有效解决了当时国内资金缺乏的问题，保证了快速、高质量完成项目建设，大幅降低了项目筹资成本[①]。

（2）项目主要参与方

该项目采用经营权出售在先（TOT）模式，收购方以收购已有项目的收益作保证发行债券筹集资金（ABS 模式），然后才将筹得的 2 亿美元支付给经营权益的出售方。

TOT 模式中的主要参与方：项目所有者（即项目发起人）——珠海市政府；项目经营者——珠海高速公路有限公司。

离岸 ABS 模式中的主要参与方：原始权益人（项目发起人）——澳门珠海集团；特设目的机构 SPV——珠海高速公路公司；承销商——摩根斯坦利公司；服务机构——摩根斯坦利公司；信用评级机构——美国标准普尔（Standard & Poor's）公司、美国穆迪（Moody's）公司。

（3）资产证券化运作过程

珠海市人民政府于 1996 年 8 月在开曼群岛注册成立珠海高速公路有限公司，并在美国证券市场成功发行资产担保债券。该资产担保债券的承销商为摩根斯坦利公司。珠海高速公路公司以本地机动车管理费、外地过境机动车过路费作为担保，发行了总额为 2 亿美元的债券。该债券分为两部分：第一部分是年利率为 9.125% 的 10 年期优先级债券，发行面值为 8 500 万美元；第二部分为年利率为 11.5% 的 12 年期的次级债券，发行面值为 11 500 万美元。该债券的平均融资费用低于同期国内商业银行贷款利率。表 1-7 为广深珠高速公路离岸资产证券化概况。图 1-6 为广深珠高速公路 ABS 运作流程。

表 1-7 广深珠高速公路离岸资产证券化概况

发行人	澳门珠海集团
额度	2 亿美元（用于广州至珠海高速公路建设）
期限	10 年期和 12 年期
发行时间	1996 年 8 月（承销商：摩根斯坦利公司）

---

① 广深珠高速公路资产证券化案例 [EB/OL]. [2017-01-17]. http://www.360doc.com/content/17/0117/14/34435984_623046746.shtml.

续表

息票率	9.125% 和 11.5%
份额	高级债券和次级债券
金额	8 500 万美元和 11 500 万美元
评级（穆迪、标准普尔）	Baa3/BBB 和 Ba1/BB

资料来源：课题组整理修改

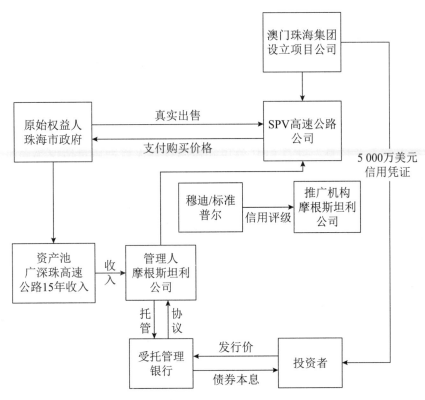

资料来源：360 个人图书馆、鲲鹏咨询

图 1-6　广深珠高速公路 ABS 运作流程

本项目中高速公路收费收入具备了未来收益稳定且价值高的特点，但受各种条件限制，无法直接融资。原始权益人澳门珠海集团对这些未来现金流的资产进行评估和信用评分，并根据融资需要确定用于证券化的资产额度，最后把这些资产打包形成资产池。

设立特殊目的机构（SPV）是 ABS 模式的首要条件。为此，SPV 通常由具有权威资信评级的金融机构组成。为降低资产证券化的融资成本，SPV 一般设在免税或低税率国家或地区，如开曼群岛等。本项目中，SPV 由珠海高速公路公司担任，是珠海澳门集团为此项目融资专门设立的。

SPV 珠海高速公路公司成立之后，与原始权益人珠海市政府签订买卖合同，原始权益人将资产池的资产过户给 SPV。此项目中，资产的真实出售，是以珠海市政府与珠海高速公路公司签订的 15 年的特许经营权体现的。即珠海高速公路公司以 2 万美元买下了高速公路 15 年的经营权。

SPV 珠海高速公路公司与相关各方签订各种交易协议以完善资产证券化的交易过程。SPV 珠海高速公路公司聘请信用评级机构对资产支持证券和交易结构进行信用评级。为了更好地发行和更多的投资者参与，SPV 珠海高速公路公司需要对资产支持证券进行"信用增级"，采用以下途径：①设计了优先、次级债券的结构，风险与收益成正比，次级债券利率高，相应的承担的风险较大，缓冲了高级债券的风险压力。②建立储备金账户，珠海澳门集团储备了 5 000 万美元的备用信用证，用以弥补资金的不足。

信用评级机构美国穆迪和标准普尔公司根据当时我国与产业宏观经济形势，针对发起人与发行人等有关信息，以及 SPV 信用和原始权益人资产质量情况等向投资者公布评级信息。然后，通过证券承销商向投资者销售 ABS 债券。由于此时广深珠高速 ABS 债券已具备了良好的信用等级和发行条件，该项目由美国穆迪和标准普尔公司分别对优先级和次级债券进行了评级，因为该债券是收益债券，故评级要求不高，所以，优先级债券和次级债券均获得了较高的信用评级，顺利通过发行。

广深珠高速资产证券化 SPV 从证券包销商摩根斯坦利获取 ABS 债券的销售收入后，按照原先签订的资产证券买卖合同规定向原始权益人珠海市政府支付购买高速公路资产池的价款。当原始权益人珠海市政府完成资金筹集，从而对进行高速公路项目投资和建设。此项目中，摩根斯坦利公司作为承销商，出售收益债券。而债券购买人将债券的购买价格存入 SPV 指定银行账户。再通过服务人（此项目中还是摩根斯坦利公司）转交给 SPV，SPV 用以支付购买价格。珠海市政府用筹集到的 2 亿美元，在修建广深珠高速公路的同时，还建造了其他一些公共设施。

资产池可以由原始权益人珠海市政府与 SPV 珠海高速公路公司指定机构进行管理，负责收取、记录由资产池产生的全部收入，将这些收入存入托管银行的收款专户，由托管银行按合约建立积累金，用于向投资者还本付息。

资产证券化案例：苏宁云享类 REITs[①]

（1）项目背景

苏宁云享类 REITs 是国内资本市场上第一支物流仓储 REITs 产品。该产品的正式

---

① 苏宁云享类 REITs：国内首单权益型物流仓储 REITs 述评 [EB/OL].[2018-03-19].http://finance.sina.com.cn/trust/xtplyj/2018-03-19-doc-ifysimyr9055550.shtml.

挂牌，以权益型 REITs 的模式展示了物流地产的投资价值，打破了国内市场投资人对于 REITs 产品偏固定收益型特征的印象，受到了投资者的广泛认可。"中信华夏苏宁云享资产支持专项计划"（简称"苏宁云享类 REITs"）于 2016 年 8 月在深交所正式挂牌。该产品发行规模为 18.47 亿元，其中优先级发行规模为 12 亿元，中诚信给予 AAA 的信用评级，发行利率 4.0%；权益级发行规模为 6.47 亿元，为投资型产品，不设预期收益率。产品的投资标的为苏宁云商持有的位于国内一、二线城市及国家高新区的优质核心物流仓储资产[①]。

仓储类产业地产主要以持有运营为主，其回报周期长，无法像住宅一样通过销售变现实现资金的快速回笼。因此，该类不动产资产迫切需要与 REITs 产品的对接来实现产融结合，形成资本运营的良性循环。国外资本市场很早即开始以 REITs 的方式投资物流地产市场，在美国、日本、新加坡等 REITs 市场发达地区，物流类 REITs 已经是独立的 REITs 板块，并拥有该行业的专业指数类别。

（2）产品简介

苏宁云享类 REITs 发行规模为 18.47 亿元，分为优先级及权益级，其中优先级发行规模为 12 亿元，中诚信国际信用评级有限公司给予 AAA 的信用评级，发行利率 4.0%；权益级发行规模为 6.47 亿元，为投资型产品，不设预期收益率。产品期限预期为 3 年，不超过 4 年。该产品的投资标的为位于国内主要城市及国家高新区的苏宁云商成熟运营多年的优质物流仓储资产。本单产品的信用增级方式主要为证券的结构化分层。

（3）交易结构

苏宁云享类 REITs 交易结构参见图 1-7。

（4）信用增级方式

本单产品安排了优先级资产支持证券和权益级资产支持证券的证券分层设计，其中优先级资产支持证券的发行规模为人民币 12.00 亿元，权益级资产支持证券的发行规模为人民币 6.47 亿元。根据专项计划文件的规定，在进行普通分配时，优先级资产支持证券的预期收益将优先于权益级资产支持证券获得分配；在进行处置分配时，优先级资产支持证券的预期收益和未分配本金将优先于权益级资产支持证券获得分配，其中 REITs 份额仅在优先级资产支持证券持有人实缴的认购资金及其对应的预期收益获得足额分配

---

① 苏宁云享类 REITs：国内首单权益型物流仓储 REITs 述评 [EB/OL].[2018-03-19]. http://finance.sina.com.cn/trust/xtplyj/2018-03-19/doc-ifysimyr9055550.shtml.

之后向权益级资产支持证券持有人进行分配；在进行专项计划终止后的清算分配时，优先级资产支持证券的预期收益和未分配本金将优先于权益级资产支持证券获得分配。

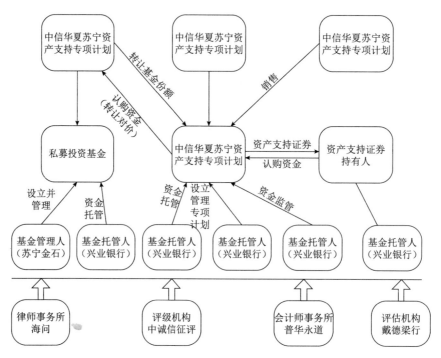

资料来源：REITS 行业研究

图 1-7　苏宁云享类 REITs 交易结构

（5）基础资产情况

苏宁云享的基础资产为原始权益人直接持有的，并拟由计划管理人代表专项计划的利益，向原始权益人收购的私募投资基金全部基金份额。私募投资基金已由基金管理人根据《私募投资基金监督管理暂行办法》及其他中国法律设立。苏宁云商已于私募投资基金设立时认购私募投资基金的全部份额，并缴纳全部基金出资。在计划管理人代表专项计划的利益，根据《基金份额转让协议》的约定购买苏宁云商持有的私募投资基金的全部存续基金份额后，计划管理人将代表专项计划依法取得该等基金份额。

（6）目标资产情况

本专项计划的目标资产为广州、成都、南昌、无锡、青岛、包头物流中心物业。在《基金份额转让协议》所述的交易适当完成后，计划管理人将代表专项计划的利益，通过持有私募投资基金全部基金份额而间接拥有项目公司的股权及目标资产的权益。

1.5 协同金融与金融生态

1.5.1 金融生态的概念

英国著名学者 Tansley A. G. 在 1935 年率先提出"生态系统"的概念，并将其定义为"在确定的时间、空间范围内，各物体利用物质能量流动产生的具有彼此关联性和自我修复调节功能的系统"（Tansley A. G.，1935）[①]。随后，Williamvogt（1981）在《生存之路》中对生态系统的内涵进行了进一步扩充，他指出生态平衡是整个生态系统的核心思想，而生态平衡的实质即系统内各物种之间的协调统一，促使系统能够长期处于一个稳定平衡状态。随着生态思想研究的不断深入，有学者开始尝试在金融领域应用这一思想（乔海曙，1998）[②]，自然生态系统和金融生态系统在很多方面都极为相似，两者之间存在很多的天然共性，可以将金融生态系统内的各金融机构视作自然生态系统内的各物种，金融产品交易、各类存贷款业务、ABS 业务、中间业务等营利活动都依托各类金融机构之间的合作，所以各金融机构之间也存在不同程度的关联性。

国内学术界对金融生态产业链及系统进行了一系列研究。白钦先（2001）[③] 在"金融生态环境理论"中指出金融生态环境的产生原因是国家对金融资源的开发与利用。李正辉、万晓飞（2008）[④] 在研究中指出工商业和金融业之间存在紧密联系，而且金融业自身内部也有分工合作，进而共同形成金融产业的生态系统。周小川[⑤]（2004）阐释金融生态环境理论，认为改善金融生态环境是解决我国经济发展障碍的唯一出路。金融生态圈是指金融中不同业态及个体之间的相互融合与淘汰，那些具有协同效应及乘数效应的个体有效地组织在一起，形成的具有动态自我更新和进化的集群。

"正像自然界有大树，也有小草。企业界有跨国公司，也有小微企业。金融系统也应该既有生态的大循环，也有小循环，既有大银行，也有小银行，乃至有村镇银行。"

---

① Tansley A G. The use and abuse of vegetational concepts and terms[J]. Ecology, 1935, 16 (3): 284-307.
② 乔海曙. 当前经济形势及货币、信贷政策研究 [J]. 上海金融, 1998, (9): 10-12.
③ 白钦先. 再论以金融资源论为基础的金融可持续发展理论——范式转换、理论创新和方法变革 [J]. 国际金融研究, 2000, (2): 7-14.
④ 李正辉, 万晓飞. 金融生态国际竞争力促进经济增长的实证分析 [J]. 金融研究, 2008, (4): 199-206.
⑤ 周小川. 法治金融生态 [J]. 中国经济周刊, 2005, (03): 11.

国务院总理李克强在出席 2013 年夏季达沃斯论坛开幕式并致辞时作出上述表示，揭示了金融生态的重要性。同自然生态系统一样，金融生态系统有着生产者、分解者、消费者。图 1-8 为金融生态的关系图。

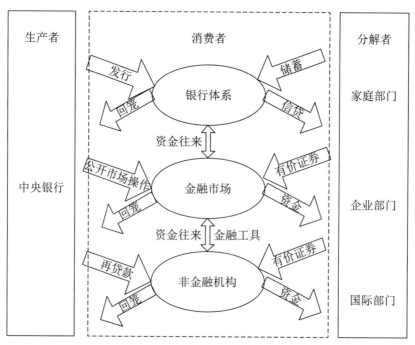

资料来源：陈未（2008）[①]

图 1-8　金融生态系统

1.5.2　金融生态中的协同机理

在金融生态圈中，金融企业不再是唯一能够提供金融服务的主体，圈内的所有成员都可以参与其中，利用自己的资源和优势提供金融服务。金融生态中银行、保险、证券、信托、资产管理、基金、企业等个体之间存在相互的生态链条关系，不同个体之间的链条关系体现出合作与分工，更体现出协同关系。

（1）银行业与保险业协同生态

银行与保险公司是金融系统的重要组成部分，二者存在相似互补的特征。因此，银

---

① 瓦伊尼. 金融机构、金融工具和金融市场 [M]. 第 4 版. 陈未，等译. 张杰，校. 北京：中国人民大学出版社，2008.

行业与保险业在销售和产品开发等方面进行合作，追求协同效应。图 1-9 为银行业与保险业协同关系图。

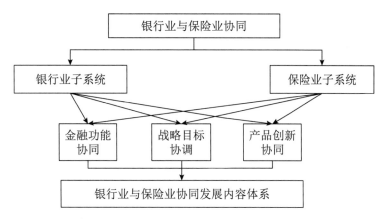

资料来源：课题组整理修改

图 1-9　银行业与保险业协同

早在 1973 年，利用银行母公司的营业网点，法国两家保险公司（Soravie 和 Cardiff）销售其保险产品，标志着银行保险协同的诞生。20 世纪 80 年代之前，银行以代理人形式销售保险公司的产品，二者协同关系仅仅是委托代理关系。20 世纪 80 年代之后，发达国家银行为满足多元化的客户需求，逐步参与保险市场，开发保险业务产品，开拓银行的经营业务。20 世纪 90 年代之后，银行保险业务得到了迅速发展。伴随金融监管制度的改革，欧美发达国家银行机构纷纷开始转向混业经营，银保业务发展迅猛。进入 21 世纪后，银行保险业务转向专业化发展道路，银保机构之间通过股权关系组建金融控股集团，形成更为紧密的银保协同经营。经历了四十余年的发展，银行业和保险业相互促进、相互融合，形成了协同效应、规模经济[①]。

例如，贷款保险产品就是银行业与保险业协同的产物，当借款人不能按期偿还贷款时，由保险人承担偿还责任。通俗地讲就是保险公司对借款人的贷款进行保险，受益人是贷款银行，借款人到期不能如约归还银行的贷款本息时，由保险公司对贷款本息进行赔偿的保险业务[②]，既提振银行支持中小微企业贷款信心，也拓展保险公司业务，同时也有利于中小微企业发展。在中国，针对中小微企业融资难题，企业贷款保证保险这一险种应运而生。2009 年浙江省在宁波、舟山两地率先开展城乡小额贷款保证保险和中

---

① 贺磊. 基于系统视角的银行业与保险业协同发展研究 [D]. 中南大学，2014.
② 中国银行保险报. 银保开展贷款保证保险的建议 [EB/OL]. [2016-07-12]. http://pl.sinoins.com/2016-07/12/content_201693.htm.

小企业贷款保证保险试点业务，在全国首创了政府、银行、保险相互合作解决中小企业抵押担保不足的融资模式，成为当地缓解小微企业融资难、融资贵的有效途径，实现了"保险增信、银行放款"的效果。

（2）银行业与证券业协同生态

19世纪末，西方发达国家经济持续繁荣，银行业与证券业混业经营十分显著，商业银行与投资银行都分别进行大规模扩张。20世纪30年代经济危机后，美国出台了《格拉斯斯蒂格尔法》，明确分离了商业银行与投资银行的业务界限，银行业与证券业分业经营模式正式开始；1999年又颁布了金融服务现代化法案，允许金融领域混业经营，旨在将金融业务达到更加国际化与自由化，是商行与投行高级融合的阶段，是金融领域的一次伟大变革与创新。

国内银行业与证券业分业监管起源于20世纪90年代。最初资本市场建立时，金融机构处于自然混业状态，银行、证券、保险的监管由人民银行统一承担。但随着市场开始出现存款大战，以及乱放款、乱拆借、乱集资等各种金融乱象后，1995年全国金融会议正式提出了"分业经营、分业监管"的原则，同年颁布的《商业银行法》也从法律层面明确了银证分离的理念。1998年，监管证券公司的职责由人民银行移交证监会，各地方政府的证券监管机构转为中国证监会派出机构，证券交易所划归中国证监会管理，形成集中统一的证券公司监管体制。1999年我国《证券法》正式实施，明确规定金融机构实行分业经营、分业管理，证券公司与银行、保险、信托机构独立设置。

目前由于受制于分业监管，1995年颁布的《商业银行法》明确规定"商业银行在中华人民共和国境内不得从事信托投资和证券经营业务"，部分银行绕道境外控股证券公司，最典型的当属中国银行通过香港子公司中银国际控股于2002年发起设立中银国际证券。当前时期中国的银行业与证券业务之间仅仅保持着客户交易结算资金第三方存管的业务，并没有进行更深层次的业务、产品、市场协同。金融对外开放背景下，打造"航母级券商"势在必行。中国证监会计划向商业银行发放券商牌照，或将从几大商业银行中选取至少两家试点设立券商，进一步促进银证业务合作和"协同"经营。就目前来看，我国已有商业银行与证券公司之间保持着客户协同、业务协同、数据协同三种关系。商业银行与证券公司合作，在资产证券化、票据业务、泛市值管理、投行服务、资金监管等业务方面，充分发挥"商行+投行""融资+融智"的协同效应。图1-10为银行业与证券业协同关系图。

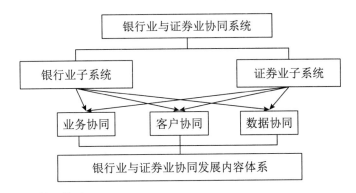

资料来源：课题组整理修改

图 1-10　银行业与证券业协同

（3）银行业与期货业协同生态

银行业与期货业合作是指商业银行利用自身在网点、客户资源、资金汇持和技术系统等方面的优势，与期货行业（期货交易所、期货公司以及市场投资者）展开资产、负债和中间业务方面的合作[1]。

期货市场的发展，为银行与期货市场的合作开辟了广阔空间，合作范围不断扩大，合作深度不断提高。商业银行参与期货市场的，为期货投资者开户最多的结算银行，在期货资金结算数量、客户保证金存款数量等方面[2]。参与期货市场，加深与期货业合作，银行不仅可以丰富财富管理手段，拓展客户资源，还能提升自身的金融综合竞争力。银行与期货业之间的合作除了传统的保证金存管、银期转账，以及标准仓单质押业务，还可以参与原油期货、黄金期货、国债期货交易。

期货市场的快速发展，特别是新的金融衍生品的推出，给银行的财富管理带来了更多工具和机遇。随着期货市场创新步伐的加快，银行业与期货业加深合作、共同发展的意愿也越来越强烈[3]。2020 年 8 月经国务院同意，证监会与财政部、人民银行、银保监会等四部委批准，允许五大国有银行（工农中建交）首批试点参与国债期货交易。国债期货，对商业银行来说意义重大。作为国债的最大持有人，商业银行过去只能通过调整资产结构来控制国债现券的市场风险，操作通常会受到市场容量的限制。通过持有国债期货合约，商业银行可以用比较低的成本实现既不影响资产负债结构，又能够调整利率

---

[1] 胡浩. 银期合作 [M]. 北京：中国金融出版社，2006.
[2] 张志勇. 商业银行与期货业合作模式研究 [J]. 新金融，2009，（08）：46-49.
[3] 中金网. 商业银行正式进入金融期货市场 [EB/OL].[2020-04-10]. http://www.cngold.com.cn/20200410d1703n343638848.html.

风险头寸的目的,实现套期保值和对冲利率风险。除此之外,随着期货市场主体业务范围的扩展,不少商业银行已着手研究境外投资者参与境内期货市场的有效途径以及账户开立、资金兑换等问题。随着国内原油期货于 2018 年 3 月在上海期货交易所子公司上海能源交易所挂牌交易上市,商业银行开始进一步优化结算系统,实现美元等多币种银期转账、一站式结售汇等功能升级,发挥国内分行与境外分行全天候不间断的国际结算及离岸业务优势,积极配合国内期货公司试点境外代理业务。图 1-11 为银行业与期货业协同生态。

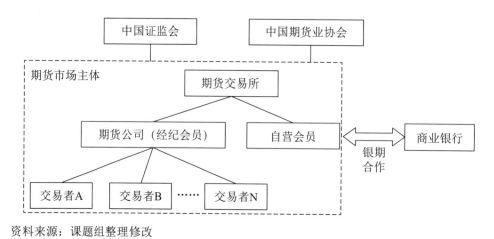

资料来源:课题组整理修改

图 1-11　银行与期货业协同生态

(4) 金融科技协同生态

金融科技协同生态是指政府、金融机构和科技公司通过科技创新和有效监管,使金融市场体系更完善的生态系统,包括商业生态环境、政府的监管和支持、资金获取和金融专业性等四大要素[①]。有学者认为金融科技生态系统由政府、金融机构、科创企业、科技中介、金融投资者等构成(Leong et al., 2017)。稳定、健全的金融科技生态系统对于金融科技发展能起到重要作用。金融科技生态系统是通过高新技术、产业链、金融产品和服务的生态体系,包括金融机构、科研机构、监管部门、客户和企业等[②]。

金融科技生态系统中协同关系表现为金融机构独立或与科技公司合作,在政府的监管、软件及硬件设施的支持下,将金融科技运用于生活与生产场景,为消费者和企业提供

---

① 海湾合作委员会. 开发金融科技生态系统 [EB/OL]. [2015-08-12]. https://www.strategyand.pwc.com/m1/en/reports/2015/developing-fintech-ecosystem-gcc.html.

② Leong C, Tan B, Xiao X, et al. Nurturing a FinTech ecosystem: The case of a youth microloan startup in China[J]. International Journal of Information Management, 2017, 37 (2): 92-97.

多边参与的金融服务,形成合作共赢机制①。其中,场景是基础,金融是纽带,科技是工具。金融科技生态圈和自然生态系统一样,都有生产者、消费者、分解者和生态环境这四种共同的组成部分②。图 1-12 为金融科技生态圈,图中协同关系由数字符号分别表示。

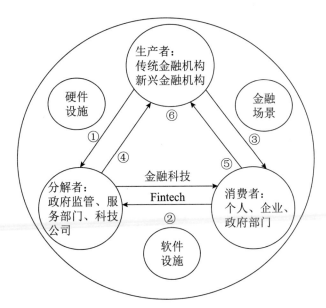

资料来源:张洋子(2019)。备注:①表示合作、被监管,②③表示反馈,④表示提供监管、服务,⑤表示提供服务,⑥表示提供金融产品、服务。

图 1-12 金融科技协同生态

---

① 张洋子. 构建金融科技生态圈:内涵、国际经验与中国展望 [J]. 科学管理研究,2019,37(02):152-156.
② 张洋子. 构建金融科技生态圈:内涵、国际经验与中国展望 [J]. 科学管理研究,2019,37(02):152-156.

第 2 章
协同金融与实体经济

2.1 金融与实体经济关系

2.1.1 实体经济的定义

实体经济（real economy）是指实体商品、服务的研发、生产、流通等经济活动。涵盖了农业、工业、矿产、交通通信、商业服务、工程建筑等行业，也包括教育、文化体育、艺术等服务部门，是人们日常生活所依赖的服务及物质基础。实体经济是社会资源的供给者，也是科技和信息的载体。传统的观点认为机械制造、纺织加工、土建安装、石化冶炼、种养采掘、交通运输等制造业或其他类别服务业属于实体经济范畴，金融则属于虚拟经济。国内外绝大部分学者都把金融视为服务于实体经济的典型代表，实体经济发展离不开金融业支持，如银行贷款、企业发行债券、股票发行这些就属于直接为实体经济服务的金融业务。周小川（2011）认为实体经济囊括物质产品的生产及其服务业[1]。中国国家统计局将"社会融资总量"作为实体经济相关的统计指标，它被定义为一定时期内金融部门为实体经济部门提供的资金总量[2]，由此可得，金融不属于实体经济范畴。根据中国国家统计局公布的最新国民经济行业分类（GB/T 4754—2011）[3]，第一产业和第二产业可归为实体经济范畴，第三产业中除"金融业"和"房地产业"以外的其他服务业也可以归为实体经济范畴。本书所指的实体经济为除金融业和房地产业以外的其他所有产业。也有学者认为目前中国的实体经济存在"有形性、载体性、主导性、下降性"四大特征[4]。

2.1.2 金融发展理论

金融发展理论（financial development theory）诞生于 20 世纪 60 年代末，帕特里克

---

[1] 中央政府门户网站. 精确实体经济概念 更好支持实体经济发展 [EB/OL].[2019-03-12]. http://www.gov.cn/jrzg/2011-12/15/content_2021576.htm.
[2] 国家统计局统计指标解释 [EB/OL].[2019-12-03].http://www.stats.gov.cn/tjsj/zbjs/201912/t20191202_1713058.html.
[3] 关于修订《三次产业划分规定（2012）》的通知 [EB/OL].[2018-03-27]. http://www.stats.gov.cn/tjsj/tjbz/201804/t20180402_1591379.html.
[4] 谷新生：关于金融服务实体经济的若干思考 http://ah.people.com.cn/n2/2018/0414/c227767-31461542.html.

在 1966 年 1 月指出了经济发展中金融所扮演的重要角色及金融的发展动力，这些理论为整个金融发展理论的壮大和崛起创造了良好的条件（Hugh T. Patrick，1966）①。金融发展理论借助金融与整体经济的相互作用关系去分析为达到促进经济增长和社会进步的目的，政府应该采取何种政策去建立何种金融体系，其实质是分析货币这一金融因素在经济发展中的作用②。随着金融深化理论、内生金融理论的提出，金融发展理论日趋成熟，内容更加丰富，框架也日趋完善。金融发展与经济增长的关系，长期以来一直受到国内外学者们的关注，见表 2-1。

表 2-1　金融发展理论主要学说内容汇总

主要理论	理论内容
金融结构理论	金融结构变化最终表现为金融发展
内生金融发展理论	将金融中介和金融市场的形成纳入金融发展分析框架
金融抑制理论	政府采取各种措施对金融资源进行抑制
金融深化理论	政府不再对金融体系过分干预
金融约束理论	根据各国金融深化程度不同，金融政策组合也应随之调整

资料来源：杨镈宇（2016）③

2.1.3　金融发展与经济增长的关系

表 2-2 列举了金融发展与经济增长二者关系理论的代表学者。金融发展在经济增长过程中发挥的作用尤其引人注目。Levine（1993）等通过收集 80 多个国家期限为 30 年的数据，选取人均实际经济增长率、国内投资占 GDP 的比重等作为衡量标准，以及债务流动性在国民生产总值中占的比重、非金融私人企业信贷数额占总体信贷规模的比率等作为金融发展指标，通过回归分析，得出结论：经济增长与金融增长是相互作用的④。发达国家无一例外地拥有成熟和完备的金融市场，金融市场的深度和广度随着经济发展逐步提升。国内学者中，陈雨露等（2016）研究发现当处于金融稳定期时，金融发展对经济增长的促进作用最明显，根据理论推导和实际经验得出金融发展和经济增长之间存在正向关系的结论⑤。

---

① Hugh T Patrick.Financial Development and Economic Growth in Underdeveloped Countries[J].Economic Development and Cultural Change，1966，41（2）：174-189.
② 杨镈宇 . 京津冀区域金融协同发展水平评价及政策建议 [D]. 河北大学，2016.
③ 杨镈宇 . 京津冀区域金融协同发展水平评价及政策建议 [D]. 河北大学，2016.
④ Robert G King，Ross Levine. Finance and Growth：Schumpeter Might be Right[J].The Quarterly Journal of Economics，1993，108（3）：717-737.
⑤ 陈雨露，马勇，阮卓阳 . 金融周期和金融波动如何影响经济增长与金融稳定 ?[J]. 金融研究，2016，（2）：1-22.

表 2-2　金融发展与经济增长的关系理论的代表学者

主要关系	代表学者
经济增长与金融增长相互作用	Levine（1993）、Demetriades 和 Hussein（1996）、Rousseau 和 Waehtel（1998）、Luintel 和 Khan（1999）、Rioja 和 Valev（2004）、Aghion（2005）
金融发展会促进经济增长，但经济增长作用于金融发展的效果不显著	Kaboski 和 Shin（2009）、Greenwood（2010）、Levine（2008）、Greenwood 和 Sanchez（2010）、Gorodnichenko 和 Schnitzler（2010）
经济增长作用于金融发展，而金融发展对经济增长并不具有因果关系	Boulila 和 Trabelsi（2004）、Zang 和 Kim（2007）、Chakraborty（2008）、Odhiambo（2010）
金融发展与经济增长之间的因果关系不稳定	Berglof 和 Bolton（2002）、Manning（2003）、Shan（2005）
金融发展可能会给经济增长带来不利影响	Menkhof（2000），Aghion、Bacchetta 和 Banerjee（2004），Graff 和 Karmann（2006）

资料来源：杨镈宇（2016）[①]

2.1.4 金融服务实体经济

金融被比喻成实体经济的血液，金融血脉通畅，才能实现实体经济有力增长，才能更好地实现共建共享[②]。2018 年 8 月，中国银保监会颁布《关于进一步做好信贷工作 提升服务实体经济质效的通知》（银保监办发〔2018〕76 号），发出了政府支持实体经济发展的政策信号。此后，国家颁布一系列政策促进实体经济发展，引导金融业将实体经济服务作为落脚点，全面提升金融机构服务效率，把金融资源合理配置到实体经济发展所需的重点领域，消除金融扶植中小企业实体经济障碍[③]。金融体系与实体经济的关系密切，金融业的收益来自实体经济，有效服务实体经济是金融业安身立命之本。2019 年我国对实体经济发放贷款余额为 151.6 万亿元，比上年增长 12.5%。

（1）国家层面促进金融服务实体经济现状分析

社会融资规模反映一段时期内实体经济从金融部门获得的资金总额。社会融资规模这一指标衡量一段时间内金融对实体经济的资金支持状况，反映了金融业与实体经济之间的关系[④]。随着中国经济转型步伐加快，实体经济发展所需的资金总量逐步提升，以

---

① 杨镈宇. 京津冀区域金融协同发展水平评价及政策建议 [D]. 河北大学，2016.
② 习近平. 携手推进"一带一路"建设——在"一带一路"国际合作高峰论坛开幕式上的演讲 [N]. 人民日报，2017-05-15（1）.
③ 习近平. 在全国金融工作会议上的讲话 [N]. 人民日报，2017-07-16（1）.
④ 张同功，刘江薇. 新时期中国金融支持实体经济发展的区域差异 [J]. 区域经济评论，2018，33（03）：90-101.

至社会融资规模日益扩大。2010 年 140 191 亿元以来持续增长，2017 年突破 20 万亿元，总额累计为 261 536 亿元；2018 年达到 154 062 亿元，年均增长率达到 19.93%；2019 年达到 256 735 亿元。图 2-1 统计了 2010—2019 年十年间中国社会融资规模增量情况，可见其总体呈逐渐增加的态势，社会融资规模不断扩大。因此，从社会融资总量方面来看，金融支持实体经济的力度正逐年强化。

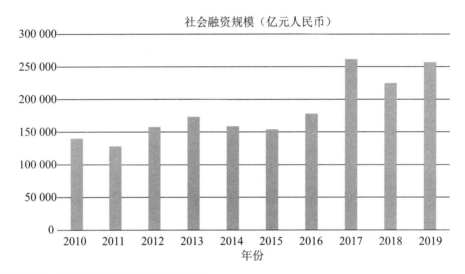

资料来源：国家统计局《中国统计年鉴》

图 2-1　2010—2019 年十年间中国社会融资规模

2019 年全年，金融机构对实体经济相关行业放贷金额增加 16.88 万亿元，比上年多增 1.21 万亿元。2019 年企业债净融资是 3.24 万亿元，比上年多 6 098 亿元。从占比看，企业债的融资占同期社会融资规模的比重为 12.7%，较上年提高 1%。表外融资方面，2019 年表外融资降幅缩小。委托贷款减少 9 396 亿元，同比少减 6 666 亿元；信托贷款减少 3 467 亿元，同比少减 3 508 亿元；未贴现的银行承兑汇票减少 4 757 亿元，同比减少 1 586 亿元。社会融资规模多增的主要原因分别表现在贷款和债券的多增及表外融资的少减，表明金融支持实体经济的力度不断扩大。2019 年小微企业贷款呈现"体量增加、价费降低、层面扩展"态势。截至 2019 年末，普惠小微贷款支持 2 704 万户小微经营主体，同比增长 26.4%；单户授信 1 000 万元以下的小微企业户均贷款余额 161 万元，个体工商户和小微企业主经营性贷款户均余额 31 万元，小微贷款普惠性进一步提升①。中国人民银行近年来持续关注小微企业首贷、续贷、信用贷等系列指标，进一

---

① 金融时报. 金融体系支持实体经济力度加大流动性向实体传导渠道更加通畅 [EB/OL].[2020-01-17].https://www.financialnews.com.cn/gc/sd/202001/t20200117_175397.html.

步加大小微企业首贷、续贷、信用贷支持力度，采取具体措施为：一是强化商业银行扶植实体经济普惠金融的经营理念，严格控制房地产信贷比重，加强信贷资源优化配置，向小微企业等实体经济倾斜；二是进一步加强金融机构组织体系建设，促进金融体系改革；三是继续运用金融科技为金融机构服务能力赋能；四是完善金融机构内部激励约束机制，提高对小微企业放贷的积极性[①]。

（2）浙江省金融有效服务实体经济现状分析

浙江作为实体经济大省，专业化强，产业高度集中。2019年前三季度，浙江省各项贷款新增1.27万亿元，社会融资规模新增1.64万亿元，均位居全国第三位；浙江省境内外上市公司家数（562家）、新三板挂牌企业家数（804家），分别居全国第二位、第四位。值得一提的是，2017年1—9月浙江省民营经济贷款新增3 976亿元，同比多增997亿元，9月末，浙江省小微企业贷款余额2.51万亿元，占所有企业贷款比重38.8%，余额、占比和企业数均居全国首位。近年来，浙江金融业始终牢记服务实体经济的宗旨，认真落实省委、省政府"融资畅通工程"和"三服务"工作部署，在支持民营经济发展方面取得显著成就。

"融资难、融资贵"一直是实体经济发展的瓶颈之一。在民营经济占主导地位的浙江，经济下行周期中企业生存压力加大，社会层面对金融创新支持实体经济的呼声也日益增长。2014年5月，新浙票据经纪平台（CBT）作为国内首家全国性票据交易平台在杭州落户，通过打造新浙票据经纪平台，试水票据经纪人制度，促进票据融资透明化。浙江是全国金融改革创新的前沿要地，近年来，浙江启动了温州金融改革、台州小微金融服务改革、丽水农村金融改革、义乌国际贸易金融改革、宁波保险业改革、杭州财富管理中心建设等，在全省形成了各有特色的金融改革试点，至少在14个方面实现了"全国率先"或"全国首创"。比如，温州金融改革首创民间融资立法，首创设立民间借贷服务中心和反映民间借贷利率水平的"温州指数"；台州小微金融服务改革率先成立小微企业信用保证基金，率先启动小微企业信息共享平台；丽水首创林权抵押贷款，率先打造更加健全的高水平的农村信用体系。除此之外，浙江银监局在确保企业合理融资需求的同时，采取五大举措稳步推进降杠杆（如图2-2所示），大幅削弱企业金融风险，2016年10月浙江工业企业负债率降至56.3%，较年初下降1.3个百分点。

---

① 人民网. 金融支持实体经济力度不断增强[EB/OL].[2020-01-17].http://hi.people.com.cn/GB/n2/2020/0117/c231187-33724204.html.

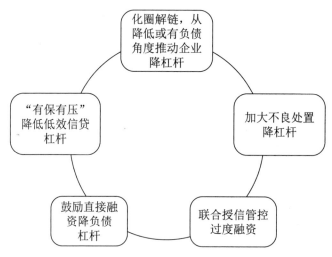

资料来源：课题组整理修改

图 2-2 浙江省金融降杠杆举措

2.1.5 金融与实体经济之间的关联性

金融为实体经济输送养分，服务实体经济是金融的根本宗旨[①]。金融与实体经济存在着互利互惠的关系。

（1）实体经济为金融企业提供生存空间

以制造业为首的技术密集型和创新型高技术实体经济采购、投资、生产、研发等生产经营活动需要资金来支持，这些资金募集大都需要依托金融企业完成，并且催生了一大批金融企业中介机构以及金融服务模式的创新。金融机构对发展前景好、科技含量高、市场占有率高的实体经济单元给予信贷帮扶，提供信贷政策倾斜。同时，支持调整信贷结构，增加实体经济信贷额度。此外，加快支持企业入驻全国中小企业股份转让系统，将更多资金向实体经济引流，成为支持实体经济的主要途径[②]。

（2）实体经济是金融企业的客户[③]

金融企业向实体经济提供诸如证券承销、资产证券化、上市公司 IPO、融资、股权

---

① 习近平. 习近平谈治国理政 [M]. 北京：外文出版社，2017.
② 西华大学会计学省级特色专业课题组，章道云，周佩，姚世斌. 金融引擎助推中国实体经济发展研究 [J]. 管理世界，2013，(11)：172-173.
③ 王竹泉，王苑琢，王舒慧. 中国实体经济资金效率与财务风险真实水平透析——金融服务实体经济效率.

并购等服务。金融企业针对中小企业"融资难、融资贵"的顽疾，打造出一系列金融扶植实体经济的政策。具体包括鼓励、支持中小企业对应收款、货单、存货、设备等动产进行抵押质押，建立企业动产实时在线监管监控体系，扩大银行对实体经济企业的供应链贷款范围，解决实体经济企业融资难、融资贵的突出问题。

（3）金融繁荣助力实体经济发展[①]

金融为实体经济输送资金，充分满足其多元化、个性化的资金需求，还肩负起调整信贷结构、促进产业转型升级的重任[②]。金融机构针对企业贷款专项审核机制进行优化，设立实体经济贷款不良率单独考核指标，满足企业信贷需求，有序推动企业转型升级；各金融机构加大信贷资源的供给，积极向上级监管部门争取信贷资源，针对存贷比指标进行弹性化设置；积极创新开发适应实体企业的新型信贷产品及配套服务，扩大抵押物范围，加大对实体企业的融资支持力度；通过"中小企业集合债""信用贷款""并购贷款"等方式支持实体企业资金需求；银行加强与保险机构、担保公司、小额贷款公司、信托机构、风险投资公司、融资租赁公司等的合作，探索建立资源集成、优势互补、风险共担的多元化实体经济投融资机制。

2.2 金融协同与实体经济发展

2.2.1 企业财务公司与银行合作支持实体经济

（1）财银合作的途径

金融服务实体经济是金融业溯本追源的基本立场和使命，财务公司作为企业集团的"金融板块"，兼具产业部门和金融部门的特点[③]。企业集团财务公司（以下简称"财务公司"）最早可以追溯至1987年，经过30多年的发展，形成资金集中管理和提高资金使用效益两大特征，为企业技术改造、新产品开发及产品销售提供金融和财务管理服务。财务公司在企业集团内部扮演着资金高效管理、集团核心竞争力等重要角色，在金融市场开放背景下，财务公司有力推进产融结合、推动产业升级。

[①] 刘军，黄解宇，曹利军. 金融集聚影响实体经济机制研究[J]. 管理世界，2007，(04)：152-153.
[②] 西华大学会计学省级特色专业课题组，章道云，周佩，姚世斌. 金融引擎助推中国实体经济发展研究[J]. 管理世界，2013，(11)：172-173.
[③] 庄毓敏，邵镜容. 银行与财务公司合作服务实体经济[J]. 中国金融，2020，(12)：46-47.

企业集团财务公司作为非银行金融机构，具有资金募集、结算以及提供相关金融服务功能，有效提升企业集团资金效率效益、减轻企业融资成本负担。2019年底，全国共有企业集团财务公司法人机构250多家，财务公司所服务的行业遍布能源电力、航天航空、石油化工、钢铁冶金、信息通信、民用消费品等关系国计民生的基础产业和重要领域[①]。

财务公司与商业银行等外部金融机构之间存在竞争与合作关系。财务公司在企业内部扮演着"内部银行"的角色。财务公司通过集中管理资金，优化资金筹集渠道与使用效率，提升企业集团资金运营效率。一方面，企业集团财务公司与商业银行存在一定的竞争关系；另一方面，两者之间又是一种合作关系，企业集团的账户管理、资金往来和结算需要依托商业银行完成。财银合作涉及的业务包括账户管理、现金管理（支付结算）、建立资金池、融资授信等业务。

（2）财银合作的效果

首先，财务公司具备业务资质范围、专业技能逐步扩大和提升，较其他金融机构拥有所处行业、集团成员企业的信息优势，以及集团金融服务收益内部化的天然倾向，财务公司逐渐成为企业集团金融服务的首选[②]。一些企业集团将旗下财务公司定位于为集团内部成员企业提供金融服务，企业与外部金融机构进行联系的"中间人"，以提高集团企业资金利用效率，降低财务费用。企业财务公司逐渐成为企业集团投资并购和财务顾问等投行业务的首选。由于财务公司更注重集团的战略布局和中长期发展，获得了良好的口碑，由此获得了集团越来越多的支持。

其次，财务公司仍然只是企业集团的成员，没有传统商业银行的央行清算系统资质，存在资金规模小、分支机构专业人员不足等劣势。这一现实情况决定财务公司需要与外部商业银行在金融服务领域加深合作，实现互利共赢[③]。

再次，商业银行与财务公司合作可以一定程度降低信息不对称，减少业务风险损失。财务公司对其集团和成员企业的信息收集渠道宽泛，当商业银行与财务公司合作为企业集团提供金融服务时，有利于大幅分散风险。

最后，财务公司通过与银行等金融机构合作，运用大数据技术手段，实现自动化管理。通过搭建资金监控平台，可以实时了解资金流的整个动态情况，更好地监控资金的安全性和流动性，全面掌握资金流情况，有利于集团资金统筹安排，提高资金使用效率，做到事前、事中、事后的全面控制。

---

① 庄毓敏，邵镜容. 银行与财务公司合作服务实体经济 [J]. 中国金融，2020，（12）：46-47.
② 中油财务 [EB/OL].[2017-12-17].http://cpf.cnpc.com.cn/cpf/gsxw/201712/4dc40faeed2d4384b5a36175c1a50b01.shtml.
③ 庄毓敏，邵镜容. 银行与财务公司合作服务实体经济 [J]. 中国金融，2020，（12）：46-47.

2.2.2 企业与融资担保公司合作支持实体经济

（1）企业与融资担保公司合作途径

融资担保是指由一个第三方机构为一笔债务融资增信，当被担保人无法履行债券责任时，由担保人依法承担债务合同约定的相关责任的行为。融资性担保公司是由相关部门批准依法成立经营融资性担保业务的有限责任公司及股份有限公司。融资担保公司作为连接银行机构和企业资金需求方的"桥梁"，通过发挥专业增信和风险管理功能，可以有效降低融资市场双边信用风险，协助破解小微企业因自身信用体系缺失形成的融资困境，改善金融和实体经济的失衡[①]。

金融领域供需关系不平衡局面之一就是中小微企业和"三农"的缺乏精准、高效、低成本的金融供给，深陷融资"难、贵、慢"困境。由于中小微企业普遍存在成立时间短、可抵押物缺乏、管理不规范、业务规模小、产品单一、抗风险能力弱的特征，导致自身信用能力弱。在面对旺盛的市场需求急需资金周转时，中小微企业却难以得到主流金融机构融资支持。

这一现实情况促使很多担保机构尝试为中小微企业提供"信用贷款"，以弥补其信用不足的短板。近年来，融资担保公司和中小微企业通常在供应链金融领域进行合作，在坚守风险底线的基础上，满足中小微企业融资需求，助力实体经济。融资担保公司主动联系供应链上游企业，依据上游厂商基于自身营销体系及数据库，择优推荐并提供年度结算数据为依据，只要经销商满足一定的标准，就可获得融资担保公司的预授信额度。此外，融资担保公司还和金融科技公司建立大数据风险服务中心、资信评级体系以及保后风险动态预警，构建小微金融服务"生态圈"。结合科技手段，给融资担保机构自身赋能，提高业务效率，提高风控水平。融资担保公司嵌入供应链生态系统之中，建立上下游供应商的交易数据，通过成员企业的信息交流，为供应链企业提供融资担保。

（2）企业与融资担保公司合作效果

融资担保公司为服务中小微企业、"三农"增信支持服务，助力企业融资降本增量，为实体经济的增信支持，有利于实现大众创业、万众创新的美好愿景。融资担保公司积极开展资本市场相关服务，在债券、基金、资产证券化、银行间交易市场等融资渠道引入担保增信业务，鼓励支持中小微企业开拓间接和直接多种融资渠道，实现多层次资本

---

① 中国金融信息网.发挥担保增信作用 更好服务实体经济 [EB/OL].https://www.financialnews.com.cn/jigou/rzdb/201711/t20171125_128443.html，2017-11-07.

市场健康发展，焕发金融市场融资活力。金融机构为科技创新、先进制造、重点产业等实体经济引流更多金融"活水"，满足中小企业多样化的债权融资与股权融资需要，助力企业培养核心科技竞争力，实现企业转型发展的目标。

当前时期，我国融资担保机构数目已突破七千余家。众多融资担保机构坚持细分市场、行业差异化错位竞争，形成不可复制的综合竞争力。融资担保机构通过行业调研和市场研究，对发展稳定、体量大、前景好的行业进行重点研究。此外，融资担保机构积极开辟银行等主流金融机构受制于体制机制原因"不便参与"的细分市场业务，与银行形成错位竞争优势，弥补银行金融机构对中小微企业和"三农"等特定市场服务的短板。

尽管中小微企业竞争力存在一定短板，但是凭借其对市场快速反应能力、灵活运营机制、成长性好等优点，使得中小微企业成为实体经济基石，创新生力军。融资担保公司对中小微企业融资风险进行有效识别，提供相应资质的金融服务，既有力支持实体经济发展，又能够实现自身风险合理控制的目标。

为缓解中小微企业、"三农"和创业创新投资融资难、融资贵，2018 年 7 月由中央财政发起、联合有意愿的金融机构共同设立国家融资担保基金有限责任公司，首期注册资本 661 亿元。中央财政部为该公司第一大股东，持股 45.39%，其余还有 20 家全国性股份制商业银行、保险等机构入股，持股比例从 0.15% 至 4.54% 不等。国家融资担保基金定位于准公共性金融服务，明确为小微企业服务。组建国家融资担保基金，是财政更好地支持实体经济发展的重要举措，将努力实现每年支持 15 万家（次）小微企业，累计在保 5 000 亿的政策目标。国家融资担保基金的设立首次从国家层面正式对融资担保行业形成中央财政到地方财政的多级风险分担机制，随着银担风险分担新合作模式的开展，将融资担保行业正式纳入银行金融增信体系的一部分。一些地方政府通过再担保基金形成支持和扶持担保公司开展业务，公共基金起到四两拨千斤的杠杆效应，促进银行、担保公司合作支持中小微企业融资。

2.2.3 资产支持证券融资

资产支持证券，简称资产证券化 ABS（asset-backed securities），是一种流行的融资性金融工具。通俗来讲，资产证券化就是将个人、企业，甚至一个项目在未来能够取得的现金的权利在当下进行贴现，使当下能够获得最大限度的现金。债权、未来收益权、租金等任何可以在未来产生现金流量的权利在理论上都可以进行资产证券化融资。资产证券化是金融与实体经济之间的通道。

（1）资产证券化的实施方式

资产支持证券的发行流程为[①]：首先由商业银行、信用卡服务商、消费金融公司等机构作为基础资产发起人将贷款或应收账款等资产出售给其附属的或第三方特殊目的载体（SPV），实现有关资产信用与发起人信用的破产隔离，然后由特殊目的载体将资产经过资产项目打包、资产项目评估分层、信用增级、信用评级等步骤后对投资者进行公募或私募发行。资产支持证券产品类型包括简单的过手证券和复杂的结构证券（structured security），如不动产抵押支持证券（mortgage-backed security，MBS）、担保抵押证券（collateralized mortgage obligation，CMO）等。资产支持证券的主要投资者包括商业银行、保险公司、共同基金、养老基金、货币市场基金、对冲基金等。由于大多数资产支持证券的信用增加手段、存续期限、偿付结构等方面有差异，因此资产支持证券的交易大部分发生在OTC场外交易市场，例如通过电话双边报价、协议成交来进行场外交易。MBS作为ABS中标准化程度较高的资产支持证券，较其他类型的ABS在一般流动性、价格透明度有优势。

①发行申请

受托公司计划在全国银行间债券市场发行资产支持证券之前，应当向中国人民银行提交如表2-3所示的文件。

表2-3　在全国银行间债券市场发行资产支持证券提交文件

文件类别	相关合同类文件	相关意见书文件	相关评级文件
在全国银行间债券市场发行资产支持证券提交文件	申请报告、发起机构相关章程或书面同意文件、信托合同、贷款服务合同和资金保管合同及其他相关法律文件草案	发行说明书草案、承销协议、中国银监会的有关批准文件、执业律师出具的法律意见书、由注册会计师出具的会计意见书	资信评级机构出具的信用评级报告草案及有关持续跟踪评级安排能说明、中国人民银行规定提交的其他文件

资料来源：课题组整理修改

②发行与承销

组建承销团。发行资产支持证券要求发行人组建承销团，在发行期内向投资者分销其所承销的资产支持证券。资产支持证券的承销方式包括协议承销和招标承销及其他方式。

承销机构的资格认定。金融机构作为承销机构，需要满足如表2-4所示的条件，资产证券化发行流程如图2-3所示。

---

① 资产支持证券；百度百科[EB/OL].[2008-04-20].http://baike.baidu.com/view/1240152.html.

表 2-4　资产支持证券承销机构认定条件

三大资格条件类别	条 件 一	条 件 二	条 件 三
承销机构的资格认定条件	注册资本大于2亿元人民币且有一定的债券分销能力	拥有债券市场业务资格的专业人员、一定的债券分销渠道	近两年内无重大违法、违规行为，以及中国人民银行要求的其他条件

资料来源：课题组整理修改

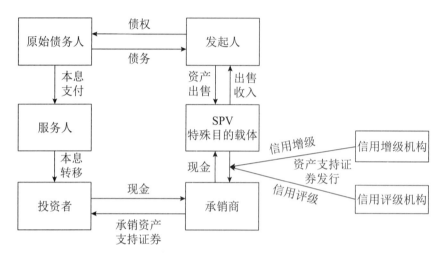

资料来源：课题组整理修改

图 2-3　资产证券化发行流程

（2）资产证券化的特征

资产证券化使得发起人（金融机构）增强资产的流动性。相比于贷款融资，资产证券化降低了企业融资成本。资产证券化作为企业传统融资方式之外的一种补充，依托企业现有资产附带的稳定现金流来满足企业融资需求，帮助企业有效利用存量资产，拓宽融资渠道。

2.2.4　中小企业集合债券

中小企业集合债是指经牵头人组织，以多家中小企业共同组建融资集合成为发行主体，发行主体内成员自行确定发行额度且各自独立负债，采用统一的债券名称并统一时间支付利息，面向特定投资人发行的一种特殊企业债券形式。该集合债指定银行或证券机构作为承销商，由担保机构、评级机构、会计、律师事务所等中介机构进行担保评级审计，并对发债企业进行筛选和辅导，以满足发债条件的新型企业债形式。中小企业集合债采取"捆绑发债"的方式,破除了以往只有大企业才能发债融资的惯例,丰富了中小企业融资模式,拓宽了中小企业融资渠道。

(1)中小企业集合债券发行方式

中小企业集合债券在发起发行之前需要做好相应准备工作,通常当地政府部门作为集合债券发行的牵头和协调人,开展对集合债券的申报、发行、协调和组织工作。国家发改委对地方政府上报的债券发行申报书进行审批,然后提出修改反馈意见,告知发行人、主承销商补充相关材料。当中小企业集合债发行申请获批后,主承销商还需协助发行人向中国银行间市场交易商协会、证券交易所这两部门提交上市申请,办理债券上市流通事宜。

①确定政府有关部门为债券发行的牵头人。

②发行中小企业集合债的目标企业一般应满足以下条件:成立时间在3年以上,有成熟的经营模式,财务状况优良,一般要连续3年盈利;净资产不低于人民币5 000万元;评级公司预评级,发债主体信用级别在BBB以上;企业分布尽量集中在同一地区。

③将申报材料上报至中国国债登记结算公司、中央证券登记结算公司,同时在中国银行间市场交易商协会进行发行注册,准备债券发行。

④发行人与主承销商在国家发改委指定报刊上刊登募集说明书,发行正式开始。企业准备阶段所需时间为45天,发改委审核所需时间为2~3个月,完成后期工作需15天左右,共计半年左右。

⑤发行利率:约为发行金额4%左右,以当时市场询价方式确定;承销费用:与主承销银行协商决定,共同分担;信用评级费用约30万~50万元;法律顾问费用:约10万元;发行登记服务费用:约为发行面值的0.07%~0.1%;代理兑付费用:约为发行面值的0.05%;担保费:约为发行面值的2%。

⑥中小企业集合债的主管机关是发改委,发债规模单个企业不超过净资产的40%,发行期限在3年以上。企业自行确定发行额度单独负债,采用统一的债券名称,统一约定到期还本付息。

(2)中小企业集合债券的特点

中小企业集合债券的特点见表2-5。

表 2-5 中小企业集合债券的特点

中小企业集合债券的特点	具 体 描 述
拓宽融资渠道，满足发展需要	中小企业长期以来面临融资需求与融资渠道矛盾并存的局面，融资结构单一。发行中小企业集合债券有助于企业调整融资结构、拓宽融资渠道，符合企业长期发展融资需求
优化财务结构，维持股东利益	发行中小企业集合债券并不会引发股本扩张，也不会稀释股东利益。由于债权人无经营管理权、投票表决权，不影响所有权结构、经营管理。如果企业投资项目的收益率高于债券利率，债券融资可以提升企业净资产收益率，有利于股东利益最大化
降低融资成本，发挥税盾优势	相比于同一期限的银行贷款，中小企业集合债券明显降低企业融资成本。同一期限的债券发行利率低于商业银行贷款利率，再加上相关发行费用，企业债券融资成本依旧较低。由于债券利息是在税前支付并计入成本，体现出了税盾优势
提高企业的资本市场形象，提升企业经营管理水平	发行中小企业集合债券是发行人在资本市场迈出的重要一步，企业借此在债券市场树立其稳健、安全的品牌形象。企业债券发行上市后，企业需要定期披露信息，被广大投资者关注，这有利于企业规范运作，提高自身管理水平，并可在资本市场上树立良好的信用形象，为企业持续融资打下信用基础
多方合作，共同参与，开阔视野	多个中小企业主体共同参与，能够开阔视野；同时，通过与各中介机构的合作，可以建立更多的沟通渠道，获取更多新信息。这些在企业今后的发展过程中可能起到至关重要的作用

资料来源：课题组整理修改

2.2.5 金融机构之间合作支持实体经济

金融机构之间的合作支持实体经济的途径有：银行与融资担保机构合作、商业银行与融资租赁公司合作等。

（1）银行与担保机构合作（银担合作）

①银担合作的途径

银担合作业务模式发挥出了融资担保的增信功能，助力企业的债务融资，切实发挥多种类型金融机构协同支持实体经济的作用[①]。银担合作双方通常应签订合作协议范本，明确合作双方的权利与义务。银担合作协议包括业务范围、合作期限、授信额度、风险分担、责任与权限、代偿宽限期、信息披露等内容。

商业银行、农村信用社等吸收公众存款的金融机构以及政策性银行与担保机构合作

---

① 中国金融新闻网."银担合作"助力民企债务融资 [EB/OL].[2019-11-09].https://www.financialnews.com.cn/jigou/rzdb/201911/t20191109_171036.html.

的主要业务有小企业流动资金贷款、个人经营性贷款、农户贷款、拆迁贷款、回乡创业贷款、邻里贷、知识产权质押等。银行针对担保公司设立了准入条件，优先选择主要由财政出资设立的专业担保机构提供的担保，严格把关并采取谨慎态度接受关于异地担保机构为本地客户授信业务进行担保，坚决抵制任何涉及投资业务的担保公司。

②效果

2019年2月国务院办公厅出台《关于有效发挥政府性担保基金作用，切实支持小微企业和"三农"发展的指导意见》，构建政府性融资担保机构、银行业金融机构的银担合作机制。该《意见》指出，原则上国家融资担保基金和银行业金融机构承担的风险责任比例均不低于20%，省级担保、再担保基金（机构）承担的风险责任比例不低于国家融资担保基金承担的比例[①]。

银担双方进一步扩大合作范围，在生产企业、贸易中间商企业、知识产业、个人经营类等行业领域方面全方位地合作。银行与担保机构采取总对总合作层次上签署协议，加大沟通合作力度。担保公司能够以其所有在银行的保证金对应其所有在银行的担保业务[②]。风险控制方面，银行和担保公司能够共享信息，双方从各自角度评判风险，避免风险盲点，双方从以往业务经验，各自建立企业信用度名单，另外双方可以相互借鉴风险管理经验，最大限度上把控风险。银担双方对关于担保业务的授信企业，其业务发生情况及时登记担保台账。

银担合作建立起银行、担保机构、政府之间的新型合作关系，为商业银行开展中小企业融资业务准入、抵押、处置等提供有效渠道，成为金融创新的一大体现。商业银行和担保机构还需在银担合作领域持续加大创新力度，发挥"政银担"三方联动作用，为中小企业提供更加精准化、多元化的普惠金融服务。商业银行与担保机构利用大数据、人工智能等前沿技术开发金融科技产品，提升中小企业征信信贷审批速率，拓宽企业融资渠道，有效控制风险，实现银行、企业和担保机构的多方共赢结果。

（2）商业银行与融资租赁公司合作

①银租合作的途径

由于我国《商业银行法》规定境内商业银行不得直接办理融资租赁业务，商业银行转而与融资租赁公司合作开展融资租赁业务，依靠租赁公司在产业链中的竞争优势；对

---

① 国务院. 国务院办公厅关于有效发挥政府性融资担保基金作用 [EB/OL].[2019-02-14].http: //www.gov.cn/zhengce/content/2019-02/14/content_5365711.htm.

② 青岛金融. 交通银行银担合作简介 [EB/OL].[2012-12-09].http: //jrb.qingdao.gov.cn/n26118648/n26118973/n26119760/150411123144708653.html.

融资租赁公司而言,自身缺乏稳定的资金来源,缺少网络化的分支机构,难以在跨行政区域方面形成协同效应,通过与商业银行的合作,以实现更好的发展。商业银行与融资租赁公司二者之间处于"合作+竞争"关系①。竞争关系体现在企业融资渠道方面,融资租赁公司为企业融资提供不同的渠道,与商业银行信贷业务存在激烈的竞争;合作关系体现在部分融资租赁公司自身有较大的信贷需求,因此,租赁公司可以作为通道方与商业银行合作中间业务,从而实现双赢。商业银行与融资租赁公司之间的合作方式通常有三种:客户与金融产品共享通用、境内人民币融资、国际业务合作。

②银租合作的效果

客户与金融产品共享。银行可以为融资租赁公司推荐客户,并提供结算等服务,为租赁公司拓展业务提供便利。银行为融资租赁公司提供应收租赁款归集、资金账户监管方面的服务,开展租后管理合作事宜。融资租赁公司与银行签署合作协议,引导租赁公司的客户前往合作银行开设结算账户,最后由银行提供租赁款归集服务、账户监管、租后管理等服务。

推荐客户与保理服务。租赁公司将已完成的租赁项目和客户推荐给银行,银行基于对承租人的授信情况或者租赁公司提供的增信情况,提供应收租赁款的保理服务②。这种保理既包括对售后回租的保理,也包括直接租赁等其他租赁形式的保理。这种模式下,银行承担信用风险,要在给予承租人的授信条件和额度内合作,或在租赁公司提供的增信措施的授信条件和额度内合作。前者为无追索权保理,后者为有追索权保理③。租赁公司将尚未完成资金交付的租赁项目及客户推荐给银行,银行通过对租赁合同评估核定,视"未完成租金"为"已完成租金",进行保付代理(简称保理)。这种模式是建立在商业银行基于对租赁公司营销的优质项目信用担保而进行的合作,由银行承担信用风险,对承租人进行主体以及融资租赁项目进行债项评级授信,只有符合银行信用要求,才能开展业务合作。

联合营销与杠杆租赁的模式。银行与租赁公司进行合作,针对具有综合金融需求的优质客户及大项目采取杠杆租赁的模式。杠杆租赁与银团贷款有着相似之处,即由某家融资租赁公司出资作为牵头单位拟购买租赁物价值的1/3(具体比例可上下浮动),商业银行根据出租人抵押的设备的所有权、租赁合同和收取租金的权利提供剩余资金,租赁公司在此种模式下也可以享受到税务部门给予设备购置的税收减免优惠,租赁费用可

---

① 融汇岛. 关于商业银行与中国融资租赁公司合作模式的深度思考 [EB/OL].[2019-03-12].http://www.rhd361.com/special/news?id=0666651f9cba42d49d08e8ec40b1c8e5.
② 朱大鹏. 商业银行与融资租赁公司合作模式研究 [N]. 金融时报,2014-08-18(011).
③ 商业银行与融资租赁公司合作模式研究 [EB/OL].[2014-09-10].http://blog.ifeng.com/article/33833842.html.

以税前抵扣经营成本。银行的风险控制与项目融资存在相似之处,融资项目的债项评级优秀是银行、融资租赁公司合作的前提。

基于融资应收租赁收益权的发行理财产品。租赁公司与银行、信托公司开展业务合作,银行针对租赁公司的应收租金收益权来发行专项理财产品进行购买。既可以对接新租赁业务,也可以对接存量租赁业务。此类模式的优点在于可以作为商业银行表外资产进行管理,不占用商业银行的信贷指标。

商业银行与融资租赁国际业务合作。在国际业务方面,商业银行可以为融资租赁公司提供国际结算、结售汇、外汇衍生品等传统金融服务以及内保外贷、内保内贷创新金融服务。内保外贷的模式通常有两种。第一种是境内银行根据境内企业申请,为其在境外注册的附属公司融资向境外金融机构开具融资性保函,并由境外金融机构向境外注册的附属公司提供融资业务。第二种是指境外金融机构以境内银行开出的融资性保函为担保条件,向境内注册的外资租赁公司发放外债贷款,外资租赁公司再与境内企业的客户办理租赁融资、售后回租业务。内保外贷优势在于通过外资租赁公司的外债额度进行境外融资,为境内用款客户提供低成本融资。外资租赁公司内保外贷的顺利实施须符合一系列要求如国家外汇管制的、充足的外汇规模等,商业银行也需对开证申请人提供相应授信额度[①]。

内保内贷的模式是在内保外贷基础上衍生而来,境内企业向国内商业银行申请贷款,委托国内商业银行向境外银行开具融资保函,境外银行依据境内银行出具的融资保函向境内企业提供境外人民币融资业务。内保内贷业务有利于境内企业申请人以较低融资成本获得境外人民币资金。这种模式适用于境外人民币利率较低的情形。

2.3 金融协同服务实体经济发展案例分析

2.3.1 中小微企业集合债券概述

(1)中国中小微企业集合债券发行概况

2007年11月14日,经国家发改委审批同意,深圳市20家中小企业集合发行的面额10亿元"07深中小债"正式面向境内机构投资者发行,发售当日立即售罄,是我国

---

① 商业银行与融资租赁公司合作模式研究[EB/OL].[2014-09-10].http://blog.ifeng.com/article/33833842.html.

首个由中小企业联合发行的债券①。中小企业打包捆绑、集合发债的融资模式逐渐在国内许多省市地区开展，在破除中小企业"融资难"、提升中小企业的竞争力方面具有重要意义。表 2-6 为我国历年发行中小企业集合债券汇总。

表 2-6 我国历年发行中小企业集合债券汇总

发行时间及区域	集合债券名称
2007 年深圳、2007 年北京、2016 年杭州	深圳中小企业集合债券 07 深中小债、中关村高新技术中小企业集合债券 07 中关村、2016 年杭州余杭金融控股集团有限公司小微企业增信集合债券
2013 年四川省	四川省 2013 年度第一期中小企业集合票据（13 四川 SMECN1）
2009 年辽宁大连	2009 年大连市中小企业集合债券
2012 年安徽芜湖	2012 年芜湖市高新技术中小企业集合债券
2013 年云南、2020 年福建龙岩	2013 年云南中小企业集合债券 2020 福建龙岩市汇金发展中小企业集合债券

资料来源：课题组整理修改

（2）杭州余杭金控中小企业集合债券

随着经济增长放缓，融资难、融资贵问题正逐渐成为制约小微企业发展的重要因素。杭州余杭金融控股集团有限公司（以下简称"余杭金控"）作为浙江省金融综合融资创新试点单位，一直致力于将金融创新融入经营活动②。为进一步拓宽企业融资渠道，缓解区内小微企业融资难问题，余杭金控申报并于 2016 年 3 月成功发行了一笔小微企业集合征信债（以下简称"16 余金控小微债"）。小微债发行金额 3 亿元，期限 3+1 年，被以委托贷款形式投放给了余杭区内的 20 家小微企业。截至 2018 年底，小微债已累计发放贷款 58 笔，累计金额 3.48 亿元，为余杭区小微企业提供了强大的资金支持，缓解了小微企业融资难问题。表 2-7 为 16 余金控小微债募集资金使用、监管情况。

表 2-7 16 余金控小微债募集资金使用、监管情况

委贷企业	已使用募集资金（万元）	委贷企业还本付息情况
杭州鑫启程物资有限公司	90.0	正常
杭州威尔达进出口贸易有限公司	90.0	正常
杭州大东南绿海包装有限公司	90.0	正常
杭州涛巴京轻纺有限公司	50.0	正常
杭州三冠贸易有限公司	30.0	正常
浙江鼎旺实业有限公司	60.0	正常

---

① 中央政府门户网站.中国首只中小企业集合债券成功发行[EB/OL].[2007-11-15].http：//www.gov.cn/banshi/2007-11/15/content_806148.htm.

② 杭州发改.余杭金控小微企业增信集合债券助力小微企业发展[EB/OL].[2019-04-27].https：//www.sohu.com/a/310115899_120034998.

续表

委贷企业	已使用募集资金（万元）	委贷企业还本付息情况
杭州豪派农业开发有限公司	90.0	正常
杭州陆金财富管理有限公司	90.0	正常
杭州益森健生物科技有限公司	90.0	正常
杭州方星自行车配件有限公司	30.0	正常
浙江海普顿新材料股份有限公司	50.0	正常
杭州旭翔实业有限公司	30.0	正常
杭州森润无纺布科技有限公司	50.0	正常
杭州汇财实业有限公司	50.0	正常
杭州大地海洋环保科技有限公司	90.0	正常
杭州百健餐饮管理有限公司	90.0	正常
杭州塘栖颐果庄园有限公司	60.0	正常
杭州潮米品牌管理有限公司	50.0	正常
杭州城光节能科技有限公司	20.0	正常
杭州富义仓米业有限公司	90.0	正常
合计金额	1290.0	

资料来源：课题组整理修改

2.3.2 杭州余杭中小企业集合债券案例分析

在下文中将对杭州余杭金融控股集团有限公司（以下简称"余杭金控"）助力实体经济进行详细剖析。杭州余杭金融控股集团有限公司主要采取发行集合债融资来支持中小企业和民营企业克服研发投入期和快速扩张期费用支出大、存在资金缺口的难题，达到支持实体经济的目的。经过3年的运作管理，余杭金控积累了一定的中小企业集合债券的发行经验[①]。

（1）创新方法，解决企业资金问题

杭州余杭小微债被投企业所处产业涉及信息、环保、健康、高端装备制造等八大浙江省"十三五"时期重点打造的产业，行业覆盖面广。在小微债实践过程中，余杭金控采用区别于传统银行的形式风控，以事实风险控制作为核心风控手段为更多符合条件的企业发放了贷款。2018年小微债提前或按期累计归还20笔，金额1.2亿元，未结清38笔，金额2.28亿元，尚未出现逾期、欠息等不良情形。余杭金控同时采用灵活的担保方式，以未来收益

---

① 余杭金控小微企业增信集合债券助力小微企业发展 [EB/OL].[2019-04-24].https://www.sohu.com/a/310115899_120034998.

权质押作为小微债担保方式,增强了该企业第二还款来源,为其提供了资金支持。

(2)手续灵活,弥补产业基金不足

管理余杭区政府产业基金是余杭金控的一个重要职能,每年需完成相应让利性股权投资的相关投资操作。让利性股权投资存在流程复杂、耗时较长的局限性,而相当数量的让利性股权投资获批企业对资金需求较为急切,流程耗时长的难题严重影响了让利性股权投资获批企业的经营发展。

由于通过让利性股权投资评审的企业质量较高,余杭金控利用小微债灵活快捷的优势,在让利性股权投资款下拨前为多家企业提供了小微债贷款,累计已放款 3 250 万元,有效缓解这类企业资金需求的燃眉之急。余杭金控将小微债与政府产业基金的无缝配合,既缓解了企业方的资金压力,促进其健康发展,又为自身降低了金融风险,为企业及时提供资金支持。

(3)投贷联动,助推企业快速发展

尽管部分小微企业短期内因资金流问题陷入困难,从长远来看,其所处产业、领域及管理团队仍具有非常大的潜力。针对该类型的企业,余杭金控以小微债为先导,增加与企业互动频次,后续探索股权投资方案,打造债权和股权为一体的组合融资方案。例如,余杭金控为浙江捷尚视觉科技股份有限公司量身定制了含股权、债权在内的一揽子支持方案,出资总量达 2 900 万元,其中 900 万元为小微债贷款。

通过小微债解决企业出现的暂时性资金匮乏问题后,企业往往会对区内产业环境、金融政策有强烈的信心。一些区外企业为运作的便利及享受更好的扶持政策,非常愿意将主体迁入余杭区。例如,杭州鲁茨科技有限公司在获得 500 万元小微债贷款后,将销售主体及重要子公司注册地迁入余杭区,并计划在随后几年陆续将其他经营场地与研发基地也迁入进来。

(4)发行成本高,拉高贷款利率

小微债发行时票面利率一般高于银行一年期基准利率,且在发行及运作过程中有较高的其他成本,包括发行中介费、通道担保手续费等。小微债发行 3 亿元一次到账,而贷款分笔发放,资金时间差也带来了较高的沉淀资金成本。截至 2018 年底,小微债收息总额 3 726 万元,发债成本及付息总额 4 379 万元,亏损 631 万元。余杭金控为尽量减少小微债项目亏损,只能适当提高贷款利率,利率普遍保持在 7.5%~9% 左右,此利率水平相较银行贷款利率水平偏高。

（5）企业逆向选择，申请质量普遍不高

由于小微债利率偏高，小微企业从借贷成本的角度考虑，倾向于向银行贷款，当难以从银行获得贷款时，才会申请小微债。逆向选择的结果导致小微债申请企业普遍存在一定的瑕疵，也相应地提高了贷款风险。

（6）部分企业按期还款难度大

鉴于小微债资金进入企业后主要被转化为原材料、生产设备及其他资产，要求企业贷款到期后马上足额归还对企业的影响较大。在实际操作中，余杭金控要求企业提早做出资金规划，但依然有部分企业存在经营状况较好，但短期内无法足额偿付情况。

2.3.3 腾讯微粒贷

（1）腾讯微粒贷概况

腾讯微粒贷是国内首家互联网银行——微众银行面向微信用户、QQ用户推出的线上小额信用循环消费贷款产品，于2015年5月正式上线。"微粒贷"作为微众银行推出的一款线上贷款产品，其特点如下①。

"微粒贷"主要特点之一就是没有抵押与担保。传统金融机构针对个人推出的贷款，要求借款人提供抵押及相关担保，若无资产抵押或担保则难以获得贷款。用户申请"微粒贷"不再被要求抵押、担保、纸质证明材料，只需满足良好的信用条件，就能够满足自身的融资需求。

"微粒贷"拥有严谨的风险控制规则、完备的技术支持体系，提供7×24小时在线服务，使得贷款办理手续便捷高效，只需在手机App上操作即可完成全部贷款流程，短时间内实现放款。

传统金融机构通常要求用户在还款日当天还款，提前还款需要进行申请并缴纳手续费。除常规默认代扣还款外，"微粒贷"亦支持用户随时结清贷款，且不收取任何其他额外手续费用，真正实现随借随还，提前还款无手续费。

（2）金融科技助力微粒贷

由于国内民众热衷于储蓄和民间借贷，较少参与银行借贷，从而导致绝大多数民众征信缺失，这也是互联网＋金融不得不面临的机遇与挑战。中国在金融服务领域与欧美

---

① 微粒贷；百度百科 [EB/OL].[2016-04-27].http://baike.baidu.com/view/16750623.html.

发达国家还存在较大差距，其中很关键的原因就在于征信。热衷于储蓄，这使得财富没有得到充分的流通。另一方面，当人们资金匮乏时，却很少选择去银行借贷，除非到了万不得已的地步。而没有借款和还款的过程，就很难留下征信记录。

腾讯从存贷款商出发构建金融体系。在征信和金融云的支持下，依托于腾讯公司的大数据分析技术，逐步探索金融创新，降低了运营成本。微粒贷将在央行征信系统的支持下，建立互联网征信体系，利用互联网大数据技术提升征信效率，以此解决在传统征信过程中遇到的困难。与银行相比，腾讯微粒贷在小额信贷领域更具有优势。小额信贷的最大局限之处在于成本，如果贷款额度在一千元以下，商业银行则会亏损。对于微粒贷来说，贷款办理全部在线上进行，几乎可以免去所有的手续和人工费用，大幅削减成本。微粒贷目前对外号称借款仅需 15 分钟，只要熟练操作，最快 1 分钟就可完成一笔贷款。由于是定位小额信贷，微粒贷对贷款额度有一定的限制，目前个人最高贷款额度为 20 万元人民币。

2.3.4　公司信用卡

相比于中国只有商业银行作为唯一发行信用卡的机构，美国信用卡业务发卡机构则是多元化，石油公司、航空公司、零售商（亚马逊、沃尔玛）、汽车集团（通用汽车）和商业银行均可以发行信用卡。几乎所有美国银行均提供小企业信用卡服务，这是美国中小企业获得信贷资金，特别是短期资金来源的重要途径之一[1]。

商业信用卡不仅可用于支付款项，还能改善企业现金流，为企业获取融资建立信用记录。信用卡的作用不仅在于消费。如今，随着发卡机构提供的各种奖励和优惠，企业不但可以把商业信用卡用作额外的资金来源，还可以作为管理和简化营运的有效工具[2]。企业可以运用商业信用卡来管理付款、填补现金流缺口，以及建立信用，从而实现发展目标[3]。

（1）建立信用，拓展业务

美国小企业协会（National Small Business Association）的一份报告指出，27% 的

---

[1] [EB/OL].[2020-02-24].https：//www.eastwestbank.com/ReachFurther/zh-Hant/News/Article/How-Microloans-Help-Small-Business-Owners-Stay-Profitable.
[2] Corporate-card-use [EB/OL].[2019-06-17].https：//business.americanexpress.com/hk/zh/business-trends-and-insights/business-insights/corporate-card-use.
[3] Buypowercard.[EB/OL].[2019-06-17].https：//www.buypowercard.com/buypowercard/overview/.

受访企业表示很难获得必要的资金。小型企业最常用的融资方式主要是银行贷款和信用额度（占87%），其次是信用卡（占27%）。不过通常贷款机构在审批贷款申请时，不仅要求借款人拥有良好的信用记录和稳定的企业现金流，有时还需要抵押品，并希望了解申请人所在的行业以及经营历史。而发卡机构主要关心的则是信用记录。

发卡机构希望拥有更多商业客户，因为通常企业的信用卡消费量更大，这是发卡机构乐见的。建立信用是企业获得其他形式融资的必要条件，但初创和较新的企业往往因为缺乏信用记录而无法获得融资。公司卡这样的支付方案来帮助客户获得资金。

公司卡与小型商业信用卡的主要差别在于持卡企业的业务规模和还款责任的划分。此外，大多数发卡机构仍然要求申请企业拥有一定的信用记录，这对刚刚起步或进入新市场的企业来说是十分困难的。美国金融科技创企 Brex 发行了一款商业信用卡，它是专为那些无法从其他信贷机构获得资金的初创企业而设计，无须保证金或信用记录，而是以企业的银行账户存款余额为担保。Brex 还会将企业的还款记录发送给像益博睿（Experian）和邓白氏（Dun & Bradstreet）等信用报告机构，协助企业建立信用。Brex 为那些新成立、信用记录有限但值得信赖的企业提供服务。

（2）管理付款和账务

对所有企业来说，企业主应该将个人与企业的财务分开，然而有46%的小型企业使用个人信用卡购买公司用品。另外，将商业信用卡与 QuickBooks 和 NetSuite 等会计系统整合也是一种有效记录和管理开销的方法。这种与会计软件无缝整合，以及收据撷取的功能吸引了客户办理信用卡①。

美国 Daysinn 酒店集团财务总监表示："我们想要一个能与酒店营运账户相连且非常方便的付款服务。Brex 可以轻松汇出所有的月交易记录，包括使用时间、地点和使用的信用卡，简化了会计部门在月底时的对账工作，也让经理们在使用他们的 Brex 信用卡时更谨慎"②。

Brex 的收据撷取功能十分实用、便捷。持卡人可以快速拍下收据照片，并将其和备注一起上传到应用程序中。这样的功能可以使企业主能够腾出更多时间关注业务发展等其他方面。自动化和对账是管理支出和收据的关键。将 Brex 公司卡与会计系统整合后，企业几乎可以每天进行账务核对，从而更好地掌控和记录支出的增加趋势，或者及时采取管控支出的措施。

---

① https://www.napcp.org/page/WhatArePCards，[2019-06-17]。
② https://www.eastwestbank.com/ReachFurther/zh-Hant/News/Article/How-Businesses-Can-Leverage-Credit-Cards-and-Grow，[2020-02-24]。

(3) 填补现金流缺口

有时企业需要立即付款给供应商或购买货物，但手头没有足够的现金，急需周转。对于那些不愿负债的企业来说，签账卡（charge card）是个缓冲现金流的好方法。它与信用卡的不同之处在于，它要求持卡人每月付清全部欠款。有额外的 30 天来付清债务对企业来说是一个巨大的福利，特别是当他们处于短期现金短缺的时候，这不仅弥补了他们的现金流缺口，还使其能够更灵活、更容易地管控企业的应付款项。尽管 Brex 公司卡比较像是一种支付方式，但它可以为电子商务企业提供一种无息的"超短期营运资金"，持卡人在 60 天内还清债务即可。

(4) 获得奖励和优惠

很多信用卡都提供与商务相关的消费奖励，而企业主可以用这些奖励兑换信用卡返现、旅游，或发卡机构提供的其他奖励。例如，一家小型企业用他们的商业信用卡积分作为员工的旅游奖励。因此，灵活使用信用卡既可以为企业现金周转提供方便，也可以获取相应优惠和奖励。

第 3 章

协同金融系统与生态

3.1 协同金融系统构成

3.1.1 传统金融系统

改革开放四十年以来,我国经济与金融行业发展迅猛,其中金融系统改革所起到的重要作用不可忽视。当然随着我国互联网经济与国家改革步伐的愈发深入,传统金融系统也急需进一步优化改良。

金融系统是有关资金集中、流动和运用的一个体系,是家庭、企业和政府为实现某种金融决策而参与其中的一种交易市场集合。传统金融系统由商业银行、证券公司和投资公司等金融中介机构和中央银行、各级政府等金融监管机构以及个人家庭和企业组织等金融主体构成。在监督体系下,商业银行与各类金融机构是在市场中提供金融产品和金融服务的主要主体,为企业或个人提供其所需的资金融通服务,如存款、贷款、证券基金投资等,同时,也是吸纳居民、企业储蓄存款的机构。中央银行作为一个国家核心的金融调控机构,以再贴现、再贷款等手段对金融市场进行金融监管和宏观调控,以保持金融市场平稳运行。企业和家庭(或个人)作为金融投资的主要主体,为金融系统提供必要的资金流量,在实现自身融资需求的同时也提高了金融系统的资金流通效率。而政府在整个金融系统中扮演着多重角色,不仅肩负金融行政监管、调控的责任,同时也拥有金融投资、融资的金融消费能力。各金融主体间合作交流结构见图3-1。

3.1.2 协同条件下金融系统

随着中国特色社会主义市场经济体制和现代金融体制改革的大步向前,越来越多的研究都表明当前中国现代金融体系建设正在逐渐转向以市场需求为中心的运营模式[①]。技术快速发展的金融大环境推动金融系统进行变革创新,科技在金融系统中的应用越来越广泛,极大提高了金融交易效率;金融市场供需双方的交易地位也发生转变,以市场为主导的金融体系需要一个更加开放包容、更加灵活高效的金融系统与之相配合。

---

① 吴晓求,许荣,孙思栋. 现代金融体系:基本特征与功能结构 [J]. 中国人民大学学报,2020,34(01):60-73.

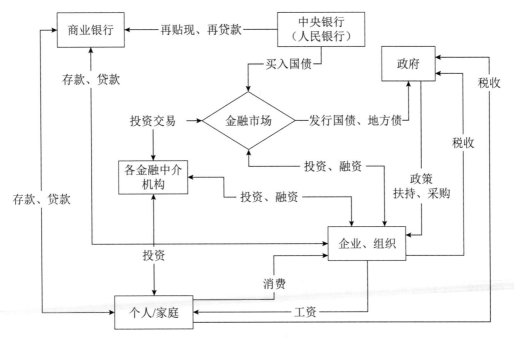

资料来源：课题组整理所得

图 3-1 传统金融系统要素构成

金融生态系统这一概念的提出为改革指明了方向。"系统"一词的概念本身就十分注重协同与合作，强调"1+1>2"的效果，协同金融系统则更是如此。协同金融系统是指由参与主体、产品客体以及与之密切相关的背景环境联合构成的一种相互影响、协同作用的动态金融系统[①]；是由连接资金供需双方的一系列金融机构、监管部门以及各行业企业等不同协同主体共同构成的一个具有特定金融功能的有机整体。按照性质的不同，协同金融系统中的构成主体主要分为金融和非金融两种类型。金融主体是传统金融机构和新兴金融机构等提供金融产品和服务的企业统称；非金融主体包括实体企业、政府、金融消费者以及信息服务机构等，作为协同金融系统中的监管者、消费者和相关信息供应商为金融系统提供运转动力。

（1）金融机构

在协同金融背景下，金融机构的内涵相对传统有所拓展。金融机构主要包括商业银行等传统金融中介机构及新兴金融机构，它的作用在于为市场内各行业企业提供资金支持，具体有商业银行和非银行类金融机构。银行金融机构主要有商业银行、投资银行、

---

① 陈哲，余吉安，张榕. 金融生态视角下的金融监管 [J]. 北京交通大学学报（社会科学版），2012，11（01）：52-58.

政策性银行等,为不同客户群体提供存取款和筹融资等基础金融服务。非银行金融机构一般包括保险、证券、信托和资产管理公司等,通常为客户提供发行股票和债券、保险理财等衍生金融产品和服务。值得一提的是,随着网络科技的发展还新出现了一类独特的金融业态——科技金融公司,其在科技资源的利用程度上,在新兴科技研发、业务活动、流程管理、支付方式、经营模式等方面都与一般金融机构不同。

具体而言,一般金融体系主要包括四大行业分支,即银行、保险、证券和信托。银行业由来已久,具有其他金融机构难以超越的品牌、网点、经营、资产和渠道优势。与此同时,各大银行也在不断与时俱进,国有商业银行进行持续改革,其他股份制银行也在不断拓展自己的战略定位。证券业虽然最初是从商业银行的证券部门分离出来的,但随着我国金融市场的不断完善,证券在金融体系中逐渐担任起更加重要的融通角色。信托业是中国较为独特的一种金融分支,其在国外大致属于商业银行的资产管理业务范围,并不构成一个单独的行业分支。相对于其他三类,保险业是个相对封闭的系统,与其他金融机构的合作交流相对较少,拥有自己独立的运作逻辑。

随着以顾客需求为中心的理念被广泛接受,各式新型金融机构平台的竞争力日趋凸现,传统商业银行机构所发挥的金融媒介作用受到挑战,"去中介化"趋势进而增强。金融在各方面的创新和完善促进了行业交流壁垒的降低,混业经营和利率市场化等也给众多参与主体(尤其是传统银行业)带来了新的发展机遇,不断发展的金融环境督促着金融机构在内部管理、产品创新、行业内外协作、战略规划等方面的积极变革。

(2)实体经济

实体经济包括第一产业、第二产业和第三产业,如农牧业、工业制造业、文旅产业等实物生产和服务部门等,从指标层面可以描述为一个国家生产的商品价值总量。实体经济企业运营链中,资金是其稳定正常生产的重要保障,实体企业一般遵循通过购买原材料后将其投入生产,产品以及相关附加服务实现销售后回笼资金,赚取差额利润的盈利模式。随着金融领域与实体经济的进一步融合,许多新型融资模式都为实体经济提供了缓解融资约束的可行方案,如供应链金融、互联网金融、资产支持票据等。在互联网技术发展的今天,虚实结合使得实体企业获得更加丰富、快捷的融资模式,在带给实体经济充足的资金流量的同时,也给实体经济提供了全新的可能的营运方向。

金融行业本质是服务实体行业,若实体经济的根基不稳,金融就会成为离水之鱼,难以生存。实体企业作为关键的金融服务消费者,在获取金融资金支持企业自身不断发展的同时,也为金融行业的发展提供了必要的经济基础,同时推动着金融行业向更深层次发展。

（3）信息服务机构

随着信息技术的快速发展，当前社会中各行各业产生的海量大数据信息成为一个尚未得到完全开发的巨大宝藏。面对庞大的数据海洋，在其中找寻自身可利用的信息是一项极具技术含量的工作。随着信息的收集、分析和运用日益复杂，产生了一种独特的行业：信息服务业。这是一个涉及信息收集、处理、转换与服务等众多环节的多方面综合型行业，涉及程序开发商、信息加工商和流程运营商等多方参与主体，涵盖实体行业和服务产业两大领域。同时它还充当了企业和金融机构之间的信息交流平台，发挥着协调和维护两者关系的角色，在金融活动中起到了促进信息流动、降低金融风险的作用。

我国可以提供此项业务的机构主要有以下几类。首先是专职于金融信息服务的机构，例如，国家设立的各类金融产品交易所，负责对各类交易信息数据、业务技术、流程创新等方面信息进行整理、发布。此外也可以从事商务信息咨询、投资管理、财务咨询、会务服务等业务，或被委托负责市场信息咨询与调查等企业事务。其次是由互联网技术为基础发展而来的财经网站（如中国财经网、和讯网等）与一般新闻网站的财经专栏（如搜狐财经、新浪财经等），它们利用高效的沟通方式增强金融交易双方的交流与互动；同时附加的社交娱乐、消费理财等功能，为客户提供了更加丰富、定制化的网络服务。此类网站的主要任务就是为金融投资者提供相关数据信息和第三方分析建议等，其收入来源主要为广告宣传费和数据服务费。再者，电视、报纸与广播等大众传媒也为金融行业提供了必要的信息支持，如《人民日报》《中国经营报》和《经济观察报》等，但与互联网等新媒体相比，它们在时间及时性与信息反馈性上表现稍差。此外各类金融机构也需要向客户提供必要的投资理财信息[①]。

在协同金融合作生态链中，各类机构合作的前提就是信息的共享和交流，信息服务机构作为管道角色可以联络"上游"传递政策和市场信息，接洽"下游"整合金融机构一起为最终客户提供专业的金融信息数据服务，为协同系统中的其他要素提供必要的信息数据支持。

（4）金融消费者

综合借鉴《中国人民银行金融消费者权益保护实施办法》和学者杨东（2014）[②]的定义，本文将认为金融消费者是购买或接受金融机构所提供的金融产品服务的自然人或法人组织，可以分为专业金融消费者和一般金融消费者。达到一定经济实力水平，拥有

[①] 吴晓光. 浅析我国金融信息服务市场的发展 [J]. 银行家，2011，（07）：88-90.
[②] 杨东. 论金融消费者概念界定 [J]. 法学家，2014，（05）：64-76+177-178.

金融相关专业知识和抵御风险冲击的自然人或法人组织即为专业投资机构；除上述以外即为一般金融消费者。这个定义相对广泛，覆盖面较全，对金融消费者这一名词有着更加全面的理解。

无论是专业或者一般的金融消费者，作为协同金融系统要素之一，个人、家庭或者专业的投资企业通过买入和卖出金融资产（服务）等手段参与整个金融系统的运作，来达成自身对于资金融通金融需求。此外，在金融市场化导向愈加明显的趋势下，消费金融和普惠金融的蓬勃发展也充分展现出了金融消费者对金融行业的深刻影响。

（5）政府

政府是进行社会管理和处理国家事务的组织机关，可以指包括立法、行政和司法机关等所有行使国家权力的机关。本书中提及的政府一词主要是与金融行业相关的组织部门。在政府的四大主要职能（经济、政治、文化、社会）中，经济职能对于金融市场的影响最大，主要是对市场发展的规划、引导和监管等。在我国社会主义市场经济初级阶段，金融市场也处于初期发展阶段，政府在其中所发挥的监管职能作用与发达市场国家相比存在一定差异，监管和引导职能更加突出和重要。

政府在金融生态系统中的特殊性主要有两点。一是政府作为生态体系参与者具有多重角色，在金融系统的方方面面发挥着作用：既有作为消费者的运用金融投资筹资功能，又具有提供信息、监管职责的服务功能，还有影响金融生态环境建设的能力。二是政府是协同金融系统的引导者和调控者，作为"看得见的手"减少市场失灵以及信息不对称带来的不利影响。

从以上对比来看，在系统构成要素上传统金融系统与协同金融系统的差距不甚明显，两者的主要构成要素十分相近，协同生态系统只是在传统金融机构的基础上添加了互联网时代金融科技创新后的金融产物，如供应链金融、互联网金融、消费金融等。虽然构成要素大体相同，但协同金融系统内部更加强调各方主体之间的生态构成，因此分析协同金融系统的重点就落在各要素之间协同生态链合作关系上。政府作为多重参与者在协同金融系统中起着领头羊的引导作用，指导监督各机构，要素协同合作的同时，接收系统运行中的反馈意见来不断改善协同金融平台；金融信息服务机构为相关参与主体提供基础的数据信息支撑；实体企业与各金融机构通过协同平台达到双方供需的及时交流，在满足当前资金循环需求的同时，双方共同合作致力于金融多方面创新；金融消费者作为基础群体，是支撑协同金融的基础，在各个环节发挥着自身作用。协同金融体系中各要素合作逻辑见图3-2。

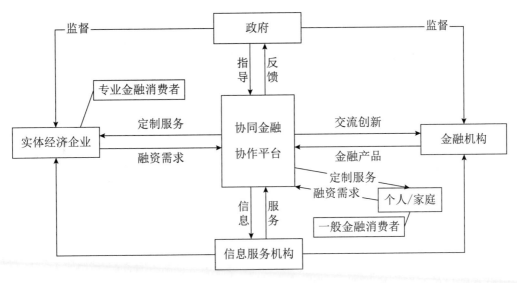

资料来源：课题组整理所得

图 3-2　协同条件下金融要素间合作逻辑

3.2　协同金融生态链

从国际范围来看，金融行业已经形成了明显的竞争与合作关系，正在逐渐向更加错综复杂的"全球金融生态链"商业关系转变。虽然我国金融市场发展较晚，但随着经济水平的逐步提高与经济全球化进一步发展，我国金融行业也在加速向国际水平靠拢。参照美国麦肯锡公司对"金融生态链"的认识，这是各金融参与主体在协同生态链中与环境相互影响、匹配合作形成的一种动态平衡联盟。在构建协同金融系统的同时，其内部多条协作生态链绞合互助，共同实现金融生态系统的协同完善。

3.2.1　银行间生态链

我国的银行大致可以分类为中央银行（即中国人民银行）、专业政策性银行、国有商业银行、新兴股份制商业银行、农村信用社以及邮政储蓄银行等。对比参照全球金融生态链，众多类型的银行展现出高强度的多链条式竞合关系，我国金融行业也正逐步与国际接轨。未来在金融生态链理念的驱动下，各大银行可能会迈向不同的发展方向，构建出不同的金融模式，多方共同协作拉动生态链条运转。例如国家开发银行、中国邮政储蓄银行等专业银行实力雄厚、规模巨大，今后很可能会以规模化优势经营为主线，全面提高自身资产规模和业务覆盖率。而城市商业银行、农村信用联社等区域金融机构在搭乘我国长三角、京津冀、环渤海等区域经济圈发展的便车下，为中小企业和三农提供金融服务，将迎接更多的发展机遇和困难挑战。对于新兴股份制商业银行来说，未来可选择的路径则更多，如在传统金融服务的基础上加强金融创新和管理创新，打造品牌优势，探索专业化金融产品的发展道路；或者通过资本市场运作来提升银行资金实力，借助时新的网络信息技术来扩展金融服务范围、提升银行的综合竞争力[1]。

我国在以银行间合作机制生态链平台建设方面，已经开展了部分探索和应用。目前较为成熟的机制是依赖于区块链技术基础探索提出的一套符合银行间多层次合作的模型，即银行间生态链。各银行利用区块链等网络技术，采用分层多链的总体架构，建设联盟链基础设施平台，加强银行间的深度合作，以实现银行高效、统一的价值战略目标。其奉行多方面、各领域的综合银行业务战略，通过建立和完善成员间协同处理商业逻辑的共享平台，提供安全稳定高效的机构间诚信合作，尝试集合税务、海关、保险、物流等各方面服务资源，打造银行金融区块链生态圈[2]（见图3-3）。

2018年由中信银行、民生银行、中国银行三家银行共同设计研发，正式上线的"区块链福费廷交易（以下简称BCFT）平台"就是构建银行间生态链的典型实际案例。"BCFT平台"采用多方联盟、合作链接的形式，秉持公平、公开、诚信、合作的原则，持续开展银行间的真实交易。"BCFT平台"依据银行间实际交易场景，独立开发出 Business Point 管理端将多层次区块链应用融入其中，实现了信息在线互通，有效地连接了银行组织内外部管理系统（图3-4）。

"BCFT平台"在2019年实现了进一步的扩容升级，平安银行也加入其中，四家银行再次商议修改了"福费廷业务"协议后，共同推出得到多方认同的业务主协议。此协议为各银行的线上业务提供了单边开放形式的新型处理方式，借助区块链交易平台解决多方签署协议的难题，更方便了银行间业务活动的互联互通及相互追溯。当前"BCFT平台"已经成为我国银行业协同业务的区块链金融交易平台的典型案例，其创新成功也激发和鼓励着更多区块链金融创新活动的产生。

---

[1] 董其奇. 信息化助力中国银行业布局国际金融生态链[J]. 金卡工程，2005，(03)：51-52.
[2] 石文娟. 区块联盟链下的银行间合作机制研究及实践[J]. 金融电子化，2019，(07)：66-68.

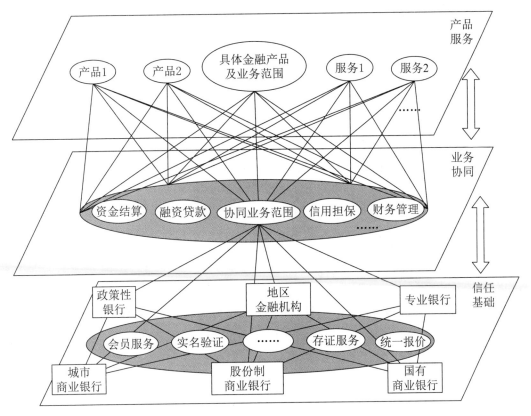

资料来源：石文娟（2019）

图 3-3　我国银行间合作生态链

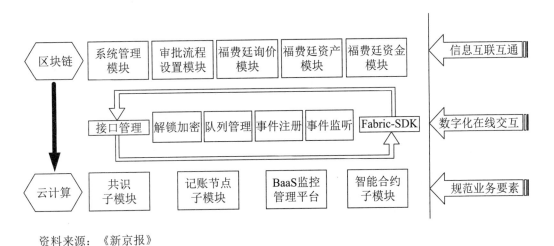

资料来源：《新京报》

图 3-4　区块链福费廷交易平台架构

随着区块链技术的发展与应用，银行业务的融合程度也逐渐加深，从早期的内部网络链到多方联盟协同链；从简单会计电算化到多层次融资交易管理，信息技术正在不断丰富金融业务应用场景。此外，"云计算+区块链"新型金融业务模式在降低系统平台开发成本的同时，也减轻了传统模式中各银行间协调互动的困难，有效实现了业务活动的整体化、数字化和便捷化。区块链平台将银行与各金融机构的优势特长相互整合连接、取长补短，以此充分发挥某一方的积极优势，弥补其他方面缺陷，推进金融行业的整体进步提升，构建合作共赢的金融生态链[①]。

3.2.2　科技金融生态链

互联网等先进科学技术与各行各业的联系日益密切，也催生了许许多多新的经济生态和经济增长点，其中，金融业务与信息科技相结合形成的金融科技正在改变传统金融体系，提升金融服务效率和效能。我国一、二线城市拥有相对完善的金融基础设施和相对高水平的科技实力，为许多金融机构和科技公司尝试构建科技金融生态链提供了良好的环境背景。

中国光大银行在科技金融生态链中表现突出，该行于2019年正式启动移动金融生态链战略，并发布手机银行6.0版本。光大银行以移动金融生态链战略为支点，不断加快数字化转型，秉持"开放合作，互利共赢"的原则，以光大集团内的银行、保险、证券等金融服务为核心，聚焦汲取内外部资源，致力于构建行业领先的财富管理生态圈。在此移动金融生态链中，光大集团主要依托于信息技术完成移动端口的开放式管理和运营机制创新，通过统一的用户管理、多维度联合营销等手段提升端口客户流量，以此实现协同金融生态链价值水平的全方位提升。目前，光大银行已经实现以数字经营为主要驱动力，以手机银行为核心服务平台，为需求客户提供财富管理、日常消费、生活医疗、游玩出行等个体端消费场景服务，尝试建立全流程、全生态的客户经营体系[②]。

在科技公司方面，百融云创科技股份有限公司（以下简称"百融云创"）是一个成功典型。其成立于2014年，坚持以科技赋能金融，搭建国内领先的金融科技应用平台，不断探索更新区块链等新兴信息技术在金融方面的实际应用，助推数字创新和金融转型发展。百融云创自创立以来，就坚持为金融机构提供全生命周期的金融信息服务，目前

---

① 新京报. 中信银行等四家银行升级区块链福费廷交易平台 [N/OL]. (2019-09-10). http://liancaijing.com/590657.html.
② 马晓曦. 布局移动金融生态链——光大手机银行发布6.0版本 [J]. 中国金融家, 2020, (01): 123.

已经成功为 5 000 多家金融机构提供服务。特别是在惠普金融方面，通过构建科技型产融合作来实现"1+1+1>3"产业金融新模式，为科技金融平台搭起沟通桥梁；通过数据、资产和平台赋能，把各方资金有效链接，实现金融和产业的双向循环和共同进步[1]。

可以看到，构建科技金融生态链不仅需要充分认识到发达地区多方面资源聚集的优势所在，推进金融与科技良性互动融合；还需要充分发挥市场主体的力量，构建富有特色的金融科技产业、企业培育模式和体制机制，全面推动产学研用一体化。此外，加快金融基础设施建设与协同平台构建，打造并完善金融科技全链条生态系统，形成具有区域特色的金融科技产业生态链示范体系也是重要一环[2]。

3.2.3 资产管理生态链

资产管理公司也是协同金融生态系统中金融投资领域的重要组成部分。资产管理是指资产管理人根据相关合同协议，对标的资产进行投资运作并收取相应费用的金融服务行为。因此，资产管理生态链主要有三个部分：投资人、管理人、投资标的，相对应着资产管理生态链中的三种业务。一是财富管理业，是以客户实际需求为导向，为客户提供专业性财富金融服务的行业，其业务涉及用户资产投资、财富增值、风险管理等各方面，是资产管理中资金的主要来源。二是投资管理业，即资产管理人依据合同约定的投资回报率，运用自身专业知识能力来落实投资管理活动，以求获得最佳回报的投资活动。三是投资银行业，主要负责设置投资标的物及管理工作，即根据企业或家庭（个人）的投资要求，设置并向市场发售相应的金融产品及服务，供市场中有意向的投资者选择购买。此三种业务分支共同合作形成了一个循环的资产管理业务链条，使得资产管理行业可以有效实现金融资金的供需对接，同时满足双方的资产管理和融资需求。在这个瞬息万变的时代，可以预见资产管理生态链中的竞合关系将会成为资产管理行业的基本格局，在不同领域实现取长补短、合作共赢[3]。图 3-5 给出了由基础资产经过资产管理产业链运转后向投资人投放的大致结构图。

---

[1] 百融金服.揭秘百融金服普惠金融战略，张韶峰出席"中关村金融科技论坛"[Z/OL].（2018-12-21）.https://zhuanlan.zhihu.com/p/52957858.
[2] 黄国妍.上海构建金融科技产业生态链研究[J].科学发展，2020，（05）：5-19.
[3] 王剑.未来之门：大资管行业的生态链与竞合格局[J].现代商业银行，2018，（09）：43-47.

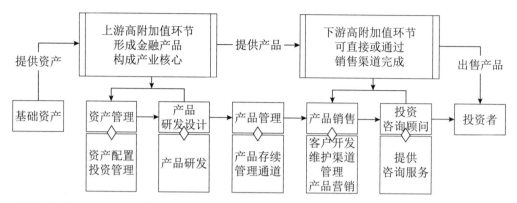

资料来源：安信证券研究中心

图 3-5　资产管理产业链机构图

华泰证券股份有限公司（以下简称华泰证券）作为一家率先运用数字技术武装自身的综合型金融证券机构，依托高度协同的业务模式、先进的数字化平台、广泛且紧密的客户资源展开业务活动。其业务主要为资产管理业务、国际金融业务和数字信息服务这几部分的协同发展，同时，华泰证券也积极开展各类创新金融产品的设计与研发，加快布局金融科技。其中华泰证券（上海）资产管理有限公司（以下简称华泰资管）是该公司设立的全资资产管理子公司，从资产证券入手，打造全资产管理链条协同下的业务体系。华泰资管凭借丰富的资产管理经验、强大的投资研究实力和独特的投资银行资管优势，构建了具有不同层次风险收益特征的丰富产品线，涵盖股权投资、证券投资以及其他等多种金融业务[①]（图 3-6）。

依托华泰证券强大的综合实力，华泰资管将资产、资金、产品三大有机结合，以科技手段重构产业价值链，充分展现其数字化业务链的协同优势。在资产端，华泰资管抓住自身优势，不断挖掘更具广度和深度的优质资产，力求以多元化的资产来源提高抗风险能力，打造了优质的资产生成、归集和管理能力。在资金端，发掘多层次融资渠道，丰富多维度产品营销，形成积极有效的现金流循环，凭借专业化的服务获取优势。在产品终端，不断设计创新具有鲜明特色、满足客户需要的产品，链接资金与资产，打通公司全业务链。在数字化转型方面，华泰资管加速运用金融科技赋能，探索数字化板块整体治理模式[②]。

---

① 华泰证券 [Z/OL].（2020-12-6）.https: //www.htsc.com.cn/about/overview.
② 券商中国. 行业转型棋到中盘, "双冠王"华泰证券资管发力关键赛道竞争优势 [Z/OL].（2019-12-30）.https: //www.sohu.com/a/363642235_177992.

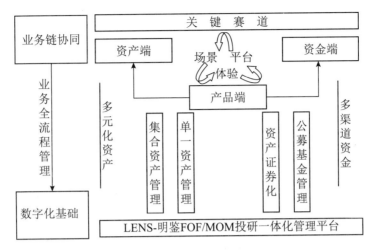

资料来源：华泰证券官网

图 3-6　华泰证券资管业务模式

3.3　协同金融生态支撑

为了维持整个生态系统的可持续运行，协同金融生态系统不仅需要诸多环境要素的营养支持，更需要系统内各要素之间、要素与环境之间保持相对平衡的运作来保证整个协同金融生态系统的动态演进。本节分别从宏观、中观、微观三个层次对协同金融生态的支撑进行深入分析。

3.3.1　宏观层次——经济大环境的支撑

随着我国经济进入高质量发展阶段，金融行业中用户需求与有效供给的结构性失衡矛盾也愈发突出，因此，构建和谐金融环境不仅是金融领域的发展要求，也是有益于整体经济发展的必然选择。协同金融生态系统作为一个复合生态系统，宏观环境是其中最基础的一环，是金融发展的重要基础和前提。主要包括国家经济整体发展水平及企业面对的市场经济环境等大背景，即宏观层面的国民经济发展程度、产业发展阶段与产业结构等经济数据；还包括国家实施的宏观经济政策、区域发展战略和行业支持政策等。以下从与金融行业关系密切的宏观金融经济政策和社会征信系统这两个方面分析宏观经济环境对协同金融生态的支撑作用。

(1) 金融经济政策

协同金融生态系统离不开良好的基础制度支持。回顾发展历史，自从 20 世纪末期以来，我国金融与经济体制改革逐渐由政府主导模式向市场主导模式转变。20 世纪 90 年代中期，我国金融行业开始进入现代化体系建设时期，以分业经营为主要特征，逐步形成了"一行一委两会"（即中国人民银行、国务院金融稳定发展委员会、中国证监会、中国银保监会）的监管体系。随后我国进一步加快融入全球金融生态体系的步伐，金融行业市场化改革催生了各种新型金融业务，使得我国金融行业混业经营的趋势愈加明显。对此我国颁布了一系列有关金融行业的政策安排。我国近十年金融经济政策重点变化见图 3-7。

资料来源：课题组整理所得

图 3-7 我国近十年金融经济政策重点变化

从 2008 年全球共同以超常规刺激政策应对金融危机以来，全球金融市场已经基本进入所谓的"后金融危机时期"，也是我国经济结构转型和政策调整的重要阶段。2010 年是我国经济触底反弹进入新一轮经济上升期的起点，我国经济增速基本回到潜在经济增长率水平，这一年宏观经济政策也相应趋向稳定。之后，我国宏观政策均保持积极稳健的基本取向，在保持经济平稳较快发展的基础上逐渐推进经济结构调整，不断深化市场经济体制改革，加快金融创新的探索步伐，大力完善市场化、法制化的金融经济机制。自从 2013 年互联网行业大举进军金融界以来，金融风险日益复杂，我国将防控金融风险放到更为重要的位置。特别是进一步落实了新型金融业务的监管责任，大力完善金融监管体系以保障金融稳定。2016 年是一个新的金融商业时代，互联网金融与绿色金融行业蓬勃发展，金融经济政策以"防风险、去杠杆"为重点，对跨界金融领域进行重点防治，实现及时防范和有效化解互联网金融风险。大力构建绿色金融体系，帮助我国经济绿色化转型发展，培育新的金融增长点，以点带面提升经济潜力[①]。2017年更是提出了市场在金融资源配置中的决定性作用这一重要观点[②]，在坚持完善交易市场、主体机构、产品服务外，继续强化监管服务职能，提高预防、化解金融风险的能力。2018年是金融扩大开放的重要一年，当年宏观政策方向从"去杠杆"进一步拓展和延续向"稳杠杆"转变，地方政府和相关机构在稳定金融杠杆的基础上，去除自身杠杆。此外中国以新技术、新知识、新模式为主的新经济领域快速发展，科技、消费、服务等产业扶持政策进一步升级。在金融监管方面，我国确立了"一行一委两会"的金融监管模式[③]，各地相对独立的金融监管政策限制（如外资机构持股比例、业务审批制等）也都在这一年得到了不同程度的减少。2019年中央经济工作会议决定实行松紧适度并且稳健的货币政策，即在保证经济平稳增长的同时也需要根据现实市场情况变化相应调整货币政策，保持政策的灵活性和结构合理性。2020年在国务院颁布的《关于新时代加快完善社会主义市场经济体制的意见》中有关金融资本市场的部分指出要完善相关制度与设施建设，加快建立公正、规范、透明、灵活且具有韧性的金融资本市场。

在世界经济金融全球化、国际交流开放度不断扩大的背景下，互联网信息技术也迅猛发展。我国大力推进社会主义市场经济结构性改革，以政策支持鼓励各行业与信息科技相结合，在金融领域重点提升金融资本市场基础制度建设水平，不断完善要素市场化配置体制机制；从制度、法规等方面着力提高当前金融体系的适应力与竞争力，为打造和谐的金融生态环境夯实制度基础。在如此稳中求进的经济大背景下，更加公平、开放、包容的市场制度逐步得到完善，我国金融行业改革发展有着良好的孕育土壤，有利于推动经济环境与金融系统的良性互动循环，构建和谐的协同金融生态系统。

（2）社会征信系统

金融的本质就是信用，金融环境的好坏与否与社会征信系统是否完善息息相关，协同金融生态的建设和完善同样离不开社会征信系统的助力。虽然在互联网信息技术相对发达的现代社会，获取客户信用数据的难度大大下降，但与西方发达国家相比，我国离健全完善的社会征信系统还有着较大差距。随着金融行业各方面的快速发展，构建完善的征信系统来促进金融生态建设也变得愈发重要。

---

① 张岱.党的十八大以来中国健全现代金融体系的理论与实践探索[D].河北师范大学，2018.
② 新京报.新一届国务院金融稳定发展委员会召开第一次会议[N/OL].（2018-07-03）.https://baijiahao.baidu.com/s?id=1596026088343975660&wfr=spider&for=pc.
③ 新京报.央行新班子凸显中国特色金融监管体制[N/OL].（2018-03-27）.https://baijiahao.baidu.com/s?id=1596026088343975660&wfr=spider&for=pc.

阿里巴巴集团中隶属于蚂蚁金服的第三方征信体系——"芝麻信用"，是中国人民银行首批放开个人征信业务的试点单位，在目前的网络征信体系中占有重要地位。"芝麻信用"融合了个人资管、社交生活和公共服务等功能，通过区块链技术来收集和存储个人信用记录，利用芝麻信用分的5C评价准则（个人特性、学历能力、资金资产、抵押担保、人脉条件）获得用户的具体信用评分。用户一旦发生不符协议约定的行为，将形成自身的违约记录，影响个人信用积分等级且无法变更；若用户信用良好，将可以在蚂蚁金服体系内享有一系列的优惠服务。阿里巴巴的电商基础为芝麻信用提供了强大的基础用户支撑，反过来芝麻信用分的存在也为电商及其金融平台提供了可靠的基础信息支持[1]。在集团外部，芝麻信用也发挥了一定参考作用，如银行在发放贷款过程中，也能够通过协议合作等方式获取相关客户信用信息数据，借用各种技术分析数据获得用户的信用评级，以此为参考标准选择是否提供相应金融服务。

国家政策也在强调，建立涵盖全社会的综合征信系统是解决社会诚信缺失问题的关键手段。因此积极地利用大数据信息技术，构建全面高效的征信系统能够使得金融机构实现跨部门乃至跨行业的信息收集，不仅能在最大程度上保障金融效益，减小资金流通风险；还能实现金融生态系统的多元化可持续发展，有利于我国构建和谐共信的社会。

3.3.2 中观层次——相关机构的支持

中观环境即某个组织所属的外部综合背景情境，如归属行业、区域以及与其密切相关的其他组织间关系等；金融领域的中观环境是指影响金融体制机制、主客体活动等的综合因素。协同金融作为复杂的生态共同体想要持续健康地运作，更需要积极有效的金融监管机制和高效灵活的行业合作。本节主要从金融协调监管和实体经济配合这两个角度分析中观层次生态支撑。

（1）金融协调监管

金融监管从实质上看是一种管理活动，可以再次细分成金融监督与金融管理两种分支。金融监督指金融监管当局为促进金融市场的健康发展，根据相关法律法规对金融交易活动进行的全面性检查管控行为。金融管理则更多地结合了组织管理层面的概念，指监管当局依法采取的预判、协调、控制等管理行为。自2008年全球经济危机爆发以来，单纯依靠市场调节机制可能产生的风险得到充分认识，各国都在探求更加有效的金融

---

[1] 许凌锋. 我国互联网征信体系分析探讨——以芝麻信用为例[J]. 现代营销（下旬刊），2020，(03)：50-51.

监管方式。当前我国金融体系发展尚未完善,在金融内部系统自我协调的空白区域还急需外部金融监管部门的主动调节。从整体角度看待金融监管,其应当充分发挥好各要素之间的协同关系,这对于防范与化解我国金融风险,促进我国经济和金融发展都有重大意义。

过去的金融监管主要是机构监管,但当前金融业混业经营的发展趋势对传统金融监管理念和监管模式带来了巨大冲击。未来的监管政策方向应该转向新的金融监管体制,突出功能和行为监管[1],亦可从事前风险隔离、事中周期评级、事后完善危机应对等多方面协同提升金融生态系统运行效率。为破解监管难题,保障国家金融安全和投资者合法权益,我国的监管层首先提出实名制穿透式监管理念,其目标更加统一和明确,运用灵活多样的监管方式营造一个更为规范有序的监管体系。穿透式监管有利于统一监管标准,减少监管行为的失误,同时也对监督管理水平提出了更严苛的要求。要求监管者能够面对不断更新的复杂的交易结构,透过多层次嵌套和复杂法律关系,剥离出金融产品的本质,有效控制市场的整体风险[2]。

同时,在新的金融监管体制中,金融行业协会也应与政府部门配合发挥作用使监管政策落到实地,共同构建金融协调监管体系。随着金融生态建设的不断完善,作为背景支撑的金融监管机制也应该随之前进,只有在两者相互促进中实现其动态平衡才是实现协同金融生态可持续发展的长久之道。

(2)实体经济配合

在协同生态体系内、金融机构外部,实体经济与金融机构这种互相支撑、互相依赖的关系也是不可忽视的合作力量。特别是近两年来实体经济与金融行业的联系愈发紧密,实体经济作为现代经济的重中之重,对金融体系的发展起到了十分重要的推动作用。

首先,实体经济作为我国国民经济的根基,是参与金融系统运转的一个重要部分,是金融行业发展的动力源泉。一国经济如果缺乏实体经济的支撑,不仅金融体系将无法正常运作,而且还有可能影响到其他经济领域的发展,甚至还可能诱导金融危机的爆发。其次,虚拟经济在产生之初是为实体经济服务的,其发展、转型都以实体经济的需求为主要基础,在向更高层次发展的过程中不断满足实体经济对其提出的新要求,促进实体经济的发展。金融行业作为虚拟经济的一个重要部分,依赖着实体经济而发展,因此想要实现双方的作共赢,促进金融系统的良性循环,必须要重视实体经济的协同配

---

[1] 连平. 深化金融体制改革, 加快构建现代金融体系 [N/OL]. [2018-03-01].http://www.xinhuanet.com/money/2018-03/01/c_129820009.htm.
[2] 付莉, 王詠. 金融与实体经济关系及穿透式监管探析 [J]. 中国物价, 2020, (04):38-40.

合。才能实现双方的合①。

总体来看，金融行业在为实体经济发展提供必要资金保障的同时，实体经济的融入也为金融创新提供更加广阔的空间。金融与实体经济的协同合作所带来的不仅仅是哪一方的优势，而是在相互影响、互促创新中为双方乃至整个协同金融生态链拓展新方向。

3.3.3 微观层次——金融内部的配合

稳中向好的宏观经济大环境为协同金融生态提供适宜的自然条件；不断健全的监管机制及社会征信系统与各行业协同创新为其提供充足的土壤养分；在种种外部条件准备妥当后，协同生态的核心支撑便是金融行业内部各机构的配合协作。

（1）机构间合作形式

各国金融领域内部不同分支相互渗透、混业经营竞争加剧、政府分业管制不断放松等现象都在推动着各金融机构业务的日渐融合。虽然中国目前还没有正式推行金融混业管理体制，但有不少金融机构的实际业务之间已经开始进行跨界合作，不断探索更加真实、丰富的协同合作形式。

第一，银信合作，即信托公司与商业银行合作，也就是在融资租赁业务方面借助商业银行的客户资源和资金平台，由商业银行售卖金融产品，将获取到的资金交付给信托公司进行专业化管理和运用，帮助投资者获取相对可靠的投资收益。第二，银保合作，即商业银行与保险公司合作，也就是利用双方的关系网络和销售渠道，开发售卖相关金融产品服务。第三，商业银行与新型金融机构合作，这种模式在农村主要表现为大型商业银行以股权合作等形式发起设立村镇银行，将商业银行过往积累的丰富资本以及管理经验基础与新型农村金融机构所特有的地域性灵活优势完美结合。由于传统企业较单一的运行模式与其组织结构存在的弊端与当前全新的市场环境存在一定矛盾，因此，只有进行协同创新才是企业发展的一条有效之路，其他非银行金融机构间也在寻求更有效率的合作形式。

与协同生态系统相对应，各个金融机构间组织结构不再是一个独立的封闭的内部循环，而是一个开放可持续的生态系统；与互联网信息技术相匹配，金融机构组织结构也不再是传统垂直型组织形式，而是偏向柔性化的网状结构；与金融行业混业经营趋势相配合，金融各机构不再是各自为营而是合作共赢。虽然，目前金融企业协同发展的主流

---

① 刘晓姣. 金融与实体经济的关系分析 [J]. 现代营销（信息版），2019，(10)：125.

组织形式还没有形成，但战略柔性化、流程网络化和业务数字化等组织原则已经得到大部分专家学者认同①，具体组织结构建议参考网络化组织结构。

（2）科技协同创新

创新作为发展的第一动力，飞速发展的新兴科技推动着我国金融行业构建更加开放包容的生态体系。各金融生态主体通过自身业务与金融市场相联结，依靠技术创新来获取和分配更多的要素资源，不仅可以拓展自身业务范围、寻求更多金融机会；还可以利用大数据信息来优化资源编排，减少不必要的成本费用。在混业经营大趋势下，多元化金融机构前景光明，科技协同使得新型金融模式与传统金融模式的深度融合成为可能，构建全方位金融生态系统成为大势所趋②。

互联网金融（Internet Finance/ITFIN）作为目前最为热门的新型金融模式之一，不仅是协同金融生态系统的组成要素之一，同时也向我们充分展示了金融与科技协同创新的魅力所在。互联网金融借助信息技术和金融工具双方优势的结合，更新、完善现有的金融业态、服务体系以及平台性质的金融监管体系等③，凭借其高效率、低成本的突出优势，在新兴金融领域占据了一个有利的地位。

3.4　协同金融内外循环

协同金融想要形成完善的生态组织系统，不仅需要依靠各金融机构间的行业内部合作，同时也离不开金融机构与其他实体行业的协同创新。为此我们引进金融企业"双循环"运行机制，提出多种循环模式选择，为形成行业内外多方面协同，促进各种资源要素在整个金融市场的合理配置提供建议。

3.4.1　内循环：金融机构间协作共赢的生存之道

（1）互为主体的共生模式

一般而言，金融机构之所以会失败并不是没有能够发掘全新的市场机会或顾客价值，也不是自身资金或是耐力不足的问题，往往是它们立足于自身来探索可能的机会和发展

---

① 向玲，郭定. 企业组织结构研究进展 [J]. 长安大学学报（社会科学版），2006，(04)：28-31.
② 陈劲，朱子钦. 发挥科技创新对现代化经济体系建设的支撑作用 [N/OL]. (2019-02-11). http://theory.people.com.cn/n1/2019/0211/c40531-30616902.html.
③ 皮天雷，赵铁. 互联网金融：范畴、革新与展望 [J]. 财经科学，2014，(06)：22-30.

空间，并没有放眼于"共生"与"共享"的可持续性发展。当今数字化时代不仅是信息技术上数量的叠加创新，在某种程度上来看更重要的是做到战略意识的本质转变。经典战略体系是围绕着产业环境、资源能力和自身优势而展开的，即从自身能够做到的事情出发选择方向。而在数字化时代的"共生逻辑"之下，传统战略逻辑被打破，实现了"以金融机构为中心"向"以客户为中心"的根本转变。行业更加注重客户独特的需求和价值主张，与数字化时代下回归到"以人为本"的层面上来相呼应，只有立足"共生"才可超越"竞争"[①]。

因此金融体系现有的核心要素有所拓展，新增了供应商、制造商、终端零售商、中间商，还有用户等要素，共同构成一个全新范式的"价值共同体"。对于金融机构管理者而言，当前最重要的便是转变想法策略，努力构建或参与进入一个"价值共同体"，并凭借自身独特的资源与其他机构主体形成"价值共生"，在合作中实现超越。

（2）共创价值的强链接模型

在互联技术的影响下，金融产业从单一线性的供应链逐渐向柔性战略合作演化，新的适应能力即"强链接"能力愈发重要。互联网信息技术的深化应用使得整个世界被无形的网线联在一起，形成无限链接空间效应；金融机构也转向形成以顾客需求为核心、开放互连的价值共同体的组织形态。在共创价值的强链接模型中，价值网里每一个金融机构都扮演着多样化的角色，消费者也可以成为与金融机构"强链接"的价值共创者；价值网里各主体借助弱链接实现更加灵活的合作交互；金融机构在内部则进行多元化、多层次分工，形成顾客与金融机构之间实现多向互动。"强链接"带来的柔性价值网，可以就某个任务或者项目为中心，汇集安排一批兼具自身的独特能力、能够合作进行创造价值的金融机构或个人，并且在任务完成后自动解散，等待下一次因任务再次集结。

（3）协作融通的战略联盟

混业经营、混业监管已经成为我国金融发展的未来趋势和方向。随着我国经济和消费水平的不断提高，消费者也已经不再仅仅满足于过去单一的银行服务和证券服务，这对商业银行、保险公司等各金融机构之间的合作融通、竞争合作水平都提出了更高的要求，为消费者提供更加新型的综合金融服务已经逐渐成为金融行业的内部共识。在金融机构战略联盟中，现代信息技术为其合作提供技术支撑，在提高创新活跃度的同时降低

---

① 陈春花，朱丽.协同：组织效率新来源[J].清华管理评论，2019，(10)：14-21.

金融创新成本，使得金融创新能够照顾到更大范围内消费者的偏好差异，对于开辟新市场或提高产品适应性和服务灵活性都体现出重大的价值意义。

因此，金融机构之间可以通过签订合作协议等方式构建金融战略联盟。在传统金融模式与新兴金融模式之间着重开展代理服务业务和开发新金融产品等方面的合作，以此拓展自身业务更多的发展空间，实现跨机构间的合作优势与资源互补。这既可以弥补我国当前分业监管制度的不足，成为以实际行动探索我国向混业经营方式转变的重要关点，又可以在现有体制的约束下进一步寻求新的利润增长点，加快金融发展的脚步[1]。

3.4.2　外循环：金融与实体协同发展的崭新路径

实体企业在一国经济中的地位是不可被取代的，在这里"双循环"中的外循环更加强调金融机构与实体企业等非金融机构的协调合作。只有不断从外部汲取新的养分，开发更多、更新、更有效率的协同模式，才能推动整个金融行业的持续健康发展。因此本节主要分析供应链金融和互联网金融这两个比较成熟的多行业协调发展模式。

（1）供应链金融——闭合式链状协同

供应链金融（supply chain financing）起源于供应链管理，是基于产业链条并根据供应链运营过程中的物流、信息流和资金流，面对链条中参与者开展的一种新型综合性金融活动，主要服务于中小微企业。其基本运作方式是赊销和垫付，帮助企业重新激活应收账款、商品存货等流动资产；供应链企业成为主导方，进行主要融资环节即供应链全链条融资（在此我们着重分析供应链模式中金融企业与实体企业的协同关系）[2]。

近年来互联网金融蓬勃发展，我国供应链金融市场日新月异，参与供应链金融的主体越来越多，已经逐渐扩展到金融机构、制造企业之外的领域。供应链金融最初以线下商业银行为主导的模式已经结束了，数字智能化供应链逐渐成为主流。平安银行在这方面表现突出，凭借技术、产品、服务与应用场景的完美结合打造特色业务，形成供应链金融新优势。在商业模式、市场运营、风险控制和流程管控等方面践行数字化转型战略，不断丰富金融产品和服务；致力于为更多民营企业和中小企业服务，相关业务涉及消费生活、建筑化工、娱乐服务等多个细分行业，至今已累计为数十万家中小微企业提供融资服务。其发展改革历程如表 3-1 所示。

---

[1] 罗明忠.战略联盟：我国金融机构合作的理性选择[J].华南金融研究，2001，（06）：19-21+47.
[2] 章延文，冯怀春，池仁勇.金融生态与共享金融[M].北京：清华大学出版社，2020.

表 3-1　平安银行供应链金融业务发展历程

阶　段	特　征
1.0 线下模式	重心放在资金借贷上,没有形成供应链金融意识,只是银行单向地向产业链提供授信
2.0 线上模式	基本具备了供应链金融的要素,转为线上实体物流、资金流和信息流的有效匹配;重视资金往来,"以银行融资为核心"
3.0 完备升级	发生质变,成为真正意义上的供应链金融;实现互联网线上平台化,形成围绕中小企业自身供销交易的背景多方合作模式
4.0 准科技化	应收账款业务跨入了金融科技的领域,运用区块链、大数据等网络技术;拓宽了参与主体范围,实现多元化数据的整合验证

资料来源:经平安官网资料整理所得

和过去的供应链金融相比,数字化的"线上供应链金融"真正做到了信息数据在金融机构和多方实体企业、物流服务商的实时联通,加强了多方的信息共享、流程衔接与协同管理目标契合度。供应链系统以核心企业为主,带动"N"个有关企业进行一揽子融资和支付计划,使得流程业务管理更具有系统性和操控性,有助于实现规模经济、助推供应链金融服务实现更大发展。此外数字化供应链金融系统实现了银行与供应链中其他参与者的线上沟通和数据协同,增强了商业关系中多种渠道沟通与供应链自身风险防范能力,提升了供应链管理效率及整体竞争力。核心企业可以借助互联网技术进行线上数据共享、监管,实现供应链融资数据及时性;还可以实现上下游企业的库存仓储数据的实时掌握和调配,从而提高市场变化预测的精准度,有效降低供应链中企业的经营风险[①]。平安线上科技供应链参见图 3-8。

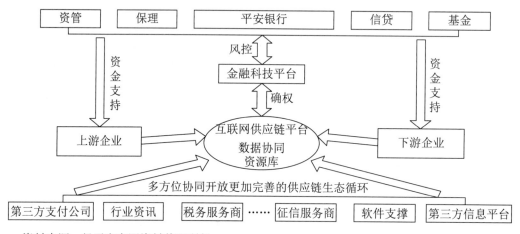

图 3-8　平安线上科技供应链

---

① 平安银行 [Z/OL].(2021-01-14).http://bank.pingan.com/gongsi/gongyinglian/.

供应链金融是一种更加个性化和科技化的金融服务过程，借助多样的金融产品来达成实体企业运营中的融资目的，其资金运作过程的相对封闭，保护了系统内现金资产的安全可控性。随着互联网时代的到来，供应链与物联网、大数据等技术的结合，实现了金融与实体经济的共享发展，动产流通轨迹可监控、可追溯，产业链各节点企业共享发展。供应链大循环中不仅包括各传统的商业银行，还包括各产业中的领军企业、信息服务机构、金融科技公司、物流平台等主体，完美地体现了跨行业合作的优势所在。供应链金融克服了原先传统融资方式的局限性，使得银行和其他金融机构能够从整个产业供应链角度开展更具有针对性的融资服务，为中小企业提供了新的融资渠道，因此给金融生态系统外循环的其他模式提供相应的路径参考。在供应链金融协同系统中，银行与龙头企业合作是关键环节，银行通过龙头企业生产经营状况监控可以延伸监控周围中小企业的生产经营和财务。

（2）互联网金融——开放式平台协同

互联网金融是指以互联网为基础技术开展的金融活动。这类金融活动利用先进的互联网信息技术，克服了传统金融交易双方在时间、空间上的限制，有效减轻了金融活动信息不对称问题，提高了金融资金的分配效率，也进一步拓宽了金融活动能够涉及的覆盖面[①]。目前学术界关于互联网金融定义很难将现有的发展类型全部包括，但总体上，针对不同的参与主体可划分为以银行、证券和保险等传统金融行业利用互联网技术开展金融业务；以互联网平台为代表的为小微客户提供小额贷款服务的数字金融类和以新型电商为代表的消费金融类等。

比较著名的公司有京东集团（以下简称京东），其发展早期主攻电商运营，目前在互联网金融方面也颇有建树。京东基于大数据信息资源大力进军互联网金融产品市场，一路走来，陆续开发了京东白条和京喜 APP 等互联网金融产品，无论是 B2C 还是 O2O 的金融模式都获得了较好的成绩。回顾发展，可以发现电子商务、智能物流仓储、互联网金融和科技创新是推动京东快速发展的几大主要动力，其四者合力承担起京东改革发展模式、创新产品和服务、完善产业生态链等重要任务。图 3-9 详细描绘了京东以电商平台、智能物流、互联网金融和信息技术四者交融互促的金融生态体系。电商平台是大数据全体系生态的核心，内部自营体系和第三方入驻商家提供的产品吸引消费者在平台中做出消费行为，留下的消费记录和个人选择偏好等大数据信息将通过内部网络传输到金融子系统中。京东金融则利用云计算等信息分析技术分析这些数据，并以此结果对消

---

① 唐伟栋. 我国互联网金融发展现状及对策建议 [D]. 西南财经大学，2016.

费者个人还款能力及还款意愿等进行等级评价，给出具有针对性的消费贷款服务（即一定的"白条"额度）。物流在仓储、运输和配送三个环节中对消费金融、供应链金融、普惠金融的链条提供必要的物质条件保障①。

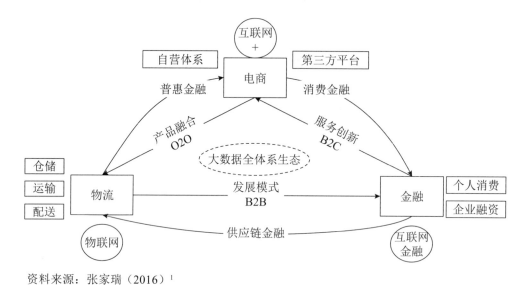

资料来源：张家瑞（2016）¹

图 3-9　京东互联网金融生态体系

互联网金融作为一个多领域协同合作的金融模式，其未来的发展形式大概具有以下几个特征：首先是业务综合专业化。面对着日益激烈的竞争环境，金融机构想要生存只能不断提高自身服务的专业性，深化金融产品和服务的定制化改革；同时多行业的跨界联动也催生了整个金融市场综合一体化服务平台，未来互联网金融必将向着业务综合化、专业化方向发展②。其次是思维碎片化。海量的零散数据只有经过系统分析，才能转化为互联网金融公司可以利用的有效信息，来帮助企业更好地为客户提供具有针对性的金融服务。在专业化、碎片化思维的影响下，阿里集团推出的"余额宝"个人理财产品获得空前成功，也影响了后续一系列的新兴理财模式。据天弘基金余额宝官方统计数据显示，截至 2019 年 6 月末，持有余额宝用户人数已经超 6 亿，总份额数已突破 10 000 亿份。

互联网金融作为虚拟经济的一种突出代表形式，是对传统金融经济的一种拓展和创新，其具体模式不再局限于第三方支付、消费众筹，更丰富的金融模式正在蓬勃发展。互联网信息技术为金融企业及实体企业提供了更加高效便捷的协同平台，更为协同金融外循环提供了更多的创新可能。

---

① 张家瑞. 互联网金融生态的演进——以京东金融为例 [J]. 现代商业, 2016, (31)：190-191.
② 陶娅娜. 互联网金融发展研究 [J]. 金融发展评论, 2013, (11)：58-73.

3.4.3 内外循环动态匹配：服务经济新格局

在国家经济与金融行业开放创新的同时，面对内外部环境的变化，政府推出了"以国内大循环为主体、国内国际双循环相互促进"的发展政策，即以大力发展国内市场为主体吸引外来企业对华投资的主要战略，为进一步推动我国产业、经济高质量发展奠定了主基调。值得一提的是，经济"双循环"新发展格局的形成，也离不开高质量的金融市场服务，因此在金融行业内部也应实现其内外双循环的动态平衡。

首先，金融机构间协同是为了实现金融内循环的生态协调，互为主体的共生模式，优势互补的多赢业务合作，综合化全功能的金融大集团、大系统，抑或是金融"强链接和弱链接平衡"的实现，都是探索协同模式的一种努力方向。各金融机构可以通过金融科技来集中优势资源，加快推动金融各方面重大项目的落地，来满足经济"双循环"的内部需求。其次，金融机构与各行业间相互联结，衍生而来的多种金融模式也是在不断拓宽协同金融生态圈的领域范围。金融机构主要以服务实体经济和扩大消费市场为主要切入点，一方面通过加强与地方政府或研究机构的深度对接，结合实际环境探索金融服务新模式，推动形成多行业协同经营模式，统筹各区域金融生态圈。另一方面，与互联网及实体企业的协同创新使得金融在服务经济"双循环"新发展格局中起到越来越重要的作用，提升了金融科技发展显示度和服务深度。

3.5 互联网金融生态系统案例——平安集团

3.5.1 案例背景

当今金融行业正处于互联网经济、市场化导向、去中介化创新等因素并存的综合环境下，科技公司、金融企业、信息机构及各方新兴从业者纷纷涌入金融领域，推动互联网金融的迅猛前进。多行业参与主体、海量的数据资源、不断变革更新的技术支撑正在激发更多维度的金融业务；也加速了金融行业，特别是互联网金融在基础设施、经营流程、产品设计和应用场景等方面的变革与创新、竞争与合作，构建互联网金融生态系统[①]。

---

① 黄珊. 互联网金融商业模式研究 [D]. 浙江大学，2017.

3.5.2 案例分析

（1）集团简介

中国平安保险（集团）股份有限公司（以下简称"平安"）作为我国股份制保险金融机构的开端，1988年在广东省深圳市蛇口区正式成立，经过多年努力，现今已经成功构建了包括保险、资管等多种金融业务在内的多元化金融服务集团①。2019年，平安正式将"金融"和"技术"这两个词作为战略的主要支撑点，在确保传统业务稳健增长的基础上，持续加大科技投入，促进自身业务转型升级，以达到全方位提升金融服务效率、风险控制水平，降低运营成本的目的。同时，坚持运用科技深度助力金融业务创新，不断增强科技、金融、生态三者相互赋能、相互促进的战略效果。此外，有机结合国内情境与国外管理标准，构建"金融服务、汽车服务、房地产服务、医疗健康和智慧城市"五大生态圈，为不同客户群体提供量身定做的全生命周期式金融产品与综合配套服务②。平安集团战略架构参见图3-10。

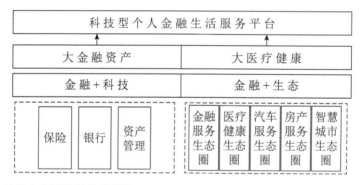

资料来源：经平安官网资料整理所得

图 3-10　平安集团战略架构

平安围绕银行、保险、投资三大核心金融领域进行布局，旗下共拥有各类金融公司27家，业务涵盖银行服务、保险服务（财产险、人寿险、意外险等）、信托证券代理、基金资产管理以及新型金融模式等（国内市场所属公司详见表3-2）。

（2）战略逻辑

平安坚持以集团现有的核心技术为资源基础，以科技创新为主要手段，持续推进自

---

① 平安集团 [Z/OL].（2021-2-15）.http://www.pingan.cn/about/overview.shtml.
② 吴坤龙. 新形势下保险公司战略管理审计探析 [J]. 保险理论与实践，2020，(05)：75-93.

身业务应用场景与大数据、区块链、人工智能等前沿互联网科技的融合。尝试将新技术全面运用于企业产品服务创新、平台构建、运营管理和风险管控等领域，建立共享渠道，完善运营流程，全面树立其品牌优势；同时以交叉混合销售为突破点，充分发挥集团整体的协同作战优势，锻造综合金融市场竞争力。因此，产品、渠道、创新与管理的多维度协同是平安构建金融生态体系的主要战略逻辑。

表 3-2　平安集团成员公司构成

金融领域	下属公司
银行	平安银行股份有限公司
保险	中国平安财产保险股份有限公司、中国平安人寿保险股份有限公司、平安健康保险股份有限公司
投资	平安信托有限责任公司、深圳市平安创新资本投资有限公司、平安证券有限责任公司、平安期货有限公司、平安基金管理有限公司、平安不动产有限公司、平安国际融资租赁有限公司等
科技	平安健康互联网股份有限公司、上海壹账通金融科技有限公司、平安医疗健康管理股份有限公司、平安壹钱包电子商务有限公司等
共享	深圳平安综合金融服务有限公司、平安科技（深圳）有限公司等

资料来源：经平安官网资料整理所得

①产品协同：多产品互补，全面提高服务质量

平安集团坚持打造品牌效应，为不同的客户提供多元化的金融产品，包括但不限于传统理财服务、存贷款、现代融资服务、信托财富管理、证券基金、大小项目融资等，在优势产品的基础上实现多项产品功能及服务场景相互协同。例如，平安保险和平安银行合作针对小微企业及个体工商户推出"保证保险+银行贷款"产品，即在集团内部实现信用担保和无抵押贷款的顺利对接和信息 T+0 共享。此外，平安一些保险金融产品附加了理财功能或健康医疗服务等内容，显著提升了金融产品的附加价值和金融产品与日常生活的关联度。2019 年，平安子公司通过协同合作落地的新增融资项目规模近三千亿元，平安银行在当中发挥的作用明显，银行代销保险规模、银行为其他子公司转推融资规模也呈现翻倍式增长。

②渠道协同：穿透式营销，塑造一站式金融平台

首先，平安利用子公司于每年 1 月 8 日联合开展的"108 财神节"立体式营销，实现了各分支领域和线上、线下多渠道的协同，各分、子机构的业务人员登台交流，相互学习；客户可以一站式、穿透到集团内子公司和应用场景，一次性实现在银行、保险、证券业务等方面的金融需求。同时，立体渠道间的协同也使得网络"用户"不断向"线下客户"迁徙转化。截至 2020 年一季度末，平安集团互联网用户已达 25.34 亿，其中

APP 用户 4.87 亿，海量的客户为企业创新产品服务提供第一手资料信息。其次，平安构建了庞大的代理人网络，形成了独具特色的代理人渠道，为平安内部产品和服务提供了共享的渠道资源，增加了客户黏性。

③创新协同：生态圈金融，加固底层技术支撑

平安通过打造金融服务、汽车服务、房地产服务、医疗健康和智慧城市五大生态圈[1]，深度链接客户服务需求，构建平安集团金融生态业务协同共同体。作为一种生态创新行为，生态圈的构建需要扎实的底层技术支撑。对此，平安创立了八大科技创新研究院和五十七个实验室，成立十余家科技子公司，拥有十一万名科技从业人员，在金融科技领域的公开专利申请数位居全球第一位，实施全面创新策略，为集团内部的创新活动提供有力支撑。同时，创新成果已开始反哺平安各子公司，以新技术带动集团协同经营，每个生态圈都在共同体中发挥着自己的作用。如医疗生态圈贯穿客户就医前后全过程，涵盖政府医保、医院药店、器械供应商等各方主体，将金融对公与个人、银行与保险等多项业务嵌入其中，形成了一个健康产业链。包容的生态圈设计表现出优秀的业务推广能力，平安 2019 年度新增客户中近一半来自五大生态圈。

④管理协同：前后台分离，严格防范风险危机

平安借鉴汇丰银行的管理方法，对集团进行"大后援体系的流程再造"：集中各个分支机构的后台作业，建立集团直属的"全国后援管理中心"；把保险、银行、证券、资管等子公司的后台任务全部整合，以实现前后台分离、管理资源共享和运营成本降低的目的。在管理机制上，平安实行集中控股，分业经营的股权结构与经营模式，即集团总部不经营具体金融业务，只负责履行监督职责，推行集团与专业子公司双重稽核、审计、内控的管理制度。各级子公司独立经营，同时分别接受集团相应部门的监管，从而，在集团内部各子公司之间建立起必要的风险隔离制度[2]。

（3）金融生态架构

此外，平安凭借多年来在不同金融业务方面积累的优势，决定通过先建立不同金融应用平台后再进行各个系统整合的战略，形成"金融＋科技"双重驱动的业务模式，由此来维护自身与其他利益相关者的正向竞合关系。平安的整体生态架构借助开放性平台实现各部分的链接，围绕着上述五大生态领域将金融服务嵌入不同的生活场景，有效地汇集联通集团内外部资源。目前已经成功孵化出了陆金所控股等多个金融创新

---

[1] 朱敏，孙梦楠."保险＋健康管理服务"模式及发展路径研究 [J]. 企业管理，2020，（11）：116-119.
[2] 杨飞. 平安集团综合经营模式探析 [J]. 杭州金融研修学院学报，2020，（09）：65-67.

平台，形成了一个开放协同、交互式综合金融服务生态环境。平安集团金融生态架构参见图3-11。

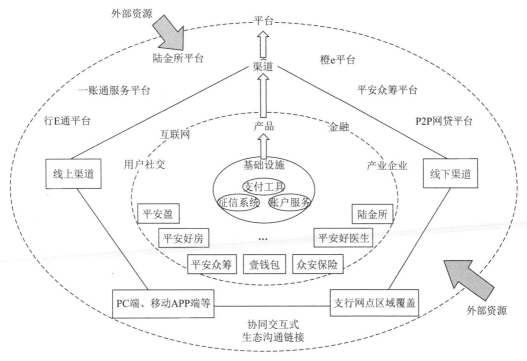

资料来源：课题组自行整理所得

图3-11 平安集团金融生态架构

平安围绕着数字技术设施、金融产品、供销渠道、交易平台、场景路径这五大方面构建自身互联网金融生态。首先，平安先后注册、推出了自己的征信公司（即前海征信）和第三方支付系统（即壹钱包）；并在2015年底将相关业务整合设立了金融壹账通，基本完成了征信、支付、账户三方面的金融生态的底层建设，将大数据征信与金融服务活动融为一体，为用户提供账户管理业务。其次，在产品方面平安以互联网技术为手段，结合不同应用场景及客户需求进行精准创新，不断为客户提供定制化的金融产品与服务，提升金融产品和服务质量。如众安保险设计了一系列如旅游意外险、医疗健康险等不同的小额度保险种类；平安银行则通过电子账户向大众推出平安盈系列产品，通过自身货币基金的运作保证客户的收益率水平；平安证券则针对有特殊便捷需求的客户，为其提供更具个性特色的自助式智能资产管理方案。

此外，在搭建渠道方面，平安依托于各类金融业务的广泛布局，已经基本实现了在全国各个主要地区的网点覆盖，再加上庞大的代理人与客户经理团队，展现出明显的多渠道优势。更重要的，综合互联网技术与传统线下优势资源，平安正逐步将自身渠道实现数字智能化。全力搭建 PC 端、移动端全线上沟通渠道，成立了针对不同客户的网络金融平台，为不同客户提供了更多的渠道选择。在基础设施、产品与渠道匹配协同时，平安进一步创新金融资源的配置方式，建立了综合金融平台，并前后打造了平安众筹、壹钱包、陆金所与一账通账户服务平台等，实现核心金融业务与多线上渠道的整合模式。在场景方面布局了"医、食、住、行、玩"五大主要生态应用场景，并通过账户、平台等技术实现金融与实际生活场景的互联，助推平安集团多元化金融战略蓝图的实现。

综上，平安集团在明确构建互联网金融生态后，凭借自身强大的综合金融实力和不断创新的技术手段，选择自建渠道、自创产品、搭建一系列综合金融服务平台；通过集团战略性的业务整合与分拆，拓展出更广业务范围；通过外部合作借助网络平台获取相关数据，从而为客户定制化生产具有针对性的金融产品，进一步助力平安互联网金融生态的完善[1]。

---

[1] 黄珊. 互联网金融商业模式研究 [D]. 浙江大学，2017.

第 4 章

金融协同框架与组织

4.1 金融协同组织形式

4.1.1 协同组织产生背景

自20世纪科学管理理论诞生以来，百余年间大多数管理理论学派的研究就是围绕着提升组织效率这个问题展开的，可以说组织管理需要解决的根本问题就是"如何提高企业效率"。回顾管理学经典，在不同的技术和时代背景下，效率的来源和获取方式存在很大差异。把我们今天的环境背景嵌入到研究中，发现当今组织管理与以往有着许多不同之处，网络技术的创新和普及应用使得基于稳定环境假设下的传统组织管理理论不再适配当前市场不确定性和个人需求多样性日益增强的大环境背景，适应环境不确定性变化成为未来组织管理的关键。

同时，环境的不确定性使得组织生存更加依赖于外部环境而非内部因素，组织形态转变为开放、跨越边界、寻求合作共生。此时，协同作为一种新的合作方向成为企业组织整合效率的关键，已经有越来越多的研究指出构建协同合作的生态模式能够有效提升组织的管理及运营效率。协同组织作为一种新型的合作形式，以其开放的组织边界，合作共生的模式特征受到各行各业特别是金融业的大力推崇。协同组织内部协作的关键点在于以下三大组织管理特征，即以系统平台化为依托，以信息智能化为手段，以服务综合化为途径，共同致力于构建更加灵活高效的生态组织。

互联网信息技术的出现，为组织内外的跨边界协同提供了更好的便利性。企业组织应把科技创新摆在综合发展战略的重要位置，通过科技信息手段来实现协同链上的互动对接。应该始终以市场需求为主要、以先进的国际标准和经验为参考，实施开放综合的协同发展管理战略；建设系统性、多层级的协同平台，规划并建立完善的管控体系。协同组织遵循开放共享的"大协同"战略，实现内部自上而下的协同指挥运作，以平台思维系统地规划和组织协同工作对内和对外协同统一，强化各项业务的协调合作、资源共享、风险可控，提高组织管理效率。

综合以上三种特点，可以看出在协同组织内也需要具有类似"生态系统"的认知逻辑，即既要能够包容复杂多元化的存在，也需要不断演进创新，和系统内部相关主体实现共生。协同概念体现了企业发展模式由传统单一的供应链管理向动态柔性的协同模式转变。

构建柔性价值网成为共识，网络式组织结构成为未来发展趋势，这需要我们具有更加开放的格局、更加宽广的视野和更加互动的关联，可以预见"协同共生"将成为未来企业组织发展的主要进化路径①。

4.1.2 金融协同组织形式

随着经济全球化和金融国际化的快速发展，各国家地区竞争日益激烈，为了适应国际金融市场发展的新趋势，我国明显展现出混业经营的未来趋向，传统垂直型组织形式难以满足当前发展要求。金融行业要成功构建协同金融生态体系，需要找寻更加适合混业经营的组织体系，就必须要拓展企业的边界，拓展有限边界范围内的资源以求更大程度上实现资源的有效安排，提高资源配置效益。正如现代管理学之父——彼得·德鲁克指出的，现代企业组织结构应遵循的四大原则：强调企业核心竞争力、战略灵活性、管理层级合理性和组织柔性原则。金融企业打破边界的方法就是拓展企业组织理论，实现协同与共生的关系。其作为一种新型柔性组织，不同于传统的垂直型管理，目前可以参考借鉴的有矩阵型及网络型组织形式，具有灵活性、应变能力强、多维度等特点。

（1）矩阵型组织形式

在协同金融生态体系中，既要保持内部开放包容的多元化经营模式，也要保持目标一致整体发展的统一理念，而单纯的多头部门机构协同难以达到完美的协同效率。因此，借鉴现代企业组织理论，在金融市场供需关系转变明显的当下，运用金融市场中有限的资源来满足无限的消费者需求是当前金融企业组织改革的重中之重，钜阵组织作为高灵敏性的协同组织之一，正是适应当前市场环境的一种新型组织结构。最早采用矩阵式组织结构的是第二产业中的制造性企业，即在传统直线职能制结构之上再搭建一套跨部门的横向组织系统，形成横纵双方结合的多维矩阵式组织。

矩阵式结构不再遵循单线指挥的简单领导方式，而是允许存在许多中心领导，体现出多重权利关系的特征。这样的复合组织形式不仅保留了直线职能制组织管理的优点，也使得组织可以克服传统职能式结构的弱点，对变化的市场做出及时迅速的反应。这是组织在社会经济、信息技术、知识传播的发展变化中逐渐演变而来的一直结构形式，是企业在面对复杂环境的过程中进行创新的可视结果。因此，矩阵式结构要比传统的直线职能式结构更符合当前的市场环境的要求，更适合金融企业的组织管理。

---

① 陈春花，朱丽.协同：组织效率新来源[J].清华管理评论，2019，(10)：14-21.

当前，环境的变化主要表现在两个方面：一是金融市场参与主体增多，各方机构的加盟使得金融市场竞争环境更加复杂激烈；二是随着我国市场经济的快速发展和对外开放政策的不断深化，金融消费者在金融需求方面出现了多样化、个性化、综合化的新特点。显然，要适应当前形势变化、提高自身市场竞争力，就必须对市场要求做出及时、有效的反应，并不断深化金融创新，增强金融综合服务能力，才能在全球竞争中占领有利先机[1]。矩阵式结构自诞生以来就对动态的环境具有较强的适应能力，在协同金融条件下，在网络化纵横交错的信息传递方式中，组织形式由等级限制大大降低，转向扁平化管理（管理幅度大，管理层级少）为主，大数据信息技术为矩阵组织的构建提供了更加完善的运行渠道。矩阵组织形式能够更加高效地处理当前复杂市场环境下对金融企业提出的种种问题，适应瞬息万变的金融产品创新和巨大数量金融消费者的需求，也方便了协同金融组织间日常沟通交流和业务协同，是构建协同金融体系的有效组织形式。同时在国际金融市场中，大多数国际商业银行基本上都采用矩阵型组织形式，我国银行业想要与国际接轨就要先从组织本身着手，积极融入全球金融生态链。

如今大多数商业银行都选择分置股权的资本结构和扁平化的组织管理模式，如宁波银行。宁波银行在股票公开发售前后，大股东持股比例均未超过20%（截至2020年6月末，前三大股东占股比例分别为18.72%、18.67%、13.26%），员工小比例持股是其股权配置的主要特色之一。这样的内部持股结构，可以有效地避免因大股东不和可能对公司产生的不利影响，大大增强了银行经营体系的效率和弹性。

同时，宁波银行践行多元化的发展战略，在组织结构方面以"事业部制"为主，以矩阵式形式为辅，形成两者并存的组织管理模式（图4-1）。在具体业务流程方面可分为前台、中台及后台三个阶段，宁波银行总部和各支行各司其职，在前台总部负责制订整体发展战略和具体的年度工作计划，并推动政策计划落实到具体支行，同时对支行进行日常管理的指导；在中台总部同时设立风险、授信和资产管理部，主要负责银行风险控制、授信审批和银行资产的集中管理工作；在后台设立了结算管理部和财务核算中心，负责对全银行人员、设备和资金等实行统一核算管理。支行业务部门（如营销、风控等）设置与总行相呼应，并在其指导下负责执行和落实各项任务工作。此外，宁波银行单独设立复核检查中心，构建风险预警机制，对总部和支行的所有业务活动进行集中的监督管理。这种创新式的矩阵管理模式，是宁波银行实现飞速进步的一大重要支撑。

---

[1] 李长润，周浩. 商业银行矩阵式组织结构的构建 [J]. 经济师，2003，(08)：22-23.

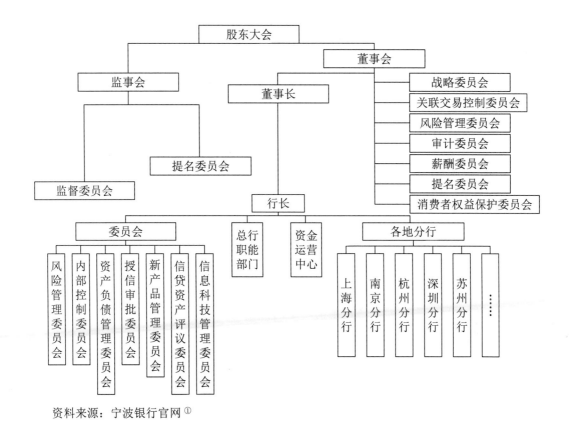

资料来源：宁波银行官网①

图 4-1　宁波银行组织结构图

根据以上理论及案例研究，我国协同金融矩阵组织形式的结构思路大致可以归纳为"集团—子公司—分公司"的三级管理模式。首先，集团实行集中管理，负责制定银行整体的发展战略，对所有分支银行的产品服务创新、市场营销管理、人员业务培训、绩效考核安排等进行统一管理。其次，依据金融产品和服务的不同范围划分的子公司作为集团的下属公司，接受集团对其业务活动的集中管理和纵向考核。而分公司处在两者交叉点上，在接受集团的业务考核的基础上，同时负责协助集团对子公司进行业务监管、人员协调和培训。这样的三级扁平化管理符合层级最少的组织设计原则，使得中间管理层的复杂性大大降低，可以有效地减少信息传递过程中可能发生的误会和不对称性，提高组织管理的柔性和韧性②。

在包括但不仅限于商业银行等各式金融机构的实践创新中，随着金融综合化战略的推进，单个金融项目涉及的专业跨度和复杂程度都有明显提升。如何将各自服务于不同

---

① 宁波银行 [Z/OL].（2020-12-01）. http://www.nbcb.com.cn/investor_relations/basic_information/stock_structure/201502/t20150204_27728.shtml.

② 李明，王春峰，韩冬. 国有商业银行组织结构变革研究 [J]. 天津大学学报（社会科学版），2004，(01)：41-46.

业务线的金融人员,以及提供跨应用服务的技术人员融合到一个金融项目组中是一个需要被重视的问题。此外,随着金融改革的步伐日益加快,与网络信息等技术相结合的科创金融领域也需要更加灵活多元的组织形式相配合,因此,矩阵式组织结构模式在金融领域的应用可谓是应时之举。

(2)网络型组织形式

网络型组织是近些年企业管理与互联网信息技术相结合,逐渐兴起的网络型的中心组织结构形式。与层级结构或矩阵形式相比其更具有灵活性,内部权力与义务的重新分配使得高层管理人员对于技术、生产、市场竞争等环境拥有更佳的响应速度和应变能力。网络型组织的建立基础是以契约为依据所进行的横向协调,即在集团企业中以组织总部为中心形成向外放射状的网络;与其他部门机构一起合作进行生产、营销、管理等各项业务活动的组织结构形式。网络型组织形式里各团队、小组间没有传统金字塔型模式中正式的上下级领导关系,而是通过事前约定的协议进行工作上的联结,形成一种相互协作、合作共赢的信任机制。网络型组织结构企业网络中的各个工作小组独立性较高,可以以小组团队为单位对市场变化做出快速响应,使得整个组织也可以随环境而灵活变化,保持机动特性[①]。网络型组织形式结构见图4-2。

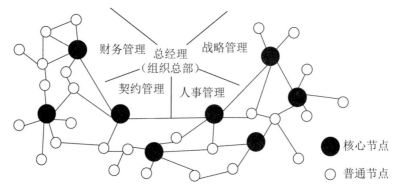

资料来源:薛求知(1997)

图4-2 网络型组织形式结构

在网络结构的竞争优势方面,波特从创新维度出发的分析较为经典。首先,网络间信息的互动联系有利于知识的传播交流,通过非正式学习渠道推动组织技术与思想观念的更新转变。其次,网络结构具有组织韧性及战略柔性,能够有效提高组织对市场机会的响应速度与行动能力。此外,发生在网络组织中特有的多维度竞争,也提高了内部成

---

① 薛求知.无国界经营[M].上海:上海译文出版社,1997.

员的工作和创新效率。在金融协同创新网络中，应用适宜的网络结构不仅可以催生金融资源服务的方式多样化和准确化，通过参与网络提供的多样信息和能力来提高效率；还可以通过网络交互获得更多的学习机会，从而减少网络内部的敌对风险；也可以方便金融资金在生态系统内外循环间更加快捷地流通，实现金融协同主体的益损与共。

①案例实践——资产证券化

资产证券化（asset-backed securitization，ABS）是指对标的资产进行重新拆分组合，将其转化为可发行证券的一种融资模式，联结方式也是较为典型的网络组织形式。互联网金融行业内，蚂蚁金服主要凭借花呗和借呗两大渠道所带来的资金作为基础资产发行形式丰富的资产证券化产品，表现较为出色，因此本节选取集团中具有典型性的德邦借呗专项计划对资产证券化进行案例介绍。

此项资产证券化产品首先由德邦证券与购买人签署相关合同协议作为法律依据实现发行，并将资金转移给德邦证券。同时，德邦证券作为受托人对资金进行持续运作管理，按期购入满足协议标准约定的目标资产（即客户使用支付宝软件中借呗、花呗业务而产生的一系列尚未偿还的资金流量）。小额贷款公司即本项目中的原始权益人对其所持债务所产生的现金流量拥有收取、管理和其他相关权利。此外，该项计划的负责管理人即德邦证券需依据建设银行的指令安排，在专用账户中管理分派现金流，用于按期支付给需要支付给投资人约定的收益金额。资产服务机构则需要依照协议计划负责购买、管理和清算基础资产，提供必要的资产管理和分析报告。详细交易结构见图4-3。

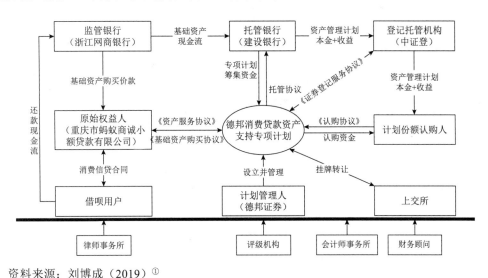

资料来源：刘博成（2019）①

图4-3 德邦借呗ABS发行结构

---

① 刘博成. 互联网金融企业资产证券化发展问题研究 [D]. 华东政法大学，2019.

德邦资产证券化作为互联网资产证券化的典型案例，背靠当前行业中规模最大、实力最强的互联网金融企业，在运作过程中遇到的问题也可能会成为行业内其他企业进行资产证券化时难以避免的问题。因此，虽然其成功的优势与经验不能被其他的互联网消费金融公司所完全复制，但也能为其他企业提供一定参考[①]。

②形式拓展——无边界网络组织

信息技术的发展打破了传统的时空观念，个人、企业、国际间的边界变得越来越模糊，网络组织结构也在随之更新。流程再造、学习型组织、虚拟组织等新鲜概念逐渐进入人们的视野，多角度展现了组织结构应对环境变化产生的适应性变革。有一种新型的模式概念逐渐崭露头角——无边界组织。无边界组织更像是一个更为广阔的网络结构，它以互联网信息技术为基础，表现出高组织韧性、高反应速度和灵活创新等关键特征。无边界组织的核心是组织内外部数据、知识等运营资源在创新活动中能够自由流动和扩散交流，强调组织边界的模糊化和开放性[②]。图4-4所示为无边界组织结构简图。具体可以从以下几个方面理解无边界组织的概念。

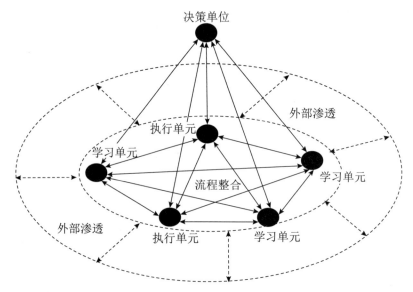

资料来源：张京友（2013）

图4-4　无边界组织结构简图

首先，无边界组织以数字信息技术为基础，互联网使得人们能够越过实体组织形式

---

① 刘博成. 互联网金融企业资产证券化发展问题研究 [D]. 华东政法大学，2019.
② 张京友，张培爱，钟海萍. 进化图论在知识型企业组织结构设计中的应用 [J]. 山东大学学报（理学版），2013，48（01）：107-110.

的限制，实现开放式交流。如企业内部管理网络，可以使组织内员工实现实时信息共享；外部供应链网络使企业和上下游企业之间可以实时交流信息。互联网宣传营销方式更是使得企业和顾客之间能够实现更大范围的信息同步，从多方面减少信息不对称现象。与传统企业组织结构中垂直层级（企业内部职务责任高低层次的限制）、横向职能（不同职能部门及规章规则的限制）、外部环境（企业与供应商、监管机构以及消费市场等外部相关者的阻隔）、地理区域（地域文化、自然环境等的限制）、心理认知（组织内部外部利益相关者所持心理价值观以及不同评价标准的限制）这五种边界相呼应，无边界组织也有着多样的表现形式。如组织垂直层级的模糊化可能带来扁平化组织结构的改变；组织横向职能上的整合可能形成重塑组织运营流程，和心理认知转变相结合，促进学习型组织和多功能型团队的构建；组织外部利益相关者位置的模糊化可能催生网络组织、战略联盟和企业集群等多组织合作的新组织形式；地理区域的模糊化一般表现为跨国公司的建立形成。

其次，无边界组织是以存在边界为前提条件的，而非对所有边界的一味抛弃。无边界组织通过整合和协调工作来增强自身对外部动态环境的适应能力，提高组织范围内外数据信息的流动利用率，达到激励创新、提高效率的目的，实现知识与技能在更高层次的匹配。此外，相比于官僚体制（规模化、职责清晰、专业化和控制）需要有强有力的控制作为管理基础的特点，无边界组织更加强调组织应对改变时的反应力、组织成员的创新活力、运营流程灵活性和创新产出的效益性。具体的，即强调管理者在感应到动态环境变化时，能够机敏应对；组织员工需要持续学习，通过轮岗换岗等形式不断更新知识技能；在流程运营方面，整合各部分资源满足项目要求；在组织文化方面，鼓励创新和变革等[①]。

阿里巴巴网络技术有限公司（以下简称阿里）作为我国互联网跨界电商的领头企业，其主要业务涉及电商、物流、科技、金融等众多领域。多行业经营对阿里的组织形式提出较高要求，为了保持集团活力，近年来阿里每年都在升级调整组织架构。由 2012 年最初的七事业群架构到 2013 年的二十五事业部，阿里组织变革的重点都是在应对未来商业系统生态化趋势，近五年来的组织变革调整意图明显。2015 年，阿里对自身技术能力进行整合重建，构建更加强悍的中台系统，凭借网络平台式事业群架构整合前台活动业务。2016 年，在电商领域，将天猫与聚划算中原有的服装饰品、日常消费品和数码电器等多种商品的销售平台相结合，重构形成针对"天猫"的运营平台；在文娱领域，建立相对独立的专业集团，延伸阿里在文娱方面的战略布局。2017 年，阿里针对生产、

---

① 王松涛. 无边界组织：企业组织结构变革的新模式 [J]. 同济大学学报（社会科学版），2008，(04)：118-124.

销售、技术、能源和金融市场推出"五新"战略，并在整体战略层面、基础设施层面和实际执行层面，通过增强战略意识、构建执行委员会等举措将其落实到实处。2018年，阿里更加注重技术平台的升级，增加在大数据、云计算等方面的研发建设；在新电商方面，将天猫升级重整形成天猫超市、天猫国际和天猫事业群三大主要板块，促进新零售业务的整合升级。经过多年努力，2019年阿里巴巴宣布已经初步完成了数字经济体作战布局，即由阿里云、蚂蚁金服、阿里妈妈、物流基建分别提供技术、金融、广告、物流等基础设施服务的底层支撑，共同打造集团组织生态循环[①]。阿里巴巴近五年组织架构调整参见表4-1。

表4-1 阿里巴巴近五年组织架构调整

年 份	调 整 点	战 略 目 的
2015	"大中台，小前台"	技术支撑
2016	"三纵两横"架构	打通环节，统筹管理
2017	"五新战略"和"三驾马车"	新零售布局
2018	技术、事业部升级	数字经济体统一
2019	基础设施服务支撑，打造生态循环	协同整合

资料来源：课题组整理所得

从阿里多次的组织战略调整中，可以窥见其对战略变革、结构升级的重视程度，清晰明确的阿里业务战略是实现自身持续发展的一大关键。在动荡变革的市场环境下，与独角兽企业相比中小企业更要重视组织的转型升级，以提升市场应对能力。在市场变化、技术变革加速的环境背景下，转型升级的核心在于对市场技术和需求变化的迅速响应与准确行动，因此信息化、扁平化和开放化是当今企业组织形式的升级发展方向，不断拓展的企业边界推动着组织形式向无边界组织演变。

无边界组织作为网络模式的一种拓展，使得金融机构可以在相对独立的产权结构下，充分发挥网络信息传递机制的优势，实现产业内外企业之间的资本与生产各方面的契约连接。金融产品在为制造业企业提供生产必要的融资资金的基础上，也可以产生一定的正向溢出效应，起到降低金融机构风险、提高金融利用效率的作用，让各企业在网络组织中收获更多有益成果。无边界组织为金融企业与实体企业更好地实现产融结合，为协同金融生态系统提供了更加适配的组织形式。

---

① 首席升级官.2020年之际阿里再调组织架构，包含了下一个10年的野心[Z/OL].（2019-12-19）.https://baijiahao.baidu.com/s?id=1653337190992929105&wfr=spider&for=pc.

4.2 协同金融共同体

无论是矩阵模式还是网络模式,都与传统的垂直管理模式有着较大差异,想要在协同条件下探索构建新型的组织形式,该如何定义协同管理?杜栋(2008)[①]把协同管理定义为实现系统整体最优利益的管理体系。结合协同学自组织理论来理解,即通过协调、整合多方竞合关系将价值网络链中的各主体、要素重组为高效的"自组织"体系,达成统一目标的实现。金融企业内部需要协同,同样的,在整个金融行业内各行业间也需要系统的协同合作,应用协同管理理论为整个组织系统带来最大利益,所以本文提出构建协同金融共同体这个概念。

协同金融共同体的目标是让共同体中的参与组织相互联结,形成战略合作伙伴关系并充分发挥各自优势,本着"互利共赢、深度融合、共同进步发展"的原则,在金融资金、产品、服务等方面共同探索创新,深入开展合作,实现互惠共赢,共建多元化的协同金融共同体。目前,国内金融市场上协同金融共同体大多以消费金融、ABN、集合债等形式呈现,本节针对这三种金融协同模式进行进一步分析,以期打破其内部运行机制黑箱。

4.2.1 协同金融共同体

(1)消费金融——"零售式"协同共同体

随着消费金融与信息技术关联程度的提高,消费金融的创新也迎来重大发展。消费金融从广义来看这是一种与消费者的消费行为密切相关的金融活动;从狭义上看,则指的是个人对与商品的消费和相关服务一种消费行为。所谓"零售式"业务是指金融机构改变传统金融的经营理念,以客户需求为目标导向,以信息技术为手段向个人或家庭提供综合的金融服务。其中,消费贷款属于"零售式"业务中的资产业务,是金融机构新的效益增长点,也是消费金融起点。

作为服务零售业的金融协同共同体,消费金融主要是与以下三种平台联系紧密:一是电商。电商平台借助互联网金融工具,利用大数据信息进行精准营销、私人订制,为

---

① 杜栋. 协同、协同管理与协同管理系统 [J]. 现代管理科学,2008,(02):92-94.

客户提供所需的个性化产品服务①。著名的产品有"京东白条""支付宝花呗"等，它依托于电商自身产生的交易行为，为客户提供先享受、后付款的交易方式，方便快捷且可覆盖广。二是银行。银行是传统金融与新兴金融共存的一个复杂机构，在消费金融模式中主要负责大额的消费贷款，如购房、购车等。首先消费者要用自身资产作为抵押品向银行申请一定额度的有息贷款，然后银行根据抵押品价值质量及客户的个人信用状况对消费者进行等级评估，决定是否要放贷及放贷金额；所有程序和手续完成后，消费者得到贷款额度后即可使用这部分资金进行日常消费行为。目前，银行的消费金融服务按用户主体种类的不同，可分为个人消费贷款和企业消费贷款。个人消费贷主要形式是个人信用卡，利用信用卡预支为消费者提供金融支持。三是消费金融公司。这类机构最突出的特点就是贷款评审标准更加宽松，能够帮助用户获得比银行贷款更多的额度。在风控方面，主要凭借信息技术进行用户的指纹和人脸识别等特征信息收集，然后自动提取信息对用户进行信用评分和征信评价，再与其他端口进行链接实现数据信息的平台共享。与银行相比其贷款获取率和发放率更高，但因为传统观念和知名度等原因，新兴的消费金融公司在消费者接受程度方面显著低于银行。

中银消费金融有限公司（以下简称"中银"）作为我国官方监管机构批准设立的第一批消费金融公司，秉承"建设新时代高质量消费金融公司"的理念，为客户提供一系列消费融资服务。针对当下年轻人的消费需求和消费行为，中银不断探索细分场景下的普惠金融之路，通过整合、自建应用场景构建跨界普惠金融服务生态圈，不断丰富创新线上、线下及O2O三位一体场景金融应用，有效地提高了自身的市场占有率。目前已经围绕个人教育、生活消费、医疗保险、个体经营等八大场景，有针对性地开发了满足不同收入人群在就学、就业、租房、婚庆等多阶段小额消费信贷需求的不同产品体系。在业务处理方面，中银致力于大数据、云计算、人工智能和消费金融的融合应用，搭建智能化的金融科技云平台。以"金融+科技"为手段捕捉客户需求、完善智能运营、改进融资方式，不断降低运营成本和风险成本，为更多客户提供更加方便快捷且安全性较高的金融服务，提升普惠金融的真实获得性②。

消费金融作为目前炙手可热的金融模式，在改善用户消费体验、增强消费市场活力等方面都推动了我国消费水平的升级和公众幸福指数的提高，对我国金融产品创新、金融业服务水平的提升、金融市场的完善都具有重要意义③。

---

① 王雅俊. 互联网背景下消费金融的发展模式研究 [J]. 技术经济与管理研究，2017，(11)：79-83.
② 中银消费金融荣膺"普惠金融消费者影响力奖"[N/OL]. (2020-11-19). https://finance.ifeng.com/c/81VQAevtbkx.
③ 王雅俊. 互联网背景下消费金融的发展模式研究 [J]. 技术经济与管理研究，2017，(11)：79-83.

（2）资产支持票据——证券式协同共同体

资产支持票据（asset-backed medium-term notes）可简称为 ABN，是属于资产证券化范畴的一种金融创新产品。其具体定义是由商业银行发行的，非金融企业凭借自身的可用资产（即所有权归属明确并且能够产生一定现金流量的财产及财产权利）所产生的现金流量作为还款资金来源，在一定合同期限内归还投资者投入本金和约定收益的债务融资工具。

目前我国大多数资产证券化产品都是由抵押型证券演变而来的，即为抵质押型 ABN。传统抵质押型资产支持票据的本质就是一种资产抵押担保贷款[①]，其大概交易结构如下：发行公司与投资者共同签订发行合同，以该资产未来可能的现金流入为基础，在市场中向特定投资者（或委托主承销商代销）发行证券票据。同时，发行人也负责管理和运营基础资产以保障其产生预期水平的现金流量；此外，发行人还需要设置指定的专用账户，并签订相应的监管和收款协议约定。此后，监管银行依据协议约定按时拨付资金支付 ABN 本金与利息；债券登记结算机构则负责相应流程的评级与监督。传统 ABN 产品交易结构参见图 4-5。

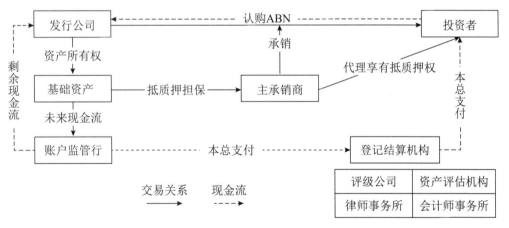

资料来源：周炜（2015）[②]

图 4-5　传统 ABN 产品交易结构

信托型 ABN 是在传统资产支持票据基础上发展而来的，是指发起公司将能够产生一定现金流量的基础资产转交给信托公司管理，信托公司接受委托后，代替客户采用公开发行方式在目标市场中发行票据，并以其基础资产实际所产生的现金流入作为债券本

---

① 胡宝海. 现代金融担保法研究：不动产担保及其证券化理论 [M]. 北京：中国社会科学出版社，1999.
② 周炜. 国内外资产支持票据业务模式研究与案例分析 [J]. 金融经济，2015，（24）：92-95.

金与收益资金的一种金融活动。信托资产支持票据的具体交易结构较为复杂,因此我们选取九州通医药集团股份有限公司(以下简称九州通)发行的信托资产支持票据的实际案例对信托型 ABN 的整个过程予以详细展示。

九州通作为发起机构即票据委托人,从历史交易中选取部分交易未收款项转让给票据受托人即中诚信托公司(也可称作发行载体管理机构),依据所签合同协议共同设立发行资产支持票据。在此项目中,九州通担任资产服务机构,对基础资产进行日常管理与维护;中诚信托公司担任特殊目的载体即 SPV,对减少破产风险和保证票据发售的真实性起到重要作用。在 ABN 交易过程中,委托人与受托人根据约定,分别担负起对标的资产所产生的现金流量的归集和管理并形成报告等工作的责任,保证在正常交易时间范围内资产资金流的及时与稳定性。在九州通信托型 ABN 交易中①,中诚信托与保管银行即兴业银行签订《保管协议》,指定由兴业银行担任主承销商,并负责专用账户的安全保管工作,确保资金的安全性;同时负责编写提供每季度的资产保管报告。此外,在整个流程运行中引入中诚信国际这个评级机构,对整体交易结构以及基础资产的质量、发起机构的信用、信用增信状况等对该项信托型 ABN 进行专业评级(交易结构如图 4-6 所示)。

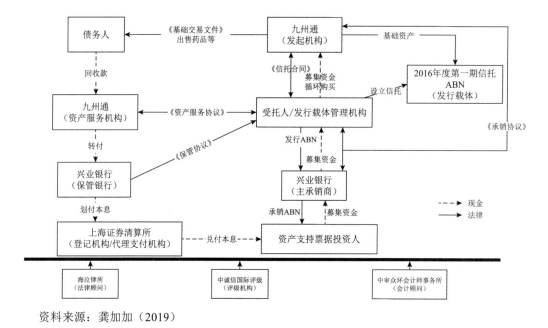

资料来源:龚加加(2019)

图 4-6 九州通信托型 ABN 交易结构

---

① 龚加加. 基于循环购买结构的信托型 ABN 应用案例研究 [D]. 北京交通大学,2019.

信托 ABN 相较于传统抵质押型 ABN 的不同之处主要在于以下几点：首先，信托 ABN 采用公开发行方式，可以有效提高证券在市场中的流动性，也有利于提高发行方在市场中的信用累积。其次，引入了信托机制，并且设立了特殊目的载体来实现对正常销售和意外破产保护的目的。再次，丰富了发行主体，将传统资产支持票据业务从城投类与各类基础设施运营企业拓展到了租赁行业。最后，其仅采用内部增信的方式，在发放债券的环节对企业资产进行有针对性的重新配置和设计，提升基础资产的整体信用，进一步降低了信用风险。但传统 ABN 由于交易结构限制被视作抵押债，无法实现资产证券化的有效信用增级[1]。

（3）集合债——"批发式"协同共同体

中小企业集合债券简称为集合债，是以某个企业组织为核心发起人，召集多个有融资需求的中小企业形成发债整体；在集中协议安排各个企业所需金额并确定自身负债的基础上，统一发行债券，最后按照合同约定到期还本付息的一种债券融资形式。与其他中小企业单独融资形式对比，集合债的保障性更强，更受机构喜欢，由银行或正式金融机构作为承销方，由指定的评级、担保和监管等相关中介机构参与其中，能够更有效地降低投融资双方的融资风险，提高企业竞争力和知名度[2]，是解决中小企业融资过程问题中风险与收益不对称的一个好方法。

①中小企业融资集群

中小企业集合债券是集群融资中的主要形式之一。中小企业融资集群依托较为稳定的信用关系网络，构建整合多个中小企业的有效信用资产，是实现企业资金需求的一种融资合作组织。与传统企业个体融资模式不同，中小企业融资集群更加强调融资信用组合，即在实现融资计划前需要对信用资产进行整合转化，形成的是一种新型融资合作关系。对于小微型企业来说，构建中小企业融资集群意义更大，这种资产整合使得中小企业的融资活动由混乱的单方作战，转为组织性的集体合作共赢，为中小微企业融资难问题提供了新的解决方案[3]。

②中小企业集合债券融资体制机理

集合债券融资体制是指各相关主客体在金融交易过程中相互作用的影响方式，主要包括融资主体的确定、融资形式的选择和相关经济金融手段的运用等方面。成熟有效的

---

[1] 如何找寻信托公司未来业务拓展的方向？[Z/OL].（2016-09-14）.http://www.360doc.com/content/16/0924/23/35178403_593389729.shtml.

[2] 陆岷峰，刘凤. 我国中小企业集合债制度探析 [J]. 南京审计学院学报，2011，8（04）：27-32.

[3] 林洲钰，林汉川. 中小企业融资集群的自组织演进研究——以中小企业集合债组织为例 [J]. 中国工业经济，2009，（09）：87-95.

融资体制可以正向调节资金转移流通的效率,起到拓宽融资渠道,降低企业风险和成本,优化金融市场资源配置等关键作用。中小企业集合债券融资体制主要有信息导向体制、信用担保体制和组织运行体制三个主要部分。第一部分的信息导向机理是指在建立之初,地方政府部门或相关行业协会将作为牵头人发布相关信息,为中小企业的相互交流提供政策和平台支持,没有地方政府参与,中小企业集合债很难发行。行业协会作为独立第三方的加入也起到一定的信息监督作用,帮助将需求供给相匹配的企业进行对接,促进集群间企业的相互沟通与信任。第二部分的信用担保机理是指通过采取单独或配合不同的增信运作方式来提高中小企业集合债券的信用等级,扩大证券可发行范围。第三部分的组织运行机理可以分拆成组织和运行两个部分,其中组织是指通过选择合适的组合方式,在所有参与企业中筛选出优质的中小企业,降低可能存在的金融风险;运行是指包含整个融资机制中协调、运作转化等各个机构要素之间的有机匹配,保障中小企业集合债券循环的可持续性[1]。四个部分的具体运行机制如图4-7所示。

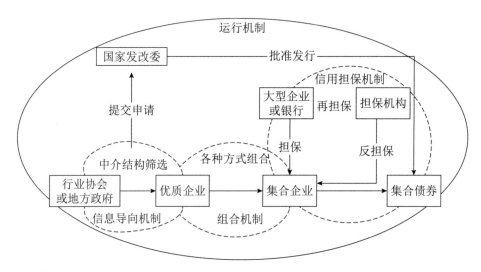

资料来源:李为章(2014)

图4-7　中小企业集合债券融资体制机理

4.2.2　协同金融共同体运行机制

由以上几种较为复杂的金融合作模式可以看出,协同金融共同体应该是一个开放的系统,在其正常运行期间,内部要素不断地与外部环境进行物流、信息流、资金流等要

---

[1] 李为章. 中小企业集合债券融资机制及其效率研究[D]. 湖南大学, 2015.

素的流动与交换，实现金融共同体的内外动态平衡。更重要的是共同体还应具有交叉网络性的特征，这与单个的金融企业内部网络组织形式不同，交叉网络性主要体现的是多个组织间以信用合作与利益分配为特征而形成的系统合作形态，意味着共同体集群整体交流协作的多种路径和多种维度。同时，网络内部存在的不平衡性波动将推动着个体组织在协同框架内的创新演进，促使协同金融共同体向前发展。以下从合作与创新这两方面着手分析协同金融共同体的运行机制。

（1）区块链技术——构建合作基础

区块链是网络信息技术中数字加密体系的核心支撑技术，通过提供数据加密和时间标记等手段在网络分布式系统中实现精准对接的交易行为。"去中心化"作为区块链的重要特征为降低信息服务机构交易成本、提高信息处理效率和数据存储安全性等方面起到积极作用。区块链技术的独特优点，使得其应用场景不仅限于比特币的加密，在金融服务和公共服务领域也能够发挥重要作用。

区块链技术在一定程度上解决了金融交易中存在的信任和安全问题，与金融市场应用有非常高的契合度，是金融行业未来转型升级可选的技术方向。凭借区块链信息技术，金融交易主体可在构建的去中心化系统中独立开展业务活动，而不再需要中介机构的衔接，在一定程度上颠覆了传统金融的商业模式。在互联网金融领域，区块链常应用于部分商业保险、证券交易、股权债券买卖等商业模式，利用自身数字化、智能化和可编程的特点，可以减少商业银行、结算机构和证券交易所等金融机构间复杂多轮的协调流程，从而极大地降低成本和提高效率，实现资金融通的方便快捷①。

作为信息时代的底层技术支撑，区块链技术与金融业态的融合创新将会进一步整合有效的金融资源，开发出更多崭新的商业模式。同时，配合大数据、人工智能等其他网络信息技术的运用，能够收集、转化和分析更多可利用的相关数据，对金融系统进行精准升级改造，从而全方位提高金融共同体运行效率和服务质量。区块链金融的总体架构参见图4-8。

资料来源：张荣（2017）②

图 4-8　区块链金融的总体架构

---

① 袁勇，王飞跃．区块链技术发展现状与展望 [J]．自动化学报，2016，42（04）：481-494．
② 张荣．区块链金融：结构分析与前景展望 [J]．南方金融，2017，（02）：57-63．

除了开发新型金融模式，区块链技术对于提升传统金融的核心价值方面也存在重要意义。例如在资产证券化领域，借助区块链技术可以多维度挖掘金融数据信息，帮助资产价值进行数字化，形成区块链价值传递适用的环境，进而在流通体系内部的参与者主体中发行代币来提高流通效率，加速资产价值的流转速度。其实早在2017年长安新生金融投资有限公司、百度金融旗下公司和天风证券股份有限公司就已经合作发布了我国第一单运用区块链数字信息技术的金融证券化产品，即三者联合命名的"百度-长安新生-天风资产支持专项计划"[1]。该项目采用区块链这一关键手段进行基础数据信息存储、提取和验证，将联盟链上的金融服务提供商、基础资产生成方、信托公司、评级机构和相关事务所等参与主体相互链接，实现了基础资产从批准放款到存续期还款到最后结束的全交易过程数据的全覆盖式管理。

百度消费金融探索多种信息技术与深度学习的综合运用，依托其自主研发的云计算和区块链操作系统，研发了一整套技术商业化体系方案。其中百度云作为方案实施的主体，百度云区块链实验室作为技术、资源的提供者，整合构建区块链技术、产品和生态系统的大云端平台，并联合物联网、信息服务等合作企业，不断丰富应用场景，构建高标准水平的行业区块链的战略联盟[2]。百度区块链商业化体系布局全景参见图4-9。

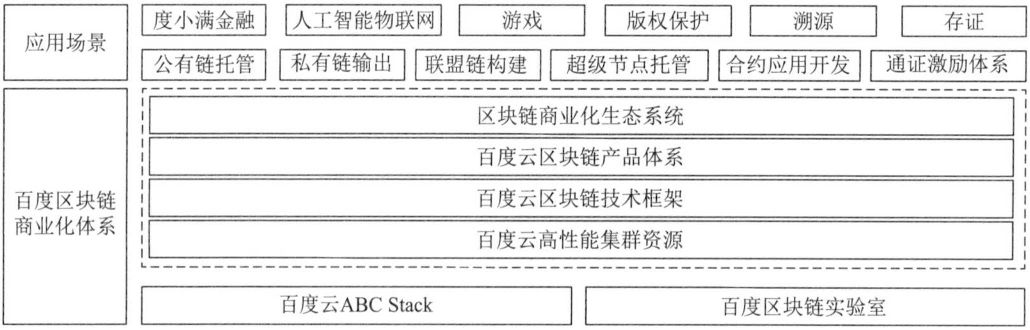

应用场景	度小满金融	人工智能物联网	游戏	版权保护	溯源	存证
	公有链托管	私有链输出	联盟链构建	超级节点托管	合约应用开发	通证激励体系
百度区块链商业化体系	区块链商业化生态系统					
	百度云区块链产品体系					
	百度云区块链技术框架					
	百度云高性能集群资源					
	百度云ABC Stack			百度区块链实验室		

资料来源：华夏幸福产业研究院[3]

图4-9 百度区块链商业化体系布局全景

在新型互联网金融领域，结合运用区块链与大数据技术可以充分发挥新型信息技术在信息共享和实时传递方面的优势，保证相关数据信息的及时传输；大大增强了互联网

---

[1] 王耀丹. 德邦借呗消费贷款资产证券化案例研究[D]. 河北大学，2019.
[2] 华夏幸福产业研究院. 产业观察|解剖麻雀——百度区块链ABS应用案例分析[Z/OL].（2019-06-14）. http://mp.ofweek.com/blockchain/a845683827136.
[3] 华夏幸福产业研究院. 产业观察|解剖麻雀——百度区块链ABS应用案例分析[Z/OL].（2019-06-14）. http://mp.ofweek.com/blockchain/a845683827136.

金融交易活动的透明度和安全性，降低了交易双方信息的不对称性；有利于保护投资人的权益和降低金融机构的风险控制成本，也可以提高监管机构在这方面的监管效率，全方位助推传统金融机构实现转型。

（2）协同创新——深化协同配合

大数据、区块链、物联网及人工智能等全新信息技术的发展热潮也推动着金融科技创新，金融科技创新助力协同金融共同体探索全新的金融消费热点，推动自身整体发展进步。虽然我国实行了较长时间的分业管制，不同类型金融机构的产品分开经营，但随着目前市场环境的变化，混业经营趋势的愈发明显，金融机构加强了行业间合作力度，也使得金融机构与实体经济的协作创新度增强，这些都在很大程度上促进了新型合作金融产品的萌发。

在金融机构内部，大多数金融产品都是按技术标准和机构部门为分类基础，使得业务在保持独立运作的同时也存在一定的互补性。特别是伴随着我国金融体制改革的演进，新型金融业快速发展，银行、券商和保险越来越关注客户需求，在信息技术的帮助下通过分拆与重新组合产生了全新的金融产品和服务形式。同时，金融行业的繁荣也吸引了多方注意，产融结合成为一种新兴潮流，也进入到快速发展的重要时期。许多企业集团通过股权、债券等合作形式深入参与银行、证券、资产管理公司等金融机构的投资，改变了原来实体企业单向依赖于金融企业筹资的金融参与模式。产融合作这种协同创新形式，主要是通过建立密切的合作伙伴关系，丰富行业间信息和资源的交换渠道，推动实体企业和金融机构良性互动发展。

详细来说，各行业企业应该从组织战略、产品服务、运营管理等多方面进行协同创新。首先，各企业应该充分回顾了解产业历史，对过去和未来的发展趋势做一个较为全面的分析，严谨评估行业存在的发展机遇与挑战，制定准确的战略政策。其次，通过创新行业内外的合作模式来获取更高效、长久的合作助力，为专业化运营打造坚实的伙伴基础，在长期互利共赢，相互信任的合作基础上实现协同金融共同体的长远发展。此外，更重要的是通过设计能够更好满足客户需求的融资、理财、支付产品，不断提升金融机构的业务服务水平，提高客户黏性与产品满意度，在竞争合作中形成自身无法取代的独特竞争力。从非金融企业角度看，恰到好处地联合金融机构可以有效降低融资交易费用，方便企业集中精力和资源投入产品研发、服务改进等方面，来提高自身竞争力[1]。只有不断地协作创新才能充分激发协同金融共同体的发展活力。

---

[1] 陈卫东. 建立更紧密的产融协作关系 [J]. 中国金融，2020，(12)：41-43.

4.3 协同金融主体与内容

4.3.1 协同金融主体

协同主体是指协同金融生态系统中的参与者。从宏观角度，组织在生态链中的参与者可以分为两种——牵头单位和参与单位。顾名思义，牵头单位即倡导并率先进行金融协同活动的单位组织，一般为地方政府、大学高校、研究所或者金融行业协会等非营利性组织，致力于研发创新协同金融产品服务，为我国金融行业改革助力。参与单位主要可以细分为以下四种类型：金融服务提供商、金融服务需求者、协同金融合作平台和金融交易监管者。金融服务提供商是金融资产的盈余单位，为了转移其所承担的风险，购买各种金融工具来赚取差价、股息或利息。金融服务需求者是缺乏足够资金的一方，通过参与金融活动来获取资金或相应资产。协同金融合作平台通过多种现代数字信息技术，汇整各方资源，提供必要交易信息支持来优化金融资源的供需配置，也为新型的金融交易模式提供舞台。金融交易监管者是对协同金融生态系统实施宏、微观监管的中央银行与政府部门。主体间相互关系如图4-10所示。

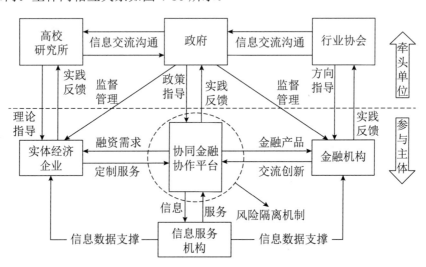

资料来源：课题组整理所得

图 4-10 协同金融主体运作图

从微观角度来看，不同的金融模式有着相异的运行主体，很难全覆盖地一一提及所有金融产品，因此本节借助运行主体涉及范围较为全面的资产证券化融资模式来分析协同金融主体的构成。资产证券化是多主体共同参与的特殊融资交易行为，参与者可以分为原始债务人、原始权益人、受托管理人、投资者、基础服务商、证券经销商、特殊目的载体、评级机构、担保机构和咨询服务机构等十类，多方相互影响，协同形成资产证券化运作（主体间运行逻辑见图4-11）。

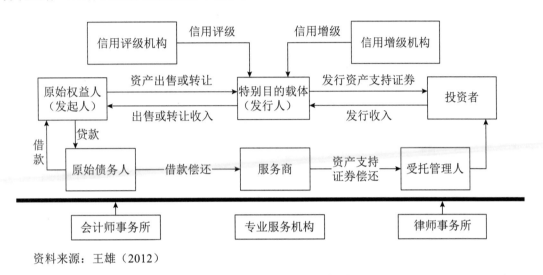

资料来源：王雄（2012）

图4-11 资产证券化主体运行结构

第一是签订债权债务合同的双方，即原始债务人（承担债务方）和原始权益人，也称债券发起人（享有债权方），双方按照合同协议约定，在资产证券化过程中履行各自义务责任。原始债务人需要在指定时间段内支付投资人本金和利息；原始权益人则负责整理自身标的资产托付给特别目的载体，实现资产证券化风险与收益的重新组合。第二，受托管理人主要负责接受发起人委托，向投资者发行证券并管理和分配标的资产带来的现金流量。第三是证券承销商，通过包销或者代销的方式销售证券。第四是服务商，一般是发起人单位或其指定的某家商业银行，主要负责收取权益资产的现金流并催收逾期未付的应收款项，也负责代替发行人向投资者支付证券的本息（其职责也可以由受托管理人代为履行）。第五是特殊目的载体，是资产证券化中最为特殊的一个独立中介担保机构，主要负责接收、担保原始权益人基础资产组合，使之达到筹措资金的目的。第六是投资者，即资产担保证券的投资消费者，主要为金融机构投资者，如基金公司、保险公司等。第七是信用评级机构，主要负责对尚未发行的资产证券进行专业分析，给出有关该项目风险收益的评级报告，方便投资者做出科学、理性的投资决策。第八是信用增级机构，一般是政府或带有一定公共性质的独立第三方机构，负责提高证券的信用等级，使之达到能够进入投资资本市场进行融资的标准。第九是专业中介机构，例如，会计师事务所、律师事务所和审计事务所等，主要负责对资产证券化项目提供专业的会计、法律和审计等方面业务指导[①]。

4.3.2 协同金融内容

（1）金融创新

从熊彼特经济创新的概念出发，金融创新按内容的不同可以分为金融产品、服务、市场、技术、管理机制和监控机制的创新等，本节主要从微观层面入手，分析金融产品创新。金融产品或工具创新大致可分为几种：一是信用融资创新，如将短期信用票据转换为中期信用工具，延长融资期限，分散单个投资者的贷款风险。二是风险转移创新，即通过在多机构之间配合交换金融服务或产品形式的方式来降低单方面融资风险，如期权工具、利率互换等。三是衍生金融创新，即将原有的基础金融工具转变为流通性更高、可接受度也更高的新型金融工具。四是股权创造类创新，即将债权转变为股权的转换金融方式。大致可以归纳为如表 4-2 所示的几类。

表 4-2 金融工具创新

类 型	金 融 工 具
权益融资	可买卖优先股、指数浮动式基金、委托贷款等
债权融资	可变期限票据、可调节债务、可转让提效单账户、可转换抵押保险等
衍生金融	远期利率协议、股票指数期货、浮动利率期货等
组合金融	可转换债券、股票期权、票据发行便利、备用信用证等

资料来源：课题组整理所得

（2）风险隔离

随着金融创新的深入演进，商业银行、证券公司和保险机构之间的业务交织日益频繁，金融行业混业经营趋势明显。但由于我国金融发展历程较短，在金融市场缺乏内部自律性的同时，外部监管也存在一定不足[②]，这更加凸显了风险隔离机制在协同生态链条的运作中的重要地位。有相关研究显示，在金融生态发展较为完善的市场环境中，金融机构将拥有更专业的知识人才，表现出更高的独立经营性和市场导向性。有效的风险

---

① 王雄. 资产证券化（ABS）融资模式的理论与实验模拟 [J]. 求索，2012，(08)：41-43.
② 冯维江，钟伟. 风险隔离——金融防火墙制度及对中国的启示 [J]. 国际贸易，2003，(09)：55-57.

隔离机制可以帮助金融机构树立更强的风控觉察意识、风险控制和危机后恢复能力，并及时实施相应风险补偿策略，进而提高金融资源的有效配置率[①]。

风险隔离从本质上来说是一种限制性行为，即依据合理的规制，针对跨金融机构边界的高风险混合业务行为进行一定约束，降低金融系统风险发生的可能性。在资产证券化的设计过程中，特殊目的载体（也称特殊目的实体）（special purpose vehicle，SPV）作为保护标的资产组合的特殊设置和关键的风险隔离环节，是有效防范金融风险的一种措施。资产证券化中，风险隔离机制的核心就是要在选择基础资产形成可证券化资产组合、建立特殊目的载体、整合资产保证发行，并依靠资产带来的现金流量实现债券本息偿付这几个主要环节之间构筑防火墙。通过 SPV 一系列的专业手段，在可能发生风险的早期及时妥善处理，以此确保整个交易流程环节的金融安全，提高资产配置效率和降低证券化交易成本[②]。图 4-12 所示为风险隔离分层图。

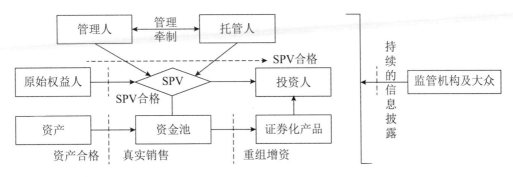

资料来源：张文强（2008）

图 4-12　风险隔离分层图

想要有效防控金融风险，首先，不能局限于对金融市场进行浅层次的治理，而是要处理好金融与实业、治标和治本、堵漏和疏通三方面的有机辩证关系。具体来说，就是要坚持以"堵"治标，堵住"歪门邪道"的融资方法，补充完善相关法律法规，完善金融体系。进一步规范商业银行和其他各类金融机构的业务模式，加强股市、证券交易管理，规范实体企业融资行为。同时以"疏"治本，疏通、拓宽、优化实体经济与金融市场相连的投资交易渠道，切实防治金融"脱实向虚"的危险趋势。深化金融制度与金融市场改革，积极改革废止不合理的约束限制，有序实行金融市场的开放式管理。更重要的还是要振兴实体经济，积极推动传统产业转型升级，鼓励培育高新技术、服务产业和

[①] 谢盛纹，廖佳，陶然. 年报预约披露推迟、金融生态环境与债务融资成本——基于信息风险识别和风险补偿转化视角 [J]. 管理评论，2018，30（12）：200-211.

[②] 张文强，赵会玉. 论资产证券化中风险隔离机制的构建 [J]. 当代经济科学，2008，(01)：59-63+126.

鼓励绿色新型等中高端产业的发展。

其次,金融监管也是隔离风险的重要手段。宏观来看,监管部门要加快传统转变分业监管的行为模式,逐渐向功能式和行为式监管演化,建立多层次全覆盖的金融监管体制。同时,强化金融监管的协调工作,保证其精准和穿透性,为金融市场建立更加良好的秩序环境。此外,还需要从行业、市场、交易、详细数据等多方面出发,完善金融机构审慎监管系统,保障金融交易市场的整体稳定。微观来看,金融机构内部需要进行合理的职权划分、责任落实,从组织内部源头处防范金融风险的发生。同时,政府相关金融监管部门应该尽快颁布针对金融公司的监管办法,推动各金融业务分支行业之间建立有效的"防火墙"制度,保证监管的协同性和持续性。此外,监管手段与大数据信息技术的结合也至关重要。应该大力探索传统监管与大数据等信息技术相融合的穿透式监管方法,推动金融监管传统"人防"与新型科技"技防"的紧密有机结合。建立健全与当前金融科技发展阶段相匹配的风险预警与危机隔离机制,达到提高监管效率、减低监管成本、减低风险危害等重要作用,实现对风险整个过程的有效防控[①]。

4.4 案例分析

4.4.1 京津冀协同创新共同体[②]

京津冀地区一直是我国经济、自然、技术、资源比较丰富的区域,是我国当前自主创新主要策源地。京津冀协同创新共同体凭借其丰富的要素资源和优异的创新环境,以创新主体之间的协同联动来促进要素流动、激发创新产出,从而构建复合开放式的动态系统,推动区域经济平衡发展。这个系统主要包括金融创新和科技创新两个子系统,两者相互协作、协同联动、动态互促,发挥区域协同发展的核心动能作用,助力京津冀区域协同创新共同体向持续高效合作经营模式转变。

其中,在京津冀协同创新共同体中,金融创新子系统主要由公共和市场两种金融创新主体构成。公共金融创新主体以政府监管部门和财政部门为主,政府利用技术创新项目或运用税收减免和财政补贴等政策工具对创新主体提供支持。而市场金融创新主体则

---

① 辜胜阻,杨嵋,吴华君. 金融风险特征及防控风险的战略思考 [J]. 天津社会科学,2018,(04):99-105.
② 蔺鹏,孟娜娜,马丽斌,马英杰. 区域金融创新与科技创新的耦合机理和联动效果评估——基于京津冀协同创新共同体的研究 [J]. 南方金融,2019,(01):58-68.

主要包括金融市场的各类金融机构，他们利用科技信贷、互联网金融等创新性金融工具满足自身资金需求。科技创新子系统以高校研究院及科技型企业为主要创新主体，主要负责研发新知识、技术、产品和市场等创新工作。总而言之，京津冀协同创新共同体是一个由多领域机构、部门共同参与进行创新的复杂多维式合作系统，体现出整体系统性、环境适应性等主要特征。金融与科技创新两个子系统在保证各司其职的同时，表现出相互渗透融合、跨界联动的互促性，产生明显的技术溢出效应，从总体上优化和提高了该地协同创新共同体的资源配置和运行效率。

蔺鹏学者借用系统动力学的模型来分析两个创新子系统协同耦合的运作方式。其研究以各科技创新和金融创新主体为主要脉络，将创新要素在各个系统间的协同、流动传导模式和互动作用机理作为分析内容，揭示了不同的推动反馈路径（详见图4-13）。

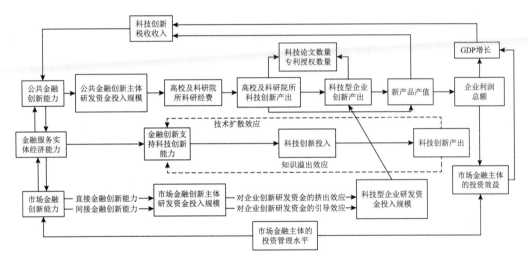

资料来源：蔺鹏（2019）

图 4-13　金融创新与科技创新协同耦合方式分析

（1）公共金融、市场金融单方推动力

公共金融子系统中，政府部门可以在政策、资金、技术等方面给予创新主体支持，缓解科技创新高成本、高外部性的特征限制。如通过强化顶层设计，颁布相应政策法规来营造积极的科技创新政策氛围环境，引导创新要素流动，鼓励创新主体加强基础创新与自身科技成果转化能力。还可以运用财政补贴、科研项目、税收减免等手段减轻科技企业费用负担；同时，建立科技孵化器、信息平台、知识产权服务等科技中介机构，鼓励科技企业加大技术创新投入，为提高金融创新效率构建坚实基础。反过来，科技创新主体在盈利后可以通过缴纳税收、技术反馈等方式在资金、技术等方面反哺地方金融，

进一步推动政府部门的服务政策的改善，优化协同创新共同体。

此外，市场金融创新主体的推动在金融创新中也是不可或缺的一部分，可以减轻科技创新高风险可能带来的阻碍。金融机构与风险投资机构的协同联动可以通过创新金融工具、合作模式和融资渠道等方式，弥补科技企业存在的资金缺口。商业银行等传统金融机构正在选择发展新型的风险防范技术，尝试建立更加科学、专业化的风险管理和企业筛选机制，间接鼓励科技型企业积极与市场前沿接轨，发展更具商业前景的金融项目，在降低项目风险的同时，激励金融市场的进步发展。风险投资机构则利用其专业知识，对投资项目的资金运作和技术创新、企业运营管理等进行全方位的专业监督和评估，帮助科技企业提升金融创新的效率。同时，科技企业在协同金融共同体的支持下提高了创新效率，不仅有利于自身企业成长，反过来也可以促进协同创新共同体运作效率的提升。

（2）公共与市场金融联动驱动

金融创新子系统中公共金融和市场金融实现有机互促、共同进步，市场金融发挥了对资源配置的决定性作用，公共金融通过政府精准管理与合理引导创新要素有序流动起到有益的补充，从而全方位带动人才、知识、技术、信息和资本等创新要素的良性循环，优化科技创新生态环境。政府管理和市场化配置的结合运用在科技创新企业生命周期的不同时段都表现出自身独特的积极作用，有助于实现供应链中数据信息、技术产品和客户市场的高效衔接。

在多层次技术创新的带动下，科技协同创新不仅在一定程度上促进了金融产业高效聚集，也反向刺激了政府部门持续优化行业政策机制，加强金融监管等行为意识。其知识、技术和空间溢出效应对提高规模效益、减少交易成本、提高市场竞争地位也都起到了重要作用，推动着京津冀协同创新共同体的良好循环运作。

4.4.2 青海中关村"金融共同体"[①]

一直以来，中小微企业的融资问题一直是抑制区域创业活力和创业成功率的主要原因，特别是在当前众多科技企业萌发，传统的金融融资模式也亟待更新的时代背景下。2012年，北京中关村国家示范区在青海建立高新技术产业基地，青海中关村基地联合当地政府投资建立的全省首批科技性融资担保公司——海东科技担保公司，积极整合多种途径的金融资源，以担保融资为主要方式打通绿色融资渠道，为入驻企业提供更具针

---

① 青海新闻网. 青海中关村：倾力打造"金融共同体" [N/OL]. (2016-11-09). https://www.sohu.com/a/118480586_115496.

对性的金融资源服务,致力于为中小微企业打造一个专属的有效融资服务平台——"协同金融共同体"。

(1)营造宽松融资环境

传统的融资模式的限制较多,往往要求企业以房屋、设备等高价实物资产作为抵押物,且对于贷款人的期间现金流量有着严格的水平要求。对于许多初创的轻科技公司来说,要满足以上标准是相对困难的,缺乏必要的金融资源使得类似创业企业的夭折率较高。海东科技担保公司与传统担保融资不同,除"硬资产"外,也承诺公司可以凭借无形资产、股权投资、订单款项等未来现金收益获取抵押贷款,在较大程度上缓解了在融资担保业务中对有形事物资产的过分倚重,为中小微企业融资创造了相对宽松的环境[①]。海东科技担保公司立足海东科技园区,服务于中小企业创新创业,发挥专业性科技融资担保公司的示范引领作用。许多科技型新创企业因此受益,成功获得第一笔创业启动资金,得以继续发展创新。

(2)开辟、拓展融资绿色通道

传统银行融资手续繁杂,从申请、审批到放款至少需要半个月,且实际放款金额往往达不到企业申请额度。对此,海东科技担保公司与青海中关村基地、银行机构进行联合协同,共同打造全流程的金融服务体系。有融资需求的企业项目,经由企业孵化器、保险公司、商业银行三方进行联合处理、监督过审,保证孵化器基地、科技担保公司和商业银行的多方信息链畅通,对满足条件的贷款项目给予快速办理和及时放款,打通从建立到成型"一条龙"融资的绿色通道。

此外,海东科技担保公司还整合了多项政策资源,保证融资服务的集中和绿色融资渠道的畅通。首先,在利息费用方面,确认由海东科技担保融资的项目,采用基准利率为标准进行利息计算,不再随意上浮;对符合规定的科技型业务实行最低费率制。其次,对创业型小微企业的贷款实行政策贴息,在最大程度上减轻新创企业的融资负担,为园区提供了良好的创业环境,力求能够培育出更多有技术、有能力、有成长性的科技企业。此外,为了拓宽原有融资渠道,青海中关村基地还成立了专门的业务部门,在风投、众筹等方面为园区中小企业提供专业优质的融资服务。目前,这项多方合作推出的新型融资担保服务已经在海东蓬勃发展,为更多的科技创业企业提供必要的金融资源,助力当地中小微企业和创新经济的进步发展。

---

① 宋翠茹,苏锋烨. 青海中关村:倾力打造"金融共同体" [N/OL].(2016-11-09).http://www.qh.gov.cn/zwgk/system/2016/11/09/010239536.shtml.

第 5 章
金融协同网络与治理

5.1 金融协同网络概念与相关理论

5.1.1 社会网络理论

（1）社会网络理论的内涵

斯美尔从社会学视角切入对社会网络理论进行应用。社会网络在西方国家广为发展与19世纪60年代冷战开始后的西方社会动乱频发有关。社会网络理论并不孤立地对人的活动进行分析，该理论认为人的活动是受其所属的社会环境影响的[1]。社会网络理论主要用于解释人们建立的各种联系是怎么影响他们的行为的。"社会结构"就像自然系统一样是一个相对稳定却又处于动态变化的结构。即使受到外界的剧烈冲击，其结构的某种特性仍会继续保持。"社会关系网"的复杂性体现在内部成员关系的多样性，还体现在不同关系网其性质有差异，网络之间的社会关系较为复杂。

1988年威尔曼总结了以往学者对社会网络理论的研究，提出了被广泛认可的社会网络定义：社会个体因其所处社会位置个体间会形成社会关系，这些社会关系彼此联结构成相对稳定的社会关系系统。这个"网络"是以社会个体的一系列社会关系或个体之间的联系为"线"织成的[2]。由这些节点和"线"所构成的较为成熟的结构被称为社会结构。社会网络理论不仅对社会学产生了深远的影响，在其他领域依旧具有重要意义，其中包含的有些感觉已经不仅仅局限于人际关系，网络中的各个节点可以是人，也可以是某个集合单位，如家庭、部门、组织等。处于不同位置的网络成员拥有的资源是不同的[3]。

（2）社会网络理论的内容

①强弱关系理论

马克·格拉诺维特在《软关系力量》中将自己和与自己接触最频繁的人（亲人、同事、同学等）之间的关系称为"强连接"；将和与接触不频繁的人（朋友的朋友、偶尔听到

---

[1] 慈玉鹏.格兰诺维特论"弱连带"[J].管理学家：实践版，2011，（6）：63-71.
[2] Degenne A，Wellman B，Berkowitz S D. Social structures，a network approach [J]. Revue Française de Sociologie，1990，31（1）：149.
[3] 王夏洁，刘红丽.基于社会网络理论的知识链分析[J]. 2007，（2）：18-21.

的人等）之间的关系称为"弱连接"①。

弱连接覆盖的范围比较广泛，它的传播成本更低，速度也比强连接快，但是没有强连接结构坚固。构成强连接的主体行为更加密切，沟通会比较频繁。因此，信息冗余是强连接的缺点之一。过度的交流和过度亲密的接触会占用人们很多时间和精力，也会强化对原有观点的认知，从而减少了其他观点的融入、创新思想的产生，不利于提升结构整体的创新能力。相较于强连接，弱连接主体之间的共性较少，不同的团体之间的信息交流更有利于新知识的输入，从而可以修正或补充原观点。

可以从交流时长、互动频率、情感、互惠行动的角度评估连接强弱。针对不同的主体，四个评判标准的权重不尽相同。例如，对两个营利性组织来说，判定其之间为强连接时互惠行动所占的权重大；而对于家庭来说，判定家庭成员连接为强连接时互惠行为所占的权重应低于营利性组织。

格拉诺维特研究发现，弱连接在人们日常信息传递过程中发挥的作用不比强连接弱。人们在找寻工作时，职位的信息往往来自与自己关系并不是非常亲密的人②。事实上，弱连接在信息的交流中也发挥着重要作用。通过强连接我们得到的信息有时是冗余的、重复的，这在生活中十分常见。弱连接发挥的作用有时候甚至比强连接还要大。当我们想得到新的信息或者从事一项全新的活动时，就需要充分发挥弱连接的作用。比如，在我们生活中常见的"找关系"就是通过强连接关系去建立一个弱连接，由此来满足自身的需求。

②结构洞理论

上一小节我们提出社会网络中主体之间的社会关系具有强弱之分，这些社会关系是社会资本的重要组成部分。然而，在一个社会网络中，也可能存在两个主体之间没有任何的社会关系，尤其是在大型的社会网络中，这种情况是屡见不鲜的。我们把这种没有任何社会关系的空白称为"结构洞"。1992年，伯特在《结构洞：竞争的社会结构》中提到：在社会网络中，存在个体与个体间没有直接联系的情况，就像"渔网"的两个节点间出现了洞，这就是结构洞③。伯特认为个体在网络结构中的位置比其所拥有的社会关系更为重要。例如，在一个由A、B、C三者构成的社会网络中，他们两两之间都有联系，那么A可以直接与B进行资源的交换从而实现自身的利益。假设A与B不存在任何的社会关系，但是C与A存在社会关系，与B也存在社会关系。那么C就能掌握更多的信息，就可以在A、B资源交换中占据主导地位。伯特认为，网络主体在网络

---

① Mark S. Granovetter. The Strength of Weak Ties[J]. Mark S. Granovetter，1973，78（6）.
② Granovetter M S . The Strength of Weak Ties[J]. American Journal of Sociology，1973，78（6）：1360-1380.
③ 伯特. 结构洞：竞争的社会结构 [M]. 上海：上海人民出版社，2008.

中所处的位置会深深地影响网络主体所占有的信息、资源与权力等。因此，不管网络主体间关系有多强，只要存在结构洞，掌握更多社会关系的第三方在信息和控制方面将更具有竞争力，以此来为自身争取到更多的服务与回报。由此可知，个人或者组织想在充满竞争的社会环境中占据不败地位，就要在与其他主体建立广泛多样联系的同时，占据大量的结构洞，建立起自身的信息、资源优势[1]。

③社会资本理论

皮埃尔·卜狄厄给"社会资本"做出界定，并根据其关系主义方法论提出了"场"和"资本"的概念。社会的各种要素在"场域"中存在并发挥着作用，占据着不同的位置，场域就像一个社会网络，位置可以看作是网络中的一个节点，位置也是社会关系得以建立的基础。主体在网络中的位置决定了其拥有的资源和权利[2]。场域并非静止的，而是不断变化，变化的驱动力就是社会资本。

5.1.2 金融协同网络的概念与特点

（1）金融协同网络的概念

金融协同网络是指在一定区域内，为了实现金融资源的合理配置以及各主体的利益最大化，网络主体彼此依靠、彼此协调，而形成的协同网络。金融协同网络涉及的主体不仅包括金融机构、金融科技机构，还包括政府等监管机构、实体企业、家庭个人等。在金融协同网络中，金融机构扮演着"中介角色"，它是金融资源的主要分配者；金融科技机构扮演着"催化剂角色"，通过对金融科技的创新，促进经济的发展以及网络整体效率的提高。

金融协同网络的职责不仅是实现金融机构内部协调，合理配置资源，还包括与政府机构、各类产业工作联动，产业政策与金融政策之间相互呼应，完善产业金融信息对接合作体系，促进产业政策、企业生产经营、金融产品等信息交流共享，从而实现产业与金融相互促进，形成良性循环，合作共赢[3]。

（2）金融协同网络的特点

①开放性

金融协同网络是一个耗散的系统，通过不断地与网络外部进行信息、资金等资源的

---

[1] 伯特. 结构洞：竞争的社会结构 [M]. 上海：上海人民出版社，2008.
[2] 寇思源. 社会资本理论视角下家庭环境与子女学业成就的关系研究 [D]. 天津理工大学，2018.
[3] 关于金融支持制造强国建设的指导意见 [J]. 上海建材，2017，(02)：10-13.

交流保持正常运行。随着金融协同网络的发展壮大，网络成员的增加与减少、网络资源的整合与变更以及业务的修改和创建等需求会随之产生，这就要求金融协同网络具备足够的敏捷性来应对网络整体的结构调整。

②动态性

市场环境日益活跃，技术创新步伐加快，经济国际化和市场全球化，客户需求多样化，导致竞争内容更新越来越快，竞争优势的可持续性越来越差，唯有不断创新，才能持续成功。

③风险易控性

协同金融将金融机构、企业纳入同一个有机系统，以系统的视角看待问题，不再针对某一业务或某一机构是否具有商业局限性，而是看产业对整个网络造成的影响。在金融网络运营过程中，依托真实的交易数据，通过引入核心企业的信誉，增加处于弱势地位的中小企业融资可行性。在业务合作过程中，加强各主体之间的信息、人才的交流，强化金融机构对中小企业的了解，减少金融机构获取信息的成本，大大地弱化信息不对称的情况，以达到最大程度降低风险的目的。

④普惠性

协同金融具有普惠性。金融协同网络通过引入专业的征信系统，检测评估中小型企业的交易数据，帮助他们获得金融发展所需的金融资源。在网络内部，通过基础技术共享，帮助中小企业实现数字化转型，提高整体网络的技术水平。

5.1.3 金融协同网络的内容

（1）金融机构内部协同

①银行与保险机构

2019 年 1—6 月全国寿险行业累计保费收入达 19 644 亿元，其中银保渠道 9 327 亿元，占 40.2%。在银邮系寿险公司的总保费收入中银保渠道占比更高，一般占到 2/3 以上，有的高达 90% 左右。寿险公司通过控股银行进行销售活动已经是常态。对商业银行而言，开展代理保险业务，引入保险产品和服务，顺应市场变化和客户需求，有助于改变银行传统单一的业态方式，促进财富管理银行建设。商业银行利用自身丰富的客户资源及销售渠道优势，为消费者提供全面的金融服务，有效满足广大客户在保险保障方面的需求，促进客户资产持续增长。同时，又获得了相当可观的中间业务收入，提高了非息收入占比，有利于改善银行盈利结构①。经过多年发展，银行与保险之间的合作模式，从单纯的代销产品发展到含产品、服务、投融资等为一体的全方位合作模式，合作业务主要涉及产品、服务、投融资及其他深层次合作等②。

此外，银行与保险公司通过开发信用保证险，来弥补融资过程中出现的信用缺失、难测的现象，帮助民营和小微企业解决融资问题。首先，银行和保险公司开展出口信用保险和关税保证保险等业务合作，利用保险产品的增信功能，解决了部分外贸企业融资难以及资金占用成本高等问题，对中国出口竞争力的提升起到巨大作用。其次，银行和保险公司开展创新类保险产品合作，借助政策和资金支持，为科创企业解决缺抵押、融资难的问题。

②银行与创业投资机构

银行和风险投资基金之间的合作对于解决与高风险和高科技中小企业贷款有关的两个最重要问题至关重要：信息不对称和高交易成本。风险投资机构可以更科学地评估科技型中小企业的发展前景和偿还多数股权和利息的能力。银行通过与创业投资机构合作可以降低监管、交易成本等，并且还可以在高新技术企业成长过程中得到收益；对于创业投资机构而言，与银行的合作可以增大企业的财务杠杆，提高股权投资收益率。

③银行与担保机构

中小企业由于业务模式和体量的原因资信水平较低，很难按照正常程序从商业银行手中获得资金支持。如果将担保机构引入贷款程序，将产生两个积极作用，一是商业银行与担保公司之间的信用风险分担，保障贷款业务顺利进行，提高中小企业获得贷款的可能性；二是担保机构比银行更加了解中小企业的经营情况，比银行更具信息优势。担保公司在接管每笔担保贷款业务前，会更加专业地对担保项目进行调查、审查以及风险预估。这不仅可以帮助银行审核项目，降低银行成本，还可以为银行提供一些风险提示。

（2）金融机构与金融科技机构协同

对风险进行定价，并管控风险是金融机构经营能力的体现。金融机构能否在市场中取得稳定的收益，风险管理能力起到决定性作用。信息时代金融业务更替加快，科技对金融的影响也越发深远。科技驱动金融的是安全便捷。金融科技机构利用云计算、区块链、大数据、互联网征信等技术拓展和升级业，有利于降低风险控制成本以及信贷成本。金融科技聚焦支付与信贷，推动创新数字化产品，此外还运用大数据手段整合多个数据源，

---

① 杨旭东.关于银保合作模式重构与创新的思考[J].上海保险，2020，（01）：16-19.
② 蒋平.银保合作如何更好地服务实体经济[J].中国银行业，2020，（07）：33-35+6.

提高数据的准确性、安全性、时效性，为产品迭代、风险预防、智能运营提供有力的支撑。

步入新经济时代，科技与金融变得愈发密不可分，彼此依存、互相作用、互相促进。但当下，科技与金融之间仍存在一定壁垒，金融工作者对科技不了解，懂科技者对金融行业又无从下手，金融与科技不能有机结合。只有在金融机构和金融科技之间架起"桥梁"，双方充分了解对方的机制，才能促进双方共同发展。

（3）金融机构与实体企业协同

金融机构与实体企业之间是紧密相关的，二者利益相互纠缠，是一个利益共同体。在认识上，如何推动金融机构与企业之间形成"利益共同体"是二者协同发展的关键。金融机构中的重要组成部门——银行，更要形成银行与企业本是一体的意识和思想，树立与实体经济之间是互利互惠、共生共荣的服务理念。金融没有实体经济就像大树无根；实体经济没有金融就好比运河无水。为民营企业提供全面的金融服务是银行未来的发展战略，其发展收益潜力巨大。随着市场的发展，占比也会日益增加。

①建立集团财务公司

"东风汽车工业财务公司"的成立被视为产融结合的一个标志和开端[①]。财务公司一般是集团下属子公司，因此，该模式也被称为"内部金融模式"。财务公司也被称为"不是银行的银行"[②]。通常来说，财务公司主要负责企业内部核算、投融资及中介顾问、合理分配金融资源等业务。这些公司致力于集团的内部财务活动，主要负责降低公司交易成本，将资金转移到高收入项目，改善业务计划，稳定利润率等工作。财务集团可以实现外部资金流动的内部重组，对资金进行更加专业化的管理，合理配置资金使用，使资金利用效率最大化，满足集团企业的资金类服务需求[③]。

②参控股模式

参控股模式是现阶段金融与实业协同发展的主流模式，该模式主要可以分为单向参控股和双向参控股两种类型。单向参控股是指为了促进实体经济与金融资本协同发展，获得较高投资回报，一些大型企业集团便采取了向金融机构购买一定股份，从而获得在金融机构内的一定话语权，再通过金融机构来反哺实业。双向参控股模式简单来说就是实体企业在金融机构内有一定控股持股，金融机构在实体企业内也有一定控股持股。例如，广发证券股份公司与吉林敖东公司就是双向参控股模式的代表。双向参控股模式是

---

① 王克馨. 中国产融结合发展模式与路径选择研究 [D]. 东北财经大学，2015.
② 胡瑶. 协同发展产融结合提升企业价值 [J]. 经济研究导刊，2019，（23）：7-8+12.
③ 胡瑶. 开展产融结合提升企业价值 [J]. 经济研究导刊，2019，（23）：7-8+12.

金融资源与产业资源有机结合的渠道之一。这种模式要求企业将资产证券化，同时，要加强与金融机构之间多方面的交流合作，相互监督、协同发展，将金融与实业之间基于"硬性关系"——控制，转变为"软性关系"——信任，最终形成"命运共同体"[①]。产业参股模式参见图 5-1。

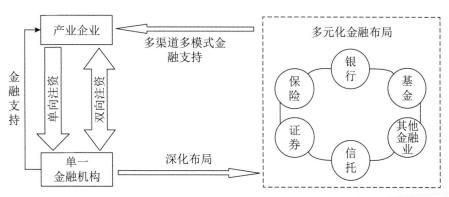

资料来源：经课题组整理所得

图 5-1 产业参股模式

不同的集团根据其自身特性会选择最适合的金融产业进入市场。产业资本注入银行业、基金业、保险业、证券业等外部金融产业，最终发展成为由集团控制的多元综合性金融控股公司。在金融控股公司的总体调控下，各子公司通力合作，充分发挥自身的行业优势、资源优势，产生大于各个单位效益之和的协同效应[②]。

③增设外部金融机构

增设外部金融机构是指具有一定实力的实业集团成立或参股能够为集团发展提供金融服务的财务公司或金融机构。在为集团提供服务的基础上，该机构不断拓展自身的业务范围，为其他企业提供金融服务，并最终与金融市场接轨。增设外部金融机构模式下的产融结合，降低了产融结合成本。子公司对母公司充分了解，母公司也可以对子公司的经营进行直接干预，基于以上两点，金融子公司可以对母公司直接开展业务，服务效率大幅提高。除此之外，子公司还将母公司旗下的各类资源包括闲散资金、专业人才等集中管理，优化了企业资源结构，大幅提高企业整体软实力。

---

① 郝瑾.企业集团产融结合的路径及模式分析 [J].企业管理，2016，(09)：111-113.
② 陈硕.金融控股集团协同发展的路径与对策探讨 [J].管理观察，2020，(17)：153-154.

5.1.4 网络治理理论

（1）网络治理理论的主要内容

学者们对网络治理的研究经历了很长一段时间，但是对网络治理仍没有形成统一的认识和理论。有学者认为，网络管理是一种面向目标的分析工具和方法，而网络被认为是一种与主体效率和管理相联系的柔性结构；也有学者认为网络治理是一种以问题解决和目标导向为核心的治理机制，是一个多主体共享治理的决策和实施过程。

处于网络不同位置的企业拥有资源的属性是不同的。就整个社会来说资源是有限的、不同的，这就导致在生产过程中企业之间相互合作。在对任务导向和调控的过程中企业需要决定如何利用资源及组织方式，且任务的复杂性也深刻影响着企业间的合作战略、合作目标、合作形式。

①网络治理结构

想要治理网络，首先要了解网络的结构。不同的分类标准将网络结构划分为不同的类型，不同类型的网络结构有不同的管理方法。根据网络成员之间的关系与构成结构可以分为共享型网络和领导型网络；根据行业类型，可以分为制造业网络组织、金融业网络组织等。

②网络治理机制

网络治理的目标主要是协调与维护，通过主体间的合约关系、社会关系等，协调网络中各种类型的资源，实现资源的合理配置，扩大信息源，从总体层面降本增效。专用资源、信息以及知识可以通过协调实现共通共享。在一个有机网络中，物质、信息等资源的流动不是局限于企业内部，而是充斥在整个网络中。网络的参与者依据自身发展情况需要从网络中获取相关资源扩大自身的竞争优势。

③治理目标

提高网络决策的科学性是网络治理的重点。网络治理的目的是提高网络整体的协调性，网络节点的多样性，维护网络的稳定，主要包括三个方面：通过对网络性质、目标的理解，达成集体共识约束成员行为；加快信息在网络间流通，提高信息质量，实现信息资源的高度共享；增加信任和融合不同成员的文化，提倡包容文化氛围，避免机会主义和道德风险的产生。与传统的网络组织相比，金融协同网络更加注重主体间的信任、知识共享以及协商能力。因此，在评判治理机制好坏时，不能仅参考治理方法给网络带来物质利益的提高，应该综合考虑主体间知识交流的频率、协商的效率以及整体网络信用的提升等。

④治理原则

网络中的每个主体都是网络的利益相关者，网络中的主体拥有网络所需的专用性资本，每个网络主体都有其独特的位置和作用。因此，每个主体都是网络的治理者与被治理者。在网络治理过程中，应该坚持共同治理、多边治理，加强网络基础设施的建设，充分发挥网络的集体力量，惠及网络各部分，实现双赢或多赢。

金融协同网络能否实现网络的最终目标是评判金融协同网络的核心标准，以结果为导向可以减少人为因素带来的损失。结果为导向原则要求网络治理坚持互惠互利的项目合作原则。从另一角度看，结果导向的治理方式，有利于网络资源利用效率，降低网络治理费用。

金融协同网络涉及多种资源的输入与产出，对不同的主体来说，它们产出的结果是不同的，对结果的评判标准也是不一致的。要坚持结果导向原则，首先应该确定标准，针对不同的业务，制订计划、明确目标以及结果形式，并以文件的形式确定下来，作为后期结果对比的条件。

（2）金融协同网络的治理体系

金融协同网络涉及的不仅是金融机构，还包括政府监管部门、中介机构、实体企业、家庭个人等。因此，金融协同网络治理机制也应该涵盖以上主体。首先，在国家金融监管法律法规的指导下，明确金融协同网络主体以及产品的合法合规性，同时遵循市场经济原则。其次，按照自愿、互利互惠的原则，让网络中各节点单位和个人消费者参与到决策的过程中，使决策更加符合市场要求，满足消费者的切实需要。政府、金融机构、企业、个人等都是金融协同网络的重要组成部分，因此，各方应多渠道积极沟通研讨，共同促进金融生态健康、稳定、高效、有活力地运转[①]。在网络治理机制方面，一定要做到监管、风控、司法、征信、服务五方面的全面协同管理。金融协同网络治理机制参见图 5-2。

①监管系统

金融协同网络需要基于信息和数据的储存系统，构建数据收集保存检测的监管系统，利用区块链技术开放透明、可追溯等优点，建立起安全可靠的数据库，并对数据进行数字化的监管与审核。多方面、多渠道、多层次地收集数据，保障数据在收集、储存、传递时不失真、不片面、不拖延，为数据的检测分析，也为其他四方面建设提供数据基础。

---

① 张臻. 新政出台互联网金融变革时 [J]. 华东科技，2015，(08)：32-39.

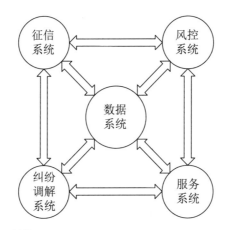

资料来源：经课题组整理所得

图 5-2　金融协同网络治理机制

②风控系统

金融协同网络就是金融机构及其他节点的业务合作机制，凡是金融活动都必须将风控放在前置条件。构建反应迅速的风险防控系统是网络治理的前提，要依托金融科技机构各种征信工具和风险监测评估系统。通过监管系统，对市场的变化、舆论风向等方面的信息进行分析，设计市场风险检测及预警模型，做到"全面监测、及时反馈、快速治理、持续监控"。

③纠纷调解系统

金融协同网络节点之间的纠纷在所难免，作为网络体系，应该有自身调节理念和机制。例如，互联网小额贷款、小微企业互助互保等金融协同项目，必须以规范市场规则、保障金融消费者权益为出发点，整合相关纠纷化解资源，通过运用大数据、区块链等技术提升纠纷解决质效，以科技手段提升司法救济能力。

④征信系统

要构建标准一致有规可循的信用征集系统。无论是个人还是企业的网络征信都已经比较成熟，但是不同的征信系统其评估标准、表现形式均不同，不同征信标准之间的转化、对比规则也不明确。因此，要建立区块链征信平台，统一信用标准，完善中小微企业的信用评估体系，打击重复、多头、恶意借贷现象，成为社会信用体系建设的有益补充。完善大数据征信体系是金融协同网络治理的保证。

⑤服务系统

要构建个性优质的服务系统。金融协同网络的目的之一就是给消费者和金融机构带来更加优质便捷、个性化的服务，缓解中小微企业及个体工商户融资难题。

5.2 金融协同网络的形成

5.2.1 金融协同网络构建

（1）互联网金融协同构建

从互联网金融协同网络的组成成分来看，网络主要包括网络主体和网络环境两个部分。一个功能完备、结构完整的互联网金融协同网络应该包括多样化的互联网金融类型和内外部运营环境[①]。网络主体应包括互联网金融机构、实体企业、政府组织、金融中介组织、居民等；内环境包括硬件设施、业务系统、风险预警系统等；外环境包括经济基础、技术基础、信用体系、监管政策等。

互联网金融机构主要指借助互联网技术、大数据及信用信息，将社会上闲散的经济资源，如闲置资金、技术、设备等，通过一定的金融业务模式，为其他主体提供金融产品或服务。互联网企业是网络中各要素产生和加工的主要场所。金融服务和产品的消费者包括政府组织、企业、公民等，它们利用互联网金融机构提供的金融资源，从中获取价值增值。同时，这些主体也将自身拥有的闲置金融资源提供给互联网金融机构。这些消费者加快了协同网络价值循环，提高了网络的资源利用效率。金融中介机构包括资产清算、法律咨询机构等中介服务组织。在金融协同网络中，这些中介组织能帮助经营不善的互联网金融主体退出金融市场，将不良资产重新转化为可利用的资源。任何形式互联网金融协同网络，其目的是更好、更高效服务消费者和中小企业，协同网络组织不能成为垄断的借口和平台。互联网金融协同网络参见图5-3。

（2）互联网金融协同网络构建过程

迈克尔·波特在其著作《竞争优势》中指出："企业是设计、生产、销售、发送和辅助其产品过程中各种活动的集合体，这些活动构成了企业的价值链。"[②]

---

① 熊小雅. 我国互联网金融生态系统建设进路研究[J]. 中小企业管理与科技（中旬刊），2020，（08）：80-81.
② 迈克尔·波特. 竞争优势[M]. 陈丽芳，译. 北京：中信出版社，2014：126.

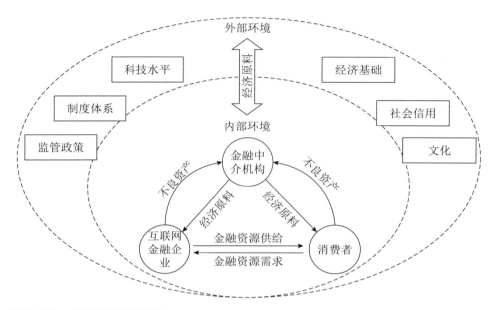

资料来源：经课题组整理所得

图 5-3 互联网金融协同网络

只有从自身客观条件出发形成产业并进一步发展成产业链，互联网企业才能处于优越的经营状态。因此，只有"抱团取暖"，共谋发展，互联网企业才能争取更多生存空间。在同一产业链中的企业应该充分利用自身特有的信息、资源、技术等优势，提高企业专业性。尤其是金融行业更需要增加对高新技术的应用能力，打造具有竞争力的个性化产品，满足用户多样化的需求，才能在同质化严重的金融市场中脱颖而出。位于产业上游的企业要开拓新的商业模式、经营思路，为下游企业提供多样化、定制化的产品，满足下游企业生存发展需求。从产业端来看，信息技术的发展和产业平台的构建为产业完善自身服务、开发产品提供了条件。使得产品价值通过互联网平台迅速传递到消费者和小微企业，反过来，吸引更多用户，就能得到更多数据，形成正向循环。从金融角度来看，互联网金融产业可以将社会闲散资金迅速集中起来，依靠自身流量优势，获取用户数据，并利用大数据技术将资金与资产进行匹配，从而解决整个资金的融通问题。新技术的产生与商业模式的更替要求金融机构与互联网企业，都要打破组织边界，提供跨边界的产品与服务，产生"1+1>2"的效果。

风险控制手段的强弱决定了互联网金融生态系统优化的效果。对于金融行业来说，信用风险是最需要进行控制和防范的。严格把关授信端口，可以起到事半功倍的效果。完善的信用征集体系减少了信用信息获取成本、提升信用价值；增强失信惩戒力度，提高信用评估体系的准确性。随着大数据、云计算等信息技术的发展与成熟，企业信息化程度不断加深,未来征信行业将飞速发展。大数据征信为互联网金融提供强有力支撑。在大数据背景下,任何商业活动和金融业务都将被追溯,可评估。在互联网金融行业中,精准的征信是最基础也是最重要的保证。

克里斯·安德森曾提出:"减少了供给与需求的对接成本就是改变整个市场的内涵。这是一个量的变化"[①]。如今互联网金融行业间发展差距大,并存在大量恶性竞争的现象,给互联网金融生态造成了巨大的破坏。打造一个充满活力的互联网金融协同网络需要多方的合作,各主体要对合作模式进行创新和探索,拓展多元、共赢的合作模式。互联网金融如今已经发展近20年,融入了人们生活中的点点滴滴。不可否认,互联网金融与传统金融之间的竞争关系是必然的,互联网金融也要积极寻求与传统金融的战略合作,促进互联网金融行业内外部均衡发展,规范发展,合法经营,协调各网络主体之间的竞合关系,在合作中竞争,在竞争中合作,促进互联网金融协同网络主体间、网络间的协同共赢。

金融始终是为实体经济服务的,无论金融这只"雄鹰"飞得多高,最终都要落回实体经济"大地"上,无论金融产品以何种方式创新,最终都会传递给实体企业。因此,"互联网+制造业""互联网+零售业""互联网+农业""互联网+服务业"等新商业模式,打破信息不对称,也就是为了降低供给与需求的衔接成本[②]。想要持续减少成本、获得持续竞争优势,仅靠打破信息不对称是不够的。纵向一体化是企业结合自身经营情况,将线上业务下移,与线下实体企业融合,围绕"互联网+"这一主题,进行技术创新和商业模式的探索[③]。

互联网金融风险发生的重要原因是交易之间存在信息不对称。因此,要完善网络监督机制,对互联网金融行业设计进入条件与行业标准;对创始者金融系统性知识体系、风险承受性进行评估;对企业业务模式、财务状况、资金用途等定期进行调查与公开。互联网金融协同网络构建过程参见图5-4。

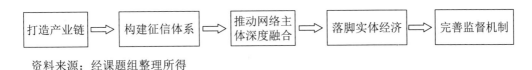

资料来源:经课题组整理所得

图5-4 互联网金融协同网络构建过程

---

① 克里斯·安德森.长尾理论:为什么商业的未来是小众市场[M].乔江涛,石晓燕,译.北京:中信出版社,2015:89.
② 毛唯臻.互联网金融生态构建路径探析[J].当代经济,2018,(19):12-14.
③ 毛唯臻.互联网金融生态构建路径探析[J].当代经济,2018,(19):12-14.

（3）传统金融协同网络的构建

①由产入融

金融的存在是为了更好服务实业。由产而融最典型的例子莫过于美国通用电气公司（以下简称"GE"），GE 向金融业拓展就是为了更好服务实业、促进实业的发展。GE 金融与实业并举的历史，可以追溯到 20 世纪初。1932 年，为了更好地拓展客户资源，GE 组建 GECredit，为客户购买 GE 家电提供融资，开始涉足零星的商业信贷，业务范围从专注技术和制造的实业企业，向金融产业延伸。20 世纪 60 年代末，GE 的金融业务开始试水以飞机设备租赁为主的融资租赁业务，随后逐步拓展到商业信贷、租赁和房地产领域，服务范围和内容进一步延伸和增强。随着 GE 金融业务的盈利能力和独立性不断增强，随后逐渐具备了成为独立板块的条件[①]。

②由融入产

国内华润公司本是做代理贸易起家，但短短几十年间，迅速成长为一个横跨众多板块的大型企业集团，其奥秘就在于投资并购。华润在发展取得如此成就离不开其遵循的一条规律：利用金融资本来整合产业资本，形成一个"收购—兼并—整合"的扩张模式。华润采用控股的方式进入不同产业，而不是采用传统方式，即先把一个行业做大再向外扩张的模式，例如像华润水泥、华润啤酒等都是先打包上市，从中拿到资金，再加大本业的投资[②]。

③产融并举

中信集团在其发展历史的几个大的阶段中，虽然不同的时期发展重点各有侧重，但基本都坚持了产融并举原则。从 1979 年 10 月成立至 1993 年 3 月，是中信公司创立和发展初期，公司在荣毅仁董事长的领导下，迅速发展成为一家集生产、技术、金融、贸易、服务"五位一体"的综合性企业集团。随后经历了不断的发展与调整，时至今日，已经成为拥有金融业、资源能源业、制造业、工程承包业、房地产业及其他业务的综合性大型企业集团。

5.2.2　金融协同网络的运行机制

（1）网络主体的内部竞争

市场是具有竞争性的，不同网络之间有竞争，网络内部也存在竞争。优胜劣汰的竞

[①] 赵歌. 互联网金融对传统金融的挑战与创新 [J]. 科技经济市场，2017，04（317）：103-104.
[②] 鲁娜. 拥有 800 亿元资产的华润要不要相信宁高宁 ?[J]. 环球企业家，2004，(4)：94-97.

争机制是协同网络不断创新、不断进化保持竞争力的保证。一方面，新兴互联网金融机构凭借信息技术在投资门槛、融资途径、交易成本等方面对传统金融企业造成了巨大冲击，市场份额竞争激烈；另一方面，新兴互联网金融机构内部同质化严重，P2P、在线理财、众筹等业务细分领域缺乏差异，内部竞争压力加剧。金融企业竞争机制通过兼并、重组、破产等形式淘汰弱势、违规主体，抑制了互联网金融爆发式生长，有利于提高互联网金融体系建设质量及系统运转效率。金融协同网络内部各主体间首要的是要遵循互利共生、偏利共生的原则。

首先，互联网金融机构与金融科技企业、双边用户及部分其他互联网金融机构间存在互利共生关系。业务平台建设是互联网金融机构对外提供服务的基础，同时，也是金融科技企业的收入来源，二者相互依存，互利共生；双边用户是互联网金融机构的服务对象，互联网金融机构为双边用户提供了投融资平台，二者各获其利，共同生存；互联网金融机构内部如第三方存管机构与网络借贷平台、众筹平台互为运营基础，存在互利共生关系。其次，互联网金融机构与中介服务组织间存在共生关系。金融法律咨询、会计师事务所等中介组织通过为金融企业提供咨询、评估等服务，帮助企业及时识别化解风险，同时，获得自身的推广发展。

（2）网络主体与环境的作用机制

适宜的网络内外环境是金融协同网络生存发展的基础和保障。互联网金融主体的健康状况、业务模式及战略方向依赖金融环境的发展。完善的法律环境和监管政策能引导金融主体规范运营，抑制互联网金融行业的野蛮生长，降低金融系统风险；良好的社会信用体系可进一步优化网络融资环境，减小信息不对称带来的市场风险；高速发展的科技环境则是互联网金融创新的温床，大数据云计算将成为金融创新的重要工具，有效化解互联网金融创新业务模式面临的技术风险，促进金融行业的演化。互联网金融主体在主动适应环境的同时，也直接或间接对生态环境产生反作用力，不断推动金融环境优化[①]。金融协同网络运行机制参见图5-5。

---

① 何欣.互联网金融生态系统：运行机制、缺陷与优化研究[J].中外企业家，2019，(28)：87.

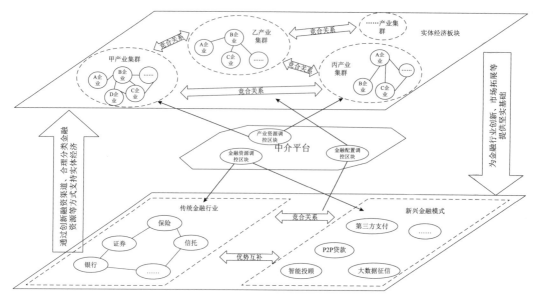

资料来源：经课题组整理所得

图 5-5　金融协同网络运行机制

5.3　案例——以"中信集团"和"蚂蚁集团"为例

5.3.1　传统金融行业的协同网络构建——以"中信集团"为例 [①]

（1）中信集团概况

①中信集团简介

中国中信集团有限公司（简称"中信集团"），其前身为中国国际信托投资。1979年邓小平等六人针对如何吸引外资解决经济建设问题进行了讨论，提出建立中国国际信托投资公司的想法，后由先生亲自审批，荣毅仁先生在 1979 年建立中信集团，金融、实业以及其他服务行业都是其经营领域。中信集团自建立以来就是我国经济体制改革的标志企业，是我国对外开放的重要门户。中信集团也不负众望，在众多行业领域都有较为卓越的探索与创新。通过对境外资金的引进与配置，先进技术、设备以及管理经验的引进，中信集团为中国改革开放事业添砖加瓦，为我国现代化建设做出自己的贡献。中信集团凭

---

① 百度百科 . 中信集团有限公司 [Z/OL]. https: //baike.baidu.com/item/ 中信集团有限公司。

借强大实力取得了卓越的经济效益,赢得了国内外企业的尊重,树立了"大企"形象。

中信集团在"共生共享"理念的指引下,发挥产业资源丰富的独特优势,深化"大协同"商业模式,坚持实业与金融相互依存,传统与新兴彼此促进的原则,促进中国与世界的融合。中信拥有多元业务布局,实体经济与金融服务并驾齐驱,传统动能与新经济共生共存,境内与境外布局相辅相成。正因此,中信拥有独特的综合优势,对内我们倡导协同共享,对外我们开放资源广泛合作,通过资源整合与产业协同,不断打破发展的边界,提升服务的境界,创造共同施展的舞台。三十余年的风雨历程,中信集团已经发展成为集金融与实业一体的复合型跨境企业,金融行业涉及证券、信托、银行、保险、基金等;实体行业涉及基础设施、资源能源、房地产、信息产业、机械制造等。可见,中信集团综合优势显著,发展势头大好。

②中信集团发展历程

中信集团成立以来,其改革和成长大致经历了初创阶段(1979—1984年)、高速成长阶段(1985—1988年)、调整阶段(1989—1992年)、稳步成长阶段(1993年至今)。

在1979—1984年的创业阶段,中信集团主要作用是补齐国民经济的发展短板,通过吸引和利用外资,加强国内的经济建设。除此之外,中信集团还在管理体制、运营模式以及经营范围等领域开展了全面的探索和创新,进行了一系列系统性探索和创新,成为我国首个对外发放债券的企业,拓展融资渠道。成为在融资租赁、境外投资、国际经济咨询等方面第一个吃螃蟹的人。在开展经济活动的过程中,中信集团还致力于国内外先进技术的交流与合作。可以说,中信集团在许多方面都起到了带头作用。

1985—1988年是中信集团处于高速成长阶段。在此阶段,中信集团愈战愈勇,持续地开拓创新,引进并利用外资发展投资行业,公司规模扩张迅速。公司的快速发展使得原有的组织结构不再适合,为进一步提高运营效率,中信集团对组织机构设置进行大刀阔斧的改革。首先中信集团对内部业务进行梳理整合,将重要的业务部门从公司剥离,成立由中信集团控股,经营独立的子公司。独立的子公司专注于各自核心业务,相互竞争、相互合作。随着各子公司的发展壮大,中信集团也成为集制造、金融、服务等为一体的复合型企业集团。

1989—1992年,按照我国对经济发展提出的新要求,中信集团通过加强管理、组织调整、优化资源配置、管控投资规模等系统性改革,达到增加经济效益的目标。

1993年以来,中信集团实现经营策略的转变,从业务拓展为重点的运行模式向集团核心战略落实转换,强化对公司大方向的把控,中信集团步入稳定发展时期。

中信集团发展大事记参见表5-1。

表 5-1 中信集团发展大事记

阶段	时 间	事 件
初创阶段	1979 年 1 月	邓小平、荣毅仁、胡子昂、胡厥文、古耕虞、周叔弢六人针对如何吸引外资解决经济建设问题进行了讨论,提出建立中国国际信托投资公司的想法
	1979 年 7 月	全国人大五届二次会议通过《中华人民共和国中外合资经营企业法》,7月8日正式公布。同日中国国际信托投资公司宣布成立①
	1982 年 1 月	中信公司与野村证券达成协议发行首个海外债券——武士债②
高速成长阶段	1986 年 3 月	中信以 3.5 亿港元收购因挤兑风波遭到严重打击的嘉华银行 92% 新股
	1986 年 8 月	中信利用杠杆租赁收购澳大利亚波特兰铝厂 10% 股权
	1987 年 1 月	中信香港以 19.36 亿港元收购国泰航空 12.5% 股份,成为第三大股东
调整阶段	1990 年 1 月	中信收购泰富发展,更名为中信泰富。中信香港将资产和业务注入中信泰富,中信泰富由小型房地产公司一跃成为超过 30 亿港元的大型上市公司①
	1990 年 2 月	中信斥资 103 亿港元收购香港电讯 20% 股权,成为第二大股东
	1992 年 2 月	中信泰富收购香港最著名老牌洋行——恒昌企业
	1992 年 7 月	公司制定了十年规划和八五计划,确定了"加强管理,提高效益,抓住机遇,积极发展"的基本方针和发展目标①
	1994 年 1 月	国务院明确中国国际信托投资公司为现代企业制度试点。公司确定用经营计划管理取代目标管理方式
	1995 年 10 月	中国中信集团公司、中信宁波信托投资公司、中信兴业信托投资公司和中信上海信托投资公司共同出资组建中信证券股责任公司①
	2000 年 7 月	公司领导班子调换,并实施经营体制重大改革,更名为中国中信集团公司,中信集团新章程获得国务院批准,成为国家授权投资的机构,成立了中国第一家金融业的控股公司
	2002 年	中国国际信托投资公司进行体制改革,更名为中国中信集团公司,成为国家授权投资机构
	2005 年 11 月	中信实业银行改名为"中信银行"
	2007 年 4 月	中信银行 A+H 股同步上市
	2008 年 10 月	中信泰富因外汇期权合约巨亏,面临破产,引发港股震动,中信集团紧急注资拯救
	2010 年 12 月	中信集团将在新一届领导班子带领下,发挥综合优势与整体协同效应,开创科学发展新局面,努力发展成为综合优势明显、若干领域领先、具有核心竞争力的国际一流大型企业集团
	2011 年 12 月	经国务院批准,中国中信集团公司(原中国国际信托投资公司)整体改制为国有独资公司,并更名为中国中信集团有限公司
调整阶段	2013 年 12 月	中信股份(不包括中信泰富)的净资产约为人民币 2 250 亿元
	2014 年 8 月	中信集团将中信股份 100% 股权注入香港上市公司中信泰富,实现了境外整体上市

资料来源:中信集团官网,余逸琦(2017)①,赵民杰(2017)② 等,经课题组整理修改所得

---

① 余逸琦. 国有企业在港整体上市的绩效及其影响因素研究——以中信集团整体上市为例 [D]. 西南财经大学,2017.
② 赵民杰. 中信集团金融综合经营发展模式探析 [J]. 保险理论与实践,2017,(11):90-101.

（2）中信集团业务体系

中信集团可以为用户提供全方位的金融服务，为客户提供综合性的金融问题解决方案[①]，其金融业务涉及银行、信托、保险及证券等。中信集团境内外实业业务涉及金融、资源能源、制造业、工程承包、房地产、信息产业等领域[②]。近些年来，中信集团战略布局更加广泛，涉及现代农业、大健康、大消费、金融科技、企业服务等新兴领域。此外，中信集团采用"互联网+转型"的模式，运用先进的互联网技术将商业模式与组织模式结合，赋予二者新的活力。

中信集团利用多元化金融服务平台不断推陈出新，为客户提供综合性及创新产品，满足客户个性化需求。公司通过旗下的各金融子公司为客户提供综合金融服务，主要包括银行、信托、保险以及证券业务。2019年，中信集团金融业务归属于普通股东，净利润为428亿港元，同比上涨3%，如剔除人民币兑港币的折算影响，净利润同比增长7%。取得如此成就是中信集团不断改善运营、提升经营效率的成果。中信集团金融公司图谱参见图5-6。

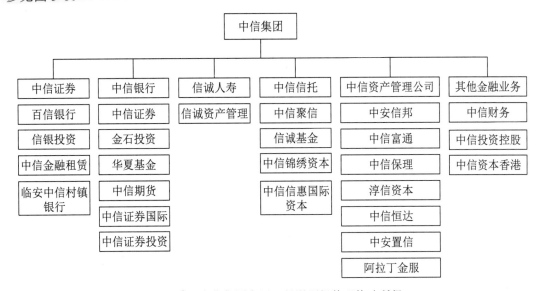

资料来源：赵民杰（2017）[③]、中信集团官网，经课题组整理修改所得

图5-6　中信集团金融公司图谱

1984年荣毅仁根据公司发展需要向中央申请在中信公司旗下成立银行。经由国务院和央行同意，中信集团先成立银行部，并于1987年成立中信银行。作为改革开放后

---

① 黄珊. 互联网金融商业模式研究——以平安集团 [D]. 浙江大学, 2017.
② 百度百科. 中信集团介绍 [Z/OL]. http://baike.baidu.com/view/9593001.html.
③ 赵民杰. 中信集团金融综合经营发展模式探析 [J]. 保险理论与实践, 2017, (11)：90-101

首批商业银行，中信银行积极创新，为我国金融发展做出重要探索。在我国金融发展史上摘得多个第一的头衔，也因此，而名扬中外。自成立以来，中信银行致力于为客户提供有温度、有特色的综合金融服务，成为客户眼中有责任的、受同行尊敬的企业。"平安中信、经营合规、科技立行、服务实体、市场导向、创造价值"是中信银行秉承的经营理念。中信银行坚持"以客为尊"的服务理念，依靠中信集团金融与实业协同网络，给企业、机构、个人等客户提供多元化金融产品与服务，满足客户全范围的金融需求。中信银行在中国内地已拥有逾1 400个网点，其子公司中信银行国际专注境外业务，在香港、澳门、新加坡、纽约、洛杉矶等地拥有30多家营业网点。

中信银行是中信金融板块最大盈利贡献来源，2019年全年净利润同比增长8%至人民币480亿元，其中净利息收入和非利息收入均获得双位数的均衡增长。中信银行持续加大金融科技的投入，加速科技人才的引进和培养，加快数字化转型。

中信证券于1995年由中国证监会核准成立，是我国第一批综合类证券公司，也是我国第一家"A+H股"上市的证券公司。据相关统计，中信集团总资产、营业收入等在行业中均处于领先地位。中信集团持有中信证券15.47%的股份，是中信集团最大的股东。中信证券业务范围涵盖证券、基金、期货、直接投资、产业基金和大宗商品等多个领域，通过全牌照综合经营，全方位支持实体经济发展，为境内外超4万家企业客户与1 030余万个人客户提供各类金融服务解决方案。目前拥有7家主要一级子公司，分支机构遍布全球13个国家和地区，实现中国境内省、自治区、直辖市全覆盖，华夏基金、中信期货、金石投资等主要子公司都在各自行业中保持领先地位。

中信证券以"成为全球客户最为信赖的国内领先、国际一流的券商"为愿景，践行国家战略、服务实体经济，为社会创造更大价值。十余年来，中信证券收入和净利润始终保持领先地位；净资本、净资产和总资产等规模优势显著；各项业务保持市场领先地位。中信证券赢得了国内外众多的奖项，树立了良好的形象，积累了广泛的声誉和品牌优势。

2000年，中信集团和英国保诚集团达成合作，共同投资建立中信保诚人寿保险有限公司（以下简称"中信保诚人寿"）①。中信保诚人寿以"成为中国最好的保险及理财方案提供者"为目标，以"聆听所至，信诚所在"为经营理念①，在产品创新、机构延伸、渠道建设、业务拓展、风险控制等方面积极探索，并制定和实施有效的战略措施，以完善的内控和综合管理机制、优秀的市场活跃度和优秀的专业活动在中国寿险市场广泛开展业务。2019年末，公司总资产达1 041亿元。

中信保诚人寿在发展过程中根据国家发展战略制定企业战略，恪守市场监管规章制

---

① 聚焦"人身+财富"中信保诚推出基石恒利终身寿险 [N]. 北京青年报，2020-11-26（A10）．

度，注重规模与效益的平衡，速度、深度和效度并举地制定地域发展战略。中信保诚人寿始终将客户放在第一位，深入挖掘客户需求，持续开发符合客户个性化需求的产品和服务。公司业务涉及寿险、疾病、医疗、意外、财富管理等多个领域，充分满足客户全生命周期多层次需求的保险产品和服务[①]。丰富的经营经验、成熟的管理机制以及用户为中心的服务理念是中信保诚人寿客户以及 2 万多家企业提供周全、迅速、优质的保险服务。

1988 年 3 月，经金融监管部门批准，中信集团成立中信信托有限责任公司（以下简称"中信信托"）。中信信托经营范围包括资金信托、动产与不动产信托、其他财产或财产权信托，作为投资基金或者基金管理公司的发起人从事投资基金业务，经营企业资产的重组、并购及项目融资、公司理财、财务顾问等业务[②]。中信信托以"信行天下，信惠百姓"为愿景，通过为用户提供综合性金融方案，帮助用户解决在发展过程中存在的资金等问题。中信信托以"无边界服务、无障碍运行"为经营理念[③]，这一理念体现了信托行业整合不同领域资源的功能和作用；揭示了信托服务全行业、全领域的特征；蕴含了信托模式的市场规律、管理原则、运行原则。

（3）中信集团的协同战略

中信集团以集团总目标为出发点制定协同战略，打造具有中信特色的多元协同战略、管理机制以及协同机制。集团内各部分相互协调，实现资源的高效整合、配置与共享，从而提升集团核心竞争力，满足客户需求。多元化协同战略既是中信集团的发展战略，又是其在发展过程中总结的经营哲学。多元化业务是中信集团协同战略的基础，中信的多元化与其发展历程息息相关。中信集团走的是一条创新之路，先是形成生产、技术、金融、贸易和服务"五位一体"的业务格局，后又布局重要行业，完成金融+实业架构的搭建。时至今日，中信业务涵盖多个方面，包括金融、资源能源、制造业、工程承包和房地产以及信息产业等。

在企业经营发展过程中，中信认识到协同的重要性。因为协同能够把集团内各个不相关业务联系起来，发挥出整体优势，提升中信各家公司的市场竞争力，降低市场拓展风险和成本。随着新技术的推动，当今世界已经进入一个共享时代，其中一个重要特点就是跨界协同。这次工业革命无论是规模、广度还是复杂程度，都前所未有，各行各业都在发生重大转变。技术和数字正在改变一切，包括客户的需求期望，他们需要获得更全面的服务和更高的价值。

---

① 朱林. AC 人寿公司竞争战略研究 [D]. 对外经济贸易大学，2020.
② 梁博文. PE 合伙人跟投行为法律问题研究 [D]. 四川省社会科学院，2014.
③ 百度百科. 中信集团介绍 [Z/OL].http://baike.baidu.com/view/9593001.html.

①以客户为中心是协同出发点

不论时代如何演进,企业存在的价值在于客户的价值。坚持不懈地满足客户各类合理需求,全方位地为客户提供优质服务,是企业打造竞争力的有效手段。中信集团的协同战略始终坚持以客户为尊。中信属于一家混合多元化企业,各个业务板块相关性不强,但以客户为中心,可以将各家公司关联起来。比如在面对大众客户领域,与专业化企业不同,中信具有覆盖客户全生命周期需求的业务范围。

从生命的孕育开始,客户就可能与中信的服务结缘,中信湘雅生殖与遗传专科医院是国际上接受试管婴儿治疗人数最多、妊娠率最高的生殖中心①。在成长阶段,客户可以享用中信的综合金融服务,阅读中信出版的书籍,享用中信医疗提供的医疗养老和健康管理服务等。常振明董事长经常提到"中信梦",就是希望消费者和客户能够和中信结缘。他说:"中信是一家大型综合性企业集团,业务涵盖各个方面,这种公司在经营管理上面临很大的挑战。我们主要依靠客户把每个公司连在一起。"

②协同机制

协同是多元化企业存在的理由。中信是在探索中不断推动体系建设,遵循以集团利益最大化、市场化为前提、注重创新与价值共享,以及合法合规与防范风险等基本原则,不断推进协同机制的建设。协同体系的建设,首先要有协同的组织架构。2010年9月,中信设立业务协同部,这可能是中国企业最早成立的业务协同部。对外开展战略合作,对内进行资源整合是业务协同部的主要任务。截至2017年,中信协同部已经与三十余家大型企业和近二十个省市地方政府及部委机构达成战略合作关系,在集团层面统筹合作,借助强大的整体优势,为集团各家子公司获取合作商机②。中信集团在业务协同部的努力推动下建立了有速度、有效率的网络状协同组织体系。

纵向上,中信建立集团协同部(子公司协同主管领导)、协同对口部门(重点分支机构)、协同主管领导和部门等三级组织管理体系③。集团有班子成员直接分管协同;子公司有领导分工负责,并设有业务协同联系人。横向上,中信集团以地区为单位构建协同平台——地区业务协同联席会议机制。中信集团业务协同部总经理苏国新说,集团已经在杭州、成都、青岛等36个城市和地区推动建立起地区联席会议。在一年一度的联席会议上,各单位共享信息、客户与渠道等资源,根据当地政府政策、市场环境、客户需求,开展联合营销,提供综合服务。

---

① 田楠楠. 中信集团再拓大消费领域版图 [D]. 经济参考报,2017-09-29(A14).
② 李全伟. 中信"大协同"战略 [Z/OL]. (2017-05-09). https://www.hbrchina.org/2017-0509/6584.html.
③ 赵民杰. 中信集团金融综合经营发展模式探析 [J]. 保险理论与实践,2017,(11):90-101.

业务协同部在成立之初，即注重制度建设，从共同营销、区域联席会议组织、业务流程、协同激励等多方面建章立制。2011年集团出台《企业战略客户联合营销与服务管理暂行办法》，对战略客户的选择与认定、组织体系、内部程序、沟通交流、协调管理、评价与奖励等联合营销与服务工作中的重要内容和程序进行了明确。由此，协同部牵头集团内重点子公司，与《财富》世界500强、大型央企、行业龙头以及省市地方政府等不断深化和扩大战略合作。中信银行作为地区联席会议主要牵头单位也出台配套制度推进和落实区域协同。制度的有效实施离不开考核体系。苏国新说，集团总部在对旗下子公司经营情况的年度考核中，协同得分也是一个重要指标。除此之外，协同部对子公司经营班子的评分也是绩效考核中的重要指标。中信集团协同网络参见图5-7。

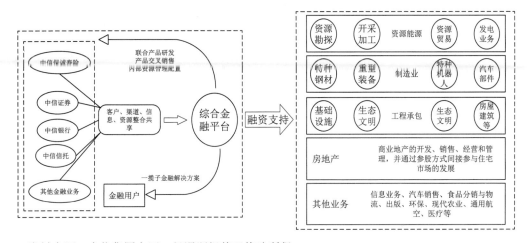

资料来源：中信集团官网，经课题组整理修改所得

图 5-7 中信集团协同网络

③综合金融服务协同

金融的协同是中信协同战略的第一步。"商行+投行+信托"大资管模式合作逐渐成熟，联合开发创新产品，共享渠道资源，实现交叉销售。"商行+投行+信托"大资管模式是在利差主导的发展模式和非利差主导发展模式的基础上，综合发展商行、投行与信托业务。"商行+投行"的商业模式要以客户为中心，以商行为根本，投行为渠道，通过商行与投行的协同配合，更新服务模式与理念，提升企业综合服务能力，逐渐形成一体化的金融服务提供商，从而提高客户吸引力、扩大市场规模，获取更多综合收益，分散各类风险、降低运营成本，实现轻资本、高效率、高质量发展。在发展商行与投行业务中，商业银行对二者的平衡把握尤为重要。在均衡过程中，商业银行还要为客户提供更专业、全面的金融服务，从而增强客户黏性、夯实客户基础，有效延展业务链条、

提升市场竞争力[①]。

中信集团金融协同网络主要包括银行、证券、基金、保险以及信托、期货、投资等业务机构。中信集团金融板块的超级产融结合模式，实现了金融业内部协同高效发展。中信集团针对地区的银行、证券和期货等分支机构的物理网点资源进行整合，并通过建立统一信息平台，进行共享。在完成统一客户服务中心、灾难备份中心、中信金融网、金融移动平台、证券集中交易所等子系统建设后，利用网上环境发行中信"金融通"，实现物理网点为支撑的虚拟混业经营。

利用中信金融网，积极开展银行、证券、保险、基金、信托港股交易为一体的综合金融服务。开发中信金融通、中信贵宾理财、中信金融账户通等交叉产品。各金融总部和地区分部建立一支包括银行、证券、保险、基金等金融子公司的专家服务团队，为中高端客户群体提供私人定制财富管理及银行服务[②]。此外，中信银行和中信证券联合开发企业短息融资券项目，共同参与部分大型企业融资项目，组织金融子公司联合营销证券投资基金、集合理财产品和保险产品，在产品营销合作及客户资源管理综合运用上实现了高效率。

④金融与实业协同

中信集团通过建立项目分类基础数据库和客户关系管理系统，推广和完善子公司合作制度等措施，金融业务与实业协同效应得到充分发挥，综合优势持续放大，持续促进中信集团整体发展。在中信集团发展过程中，虽然各阶段侧重点不同，但基本上都坚持了产融并举的原则。

中信通过建立项目分类基础数据库和客户关系管理系统，推广和完善子公司区域合作制度等措施，建立和完善业务协同机制，发挥综合优势和协同效应，组织境外子公司和重点项目交流工作经验，并利用海外办事机构促进业务合作与发展。

⑤外部协同

中信集团不仅致力于集团内部协同网络的构建，还致力于与集团外部合作伙伴共同制定战略协同，建立外部协同网络，在集团间统筹协同和配置资源。一方面通过联合营销模式，提升子公司市场竞争力，建立与战略大客户的业务对接；另一方面，通过协同为战略大客户提供综合解决方案和满足其拓展海外市场等特定需求。在与政府机构合作过程中，中信集团协同部首先对当地子公司资源与业务进行梳理，在推动项目落地与实

---

① 陈振宇. 兴业银行温州分行"商行+投行"业务发展模式研究[D]. 兰州理工大学，2019.
② 张利国. 中信集团，超级产融结合模式[Z/OL]. (2020-8-20). http://www.360doc.com/content/20/0813/17/71134393_930157829.shtml.

施的同时，积极与当地政府合作[①]。例如，2019年9月中信集团与石家庄市政府在地区基础设施建设、金融资源配置、城市环保等领域展开合作，并取得显著成效。石家庄政府表示希望中信集团继续发挥资金、技术、管理方面的优势，进一步深化与石家庄的合作，促进双方互利共赢、共同发展。

5.3.2 新兴互联网机构金融协同网络的构建——以"蚂蚁集团"为例

（1）蚂蚁集团的概况[②]

①蚂蚁集团简介

蚂蚁集团全称为"蚂蚁科技集团股份有限公司"，是移动支付平台支付宝的母公司。蚂蚁集团将数字技术赋能农业、服务业、制造业等，致力于用科技赋能升级现代产业。蚂蚁集团在发展过程中不断拓展关系边界，构建基于互联网的新兴协同网络，携手网络成员共同为网络参与者、消费者、中小企业等利益相关者提供普惠、持续、绿色的服务。[②]

蚂蚁集团成立之初就以构建完善的互联网信用体系，打造开放普惠的商业生态系统，帮助合作伙伴和金融机构在互联网新情境下对商业模式和组织结构的升级，为小微企业和个人消费者提供普惠金融服务[②]。经历了十余年的发展，蚂蚁集团从一个支付工具发展成为一个综合的金融服务平台。以蚂蚁集团为基础构建的协同金融网络基本形成，该网络主体涉及互联网企业、金融机构、中小企业、个人消费者等；业务涵盖支付、储蓄、基金、保险等。蚂蚁集团的协同体系主要可以分为三块内容：基础技术体系、内部业务体系和外部合作体系。基础技术体系涉及人工智能、大数据、区块链、第三方支付等互联网技术；内部业务体系包括支付业务、征信业务、银行业务等；外部合作体系包括银行、证券、保险等金融机构和政府部门等。

②蚂蚁集团发展历程

蚂蚁集团的成立可以追溯到支付宝的诞生。支付宝的本质是第三方担保机构，其最初的作用是为了解决在交易过程中的信用问题，保护商家和消费者的利益。2011年，蚂蚁集团脱离阿里巴巴独立运行。从一个信用担保工具到全方位的金融、生活服务平台，蚂蚁集团凭借其强大的创新能力不断地拓展商业边界，提供着支付宝、余额宝、蚂蚁花呗、蚂蚁借呗、蚂蚁森林、网商银行等一系列为人熟知的服务。截至现在，蚂蚁集团通

[①] 刘广. 中信集团：共生共享创建品牌新基因[J]. 企业文化, 2020.
[②] 蚂蚁官网. 集团介绍[Z/OL].（2020-01-30）. https://www.antgroup.com/about/introduction.

过其产品、技术与场景不断拓展深化，已经成为构建金融生态的领军企业。纵观蚂蚁集团协同网络的发展，基本可分为四个阶段。

第一个阶段是 2004 年到 2007 年，当时的支付宝只是阿里系产品的第三方支付工具，建立了担保支付体系及虚拟账户体系，初步形成了完善的信任体系。在初步解决了商家与消费者之间的信用问题之后，阿里的管理层认为支付宝不应该仅仅局限于淘宝网的一个应用工具，更应该以一个独立产品的形式为电子商务服务。2004 年 12 月，支付宝脱离淘宝网独立运行，并先后与中国银行、建设银行等达成战略合作，开拓海外市场，用户可以直接用人民币在一些境外网站进行结算。

在这一阶段，网络消费还处于初步发展阶段，支付宝外部拓展性较低，应用场景较少，主要客户依旧是淘宝。此阶段支付是支付宝的主要应用功能，而支付是要与场景结合的，这也就说明支付宝的独立发展要以互联网电子商务的发展为摇篮，拓展应用场景。

第二个阶段是 2007 年到 2010 年，2007 年是阿里巴巴发展的关键时期，当时的阿里市值大约 100 亿美元。淘宝在急剧扩张之后，下一步该如何走引发了非常激烈的内部讨论。而在企业内部支付宝与淘宝之间的争端也日益突出：究竟是把支付宝定位为淘宝的一个职能，还是令其独立发展。在当年 9 月的阿里巴巴战略会上，经过激烈的讨论，把阿里巴巴战略定为"建设一个开放、协同、繁荣的电子商务生态系统"。

2007 年，建设银行携手阿里采取了新一轮的全面合作，启动暨全国首批网商"e 贷通"贷款发放仪式在杭启动。建行与阿里的合作填补了银行与小企业之间的鸿沟，将网络信用引入到贷款参考标准中，不单纯依靠企业的固定资产进行担保，打破了小企业资金来源束缚的局面。2008 年，支付宝正式将公共事业性缴费纳入自身业务，用户可以通过支付宝缴纳日常费用，如水电费、煤气费等。另外亚马逊、京东商城、红孩子等 B2C 公司也和支付宝达成合作关系。2008 年与艺龙达成合作，2009 年 1 月与携程达成合作，同年 2 月与芒果网达成合作，至此，支付宝与国内三大在线旅游公司建立合作伙伴关系，2010 年底，支付宝用户突破 5 亿，除淘宝和阿里巴巴外，超 46 万商家店铺可采用支付宝进行支付。支付宝通过与银行、旅游机构等合作，拓展自身应用场景，开始服务淘宝以外的商家，为消费者提供更多的消费场景。

第三个阶段是 2011 年到 2013 年。2011 年 5 月支付宝获得中国人民银行颁发的首批第三方支付牌照，货币兑换、互联网支付、移动电话支付等业务均被囊括在内。支付宝、财付通等公司取得合法第三方支付牌照也意味着第三方支付无序状态的结束、新一轮业务深耕的开始。2011 年 7 月，支付宝推出条码交易模式，进军线下支付市场，消费者无须使用银行卡，只要通过移动端扫描条形码就可实现支付，支付宝用远程支付模拟近场支付，推行线下支付网络化发展。2013 年，支付宝的母公司宣布将以自己为基础筹建小微金融服务集团，将服务对象定位于小微企业与消费者，并且与天弘基金合作推出了余额宝理财产品。

这一时期第三方支付市场已相对成熟，支付宝经营重心转为客户导向，考核也转变为以"支付成功率"等以用户价值为核心的指标，使得公司成功把握住了移动互联网的发展趋势。随着服务业务的不断深化，支付宝从单一的支付担保手段发展成为服务各行业的支付平台，逐渐融入人们的衣食住行之中。这一时期的决策对支付宝日后的转型产生了深远的影响，产品从 PC 端走向移动端，巩固了公司的发展，使用户可以更加便捷地享受服务，并逐渐发展成为人们生活中必不可少的移动生活平台。

第四个阶段是 2014 年至今，2014 年支付宝开始了新一轮的战略调整，决定全面转型为一家互联网金融机构。同年 8 月，小微金服打造了名为"招财宝"的全新理财平台。"招财宝"是一个金融信息服务平台，在恪守政府法律法规和市场监管的前提下，收集个人投资者信息与金融资源需求者的信息，并进行人工智能匹配。并且，"招财宝"还与专业的金融机构进行合作，对融资项目进行风险评估，充分保障投资者的利益安全。随后小微金服正式升级为蚂蚁集团，以支付宝为基础底层，随后开发了"余额宝""芝麻信用""蚂蚁花呗""蚂蚁借呗"等金融产品，集团业务随之拓展到理财、信用、保险、借贷、小微企业融资等多个领域。不难看出，这一阶段公司的产品真正得到了多元化发展，大数据征信技术也升级到 3.0 阶段，在分布式系统分布式业务上实现了真正的智能管控，并将管理和技术输出到更多国际化市场，赋能国外企业发展。

经过十余年的积淀，蚂蚁集团从一家定位于服务单一市场的支付工具，成功转变为一家多产品、多市场、多盈利点的综合性互联网金融服务平台。此时蚂蚁的协同生态网络基本建成，合作机构包括政府机构、银行、证券、保险、基金等金融机构、企业消费者、个人消费者等，服务业务包括贷款、理财、生活缴费等。2020 年，蚂蚁金融服务集团再次更名为"蚂蚁科技集团股份有限公司"[①]。在此之前，蚂蚁集团手持多张金融牌照，业务涉及支付、保险、信贷、基金等各个方面，让外界更容易相信它是一个"金融企业"。此次更名"去金融，重科技"味道十足，这种转变意味着蚂蚁集团将业务重心转移到为客户提供更加具有价值的服务上，强调科技、数字化与服务的作用。

根据艾瑞咨询和奥维咨询研究，分别按照支付交易规模及数字金融交易规模计算，

---

① 韩洪灵, 陈帅弟, 陆旭米. 金融监管变革背景下蚂蚁集团估值逻辑研究——基于科技属性与金融属性的双重视角 [J]. 财会月刊, 2021（01），13-22.

蚂蚁集团是中国领先的数字支付提供商和领先的数字金融平台①。截至2020年6月30日，12个月内，通过蚂蚁集团平台完成的中国内地总支付交易规模达到118万亿元人民币。通过蚂蚁集团平台完成的国际总支付交易规模达到6 220亿元人民币。

截至2020年6月，支付宝APP服务超过10亿用户和8 000万商家，基于广泛的用户基础，蚂蚁集团向金融机构合作伙伴提供数字化金融技术支持、客户触达及风险管理方案，帮助其提供消费信贷、小微经营者信贷、理财及保险服务。通过支付宝APP，消费者可以获取全方位服务，包括数字支付服务，消费信贷、理财等数字金融服务，还可以享受外卖、出行、娱乐服务等由第三方提供的日常生活服务；商家可以接收付款，获取数字金融服务。还可以利用支付宝提供的科技平台设计个性化小程序，提高运营效率、吸引流量；基于蚂蚁集团的智能商业决策方案、动态风险管理解决方案及技术基础设施，为金融机构提供技术支持，开展协作。金融机构通过蚂蚁集团平台提供信贷、理财和保险服务。

（2）蚂蚁集团的业务体系

金融业务的本质是客户、资金、场景、技术的结合。蚂蚁集团从一个第三方支付工具到互联网金融的领军者再到金融科技平台，在发展过程中，蚂蚁集团完美地演绎了引流—变现—赋能商业逻辑。

①第三方支付业务

第三方支付是指具备一定实力和信誉保障的独立机构，通过互联网技术完成促进用户资金的流通。第三方支付进一步可细分为移动支付和互联网支付。移动支付是指客户利用移动端电子设备以电子货币的形式完成交易，它将互联网、移动设备、PC端设备、金融机构等有效地联合起来，形成了一个精确高效的支付体系②。艾瑞咨询数据显示，2019年我国第三方支付交易规模达到220.2万亿元，同比增长15.6%；移动支付业务规模占比超60%。

移动业务在我国的发展主要经历了三个阶段。2013年到2017年是第一阶段，这一阶段主要是由线上场景驱动移动支付的快速增长，电商、互联网金融等都是主要推动力。2017年到2018年是第二阶段，这一阶段线下场景驱动移动支付的快速增长，2017年开始，线下二维码支付规模爆发式增长，线下场景的增速远高于线上场景，引领移动支付由线上驱动向线下驱动转变。第三阶段指2019年至今，这一阶段是产业支付驱动阶段。产业支付是指支付机构面向不同规模、不同产业的企业提供集群支付、财务管理、资金

---

① 汪子旭. 蚂蚁集团上会在即 监管政策影响引关注 [N]. 经济参考报，2020-09-17（A07）.
② 董悦，马坤. 移动支付风险及应对策略研究 [J]. 电脑知识与技术，2018，14（28）：291-293.

管理、营销等服务于一体的支付商业模式。目前，第三方支付市场格局基本稳定，形成支付宝、财付通两大支付巨头的格局。2019年中国移动支付支付宝市场份额54.4%，在C端的支付业务中，支付宝还是稳坐"第一把交椅"。

数字支付作为蚂蚁集团业务的起点，发挥着重要的引流作用，是蚂蚁集团"基石"业务。在完善线上线下支付布局后，蚂蚁集团在支付场景持续布局。自蚂蚁集团2104年成立以来，蚂蚁集团的支付场景拓展至网上购物、线下零售、生活缴费、游戏充值、政务、医疗、理财等。蚂蚁集团2017—2019年，公司收入分别为654.0亿元、857.2亿元、1 206.2亿元，2017—2019年综合增速为36%。

第三方支付机构在收款方与借款方之间搭建了一条高速公路。用户通过支付宝APP可以随时随地完成资金的转移和清算，同时，收取一定的手续费作为回报。第三方支付业务是支付宝的核心业务，是蚂蚁集团的命脉。蚂蚁集团依靠移动支付业务支付宝吸引了大量的客户，为其他业务的开展打下了坚实的基础。目前支付宝拥有超10亿用户，日活跃率超过7亿，是蚂蚁集团重要的用户数据来源。客户在使用过程中所产生的数据成为了蚂蚁集团创新的源泉。随着支付场景的拓展与深化，支付宝的服务类型更加丰富且具有针对性。并逐渐衍生出其他的业务模式，如利用用户消费偏好设计金融产品，利用用户交易数据进行大数据征信等。

支付宝基于海量用户，以小程序为主要载体，将强大的支付、营销、安全能力开放给第三方合作伙伴，帮助其创建更具竞争力的应用，让用户获得更丰富的体验，让平台生态更加繁荣，最终实现多方共赢。支付宝诞生之初的作用是第三方信用担保机构，保护商家和顾客的财产安全。经过不断的发展，已经成为集支付、生活服务、理财、信贷于一身的综合性开放平台。

第三方支付运行机制参见图5-8。

②征信业务

蚂蚁集团旗下设有独立的征信机构——芝麻信用。芝麻信用将大数据、人工智能、云计算等先进技术应用到征信环节中，从人们日常行为数据来客观分析、全面呈现个人的信用特征，是大数据征信的典型代表。芝麻信用是一家旨在构建简单、平等、普惠商业环境的信用科技企业，是蚂蚁集团生态体系的重要组成部分。芝麻信用的数据来源主要有两个，一是用户在阿里巴巴的电商交易数据；二是蚂蚁集团的互联网金融数据，其次，还会收集来自政府、社会关系等方面数据。芝麻信用的评估对象大体可以分为两类——个人和企业。

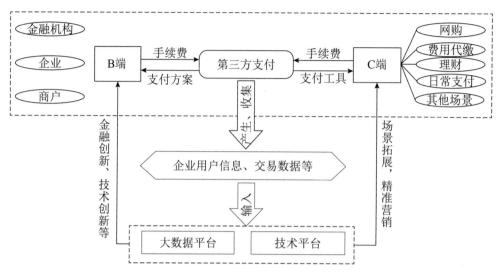

图 5-8 第三方支付运行机制

个人信用的评估主要依靠个体消费数据，其表现形式为芝麻分。良好的个人信用可在生活、出行、租赁等方面得到累积。基于自身风险传播模型，蚂蚁建立了针对企业的信用评估系统，从企业的不同维度来对可能发生的金融风险进行预测，对企业整体的信用进行刻画。该评分具有数据采集的广谱性、评价方法的先进性、结果应用的广泛性三大特点，分值为 1 000～2 000 分，分值越高代表信用风险越低。企业信用评分可以帮助金融机构和企业对客户、合作伙伴等进行独立及个性化管理，利用量化评估指标建立相应的风险策略。企业信用报告提供了企业的全息信用画像，通过将工商、司法、海关、经营记录、企业及法人对外投资等广谱多维的数据相融合，深入刻画企业的整体状况。

③数字金融

蚂蚁集团以支付宝为核心，各类支付场景为流量入口，拓展数字金融服务，构建一站式的金融服务体系。自成立以来，蚂蚁集团不断地对外投资，拓展边界。

对于互联网金融机构来说，拿下一张金融牌照已经是不易之举，能拥有七张金融牌照可以称得上是壮举了。截至 2020 年 8 月，7 张重要的金融牌照蚂蚁集团已经全部收入囊中。其中网商银行、网络小贷、基金销售、第三方支付牌照属于控股形式，保险牌照和证券牌照则为参股形式。与苏宁金服一样，蚂蚁集团二季度也获得了较好的利润。蚂蚁集团金融牌照布局参见表 5-2。

表 5-2 蚂蚁集团金融牌照布局

牌照类型	金融牌照	牌照主体	获取时间
支付	第三方支付 基金销售	支付宝	2011 年 5 月 2012 年 5 月
小贷	网络小贷	蚂蚁小微小贷 蚂蚁商城小贷	2013 年 8 月 2011 年 6 月
基金	基金管理 基金销售	天弘基金 数米基金	2013 年 6 月 2015 年 4 月
保险	车险、财险 相互保	众安保险 国泰产险 保进保险	2013 年 3 月 2015 年 9 月 2017 年 7 月
银行	民营银行	网商银行	2014 年 9 月
征信	企业征信	芝麻信用	2016 年 7 月
众筹	股权众筹	蚂蚁达客	2015 年 6 月

资料来源：李亚平（2019）[①]，经课题组整理修改所得

阿里巴巴披露的财报显示，2019 年二季度阿里巴巴实现营收 1 149.24 亿元，同比增长 42%；不按照美国通用会计准则计量的净利润为 309.49 亿元，同比增长 54%。值得一提的是，来自蚂蚁集团特许权使用费和软件技术服务费收入为 16.27 亿元（约 2.37 亿美元），上年同期为 9.1 亿元。若按此前约定的 37.5% 的利润分成协议计算，蚂蚁集团二季度利润约 43.38 亿元。而在 2018 年的三、四季度，蚂蚁集团曾出现过亏损。据阿里巴巴财报显示，2018 年第三季度蚂蚁集团应当支付给阿里巴巴集团的特许服务费和软件技术服务费为 1.32 亿美元，按照比例，蚂蚁集团当季度亏损 3.52 亿美元。2018 年第四季度财报同样也显示，蚂蚁集团出现了约 7.2 亿元的亏损。

蚂蚁集团协同性的重要表现之一是为金融机构提供产品平台，包括理财平台、保险平台和信贷平台。首先，2013 年支付宝与天弘基金对接创新性推出余额宝货币基金，支持消费者即时赎买，并且可以用于日常消费，具有操作简单、门槛低、零手续费等特点。随着理财人数的增多，企业开始引入第三方公募基金管理公司，在余额宝旗下提供更多的理财产品。理财平台对每个个体的消费行为、风险偏好以及财力情况进行分析，智能匹配理财产品。通过个性化推荐把高质量、高契合度的产品呈现给消费者。支付宝利用其广泛的客户规模、交易数据以及创新技术帮助金融机构打造出多元化具有竞争力的理财产品。

蚂蚁集团以"让每个家庭都有保障"为愿景，聚焦长尾市场，与众多保险公司合作，致力于为每个家庭提供安全可靠的保险产品。支付宝保险体系包括健康险、寿险、意外

---

① 李亚平. 我国互联网银行经营模式与效率研究 [D]. 浙江大学，2019.

险等。为了普及正确的保险知识和理念，平台还为用户提供专业讲解、智能需求评估、产品查询以及在线问答等多样化服务。目前，蚂蚁集团与合作伙伴在支付宝平台推出"相互保""好医保"等普惠、简单、便捷的保险产品，大规模地提高了用户对健康险及寿险产品的认知和使用。支付宝平台与阿里巴巴生态系统规模庞大，商业行为联系紧密，使得蚂蚁集团得以探索保险创新，以充分满足消费者和商家的需求[1]。

蚂蚁集团是中国率先向小微企业提供信贷服务的线上无担保机构之一。通过智能决策和风险管理，实现对小微企业信贷模式和消费信贷的革新。贷款业务主要是面向大多数被传统信贷模式拒之门外的小微企业和个人消费者。个人消费者可以通过支付宝 APP 入口，享受花呗、借呗等信贷业务；小微企业则可以通过网商贷产品进行信贷。

除此之外，蚂蚁集团利用自身用户基础和数据沉淀，帮助金融机构打造更加安全、贴合市场的金融产品；为贷款机构提供信贷决策和信贷发放。金融机构也可以利用蚂蚁集团平台进行产品投放。根据促成产品交易额或通过提供其他增值服务等，蚂蚁集团从中收取服务费。

2020 年 6 月，蚂蚁集团改名为"蚂蚁科技集团股份有限公司"。此举颇有"去金融，重科技"之意。关于此次更名的含义，蚂蚁集团是这样解释的："新名字代表着蚂蚁集团服务全社会和经济数字化升级需求的决心，但是蚂蚁仍旧是那个蚂蚁，不断创新，始终以用技术为全球消费者和小微企业创造价值为初心。"从更名中我们可以看出蚂蚁集团正处于从 Fintech 向 Techfin 的转型期，具备"BASIC"的科技核心，主要业务聚焦科技产品及解决方案输出，目前已经形成了以数字金融、区块链、监管科技三大领域为主的技术产品与解决方案[2]。蚂蚁集团业务规模见表 5-3。

表 5-3 蚂蚁集团业务规模

业务类型	业务规模	金融机构合作伙伴	国内市场排名
微贷业务	消费信贷：17 320 亿元	约 100 家银行	第一
	小微经营者信贷：4 217 亿元		第一
理财业务	资产管理规模：40 986 亿元	约 170 家资管公司	第一
保险业务	保费及分摊余额：518 亿元	约 90 家保险机构	第一

资料来源：蚂蚁集团招股文件书

---

[1] 李亚平. 我国互联网银行经营模式与效率研究 [D]. 浙江大学, 2019.
[2] 天风证券. 非银金融行业研究报告：天风证券—非银金融行业深度研究：蚂蚁集团，从支付工具到数字金融服务体系 -200908[R].2020-09-08.

④数字生活

2020年新冠肺炎疫情的爆发，加快了人们数字化生活的脚步。支付宝很快研发并推出健康码、消费券，让高龄人群也开始尝试数字化生活，同时也推动各行各业转型升级，催生了数字经营规划师、数字营销师等新职业，这其中数字平台成为了重要助力。支付宝已经从一个支付工具，成长为一站式数字生活服务平台。通过开放平台战略，引入数字金融、政务民生、本地生活等领域服务商，为消费者提供一站式数字生活服务。2020年5月20日，蚂蚁集团董事长胡晓明在合作伙伴大会上表示："数字生活新服务将是下一个十年最大的互联网红利"[①]。同年3月，支付宝正式宣布以数字化服务为焦点，把支付宝打造成为数字生活服务平台。各行各业纷纷入驻支付宝，通过小程序功能设立自身线上办事平台，形成线上线下协同发展的全面数字服务体系。

支付宝平台通过"移动支付＋民生政务＋本地生活"，覆盖C端生活服务全周期。以数字支付为核心，数字金融为基础，蚂蚁集团积极开拓支付宝应用场景，加强与第三方服务机构、实业企业合作，构建起一个涵盖衣食住行的全面的生活服务平台，给超10亿用户带来全方位的生活、金融等服务。随着生态的日益丰富，用户黏性也逐渐增强，从最初支付工具、转账工具，到水电煤气缴费、理财借贷，再到看病就医、蚂蚁森林、蚂蚁牧场、购票出行；直至疫情健康码、线上政务、消费券，支付宝平滑地将老百姓的普通生活服务完成华丽的数字化升级。开放的平台使得支付宝从一个简单的支付工具发展成为一个集金融、生活为一体的服务平台。截至2020年6月底，支付宝APP内部小程序超200万个，每一个小程序消费者均可通过搜索快速抵达。小程序的快速发展为商户拓展客户、提供服务提供了新渠道，从而显著提升用户体验。各式各样的小程序拉近了用户与商户、政府办公机构的联系，不仅提高了支付宝用户的活跃度，还是人们享受数字生活的重要端口。数字支付、数字金融与数字生活服务三者相互依赖、相互支撑，形成良性循环，"三力"合成一处，共同推进蚂蚁集团的发展，成为蚂蚁集团前进的动力和创新的源泉。蚂蚁集团业务布局见图5-9。

⑤网商银行

蚂蚁集团发起设立了基于云计算框架的网商银行[②]。网商银行是我国首家被银行业监督管理委员会批准成立的民营银行之一，它将自己比作互联网银行的先驱者和探索者，致力于为广大中小企业、个人用户提供金融服务，为普惠金融的发展做出自己的贡献。

---

① 一台无人售货机里的科技变革[N].新京报，2020-10-30（A13）.
② 詹雪龙.十六年十大关键事件[J].浙商，2020.

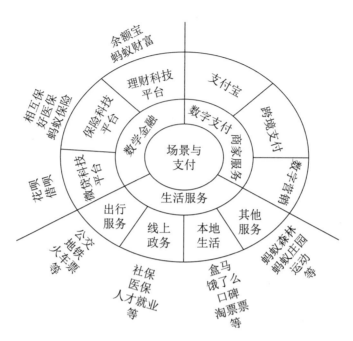

资料来源：中产研究院、蚂蚁官方网站，经课题组整理所得

图 5-9 蚂蚁集团业务布局

网商银行作为国内首家互联网银行，业务采取网上办理的模式，无现金交易、无物理网点。网商银行将普惠金融作为自己存在的目标，利用先进的互联网技术、数字技术，通过渠道和模式的创新来解决小微企业融资的痛点问题、完善农村金融服务等，促进实体经济发展。得益于强大的金融云计算平台，网商银行在处理金融交易、海量大数据和弹性扩容能力上遥遥领先，利用互联网和大数据的优势满足小微企业的金融需求。网商银行的模式像是一个中介，银行希望贯彻十九大指出的普惠金融思想，触达小微商户，达成精准扶贫、精准脱贫的目标。而蚂蚁集团的"码商"大多数是小微商户，是普惠金融的目标群体。网商银行就成为了银行与小微商户的中间人，通过开放优势场景，开放技术能力，提供二者达成交易的环境。

淘宝、天猫、1688 等平台的多年运营为阿里系涉足金融提供了足量的用户、数据、技术等优势。阿里巴巴、蚂蚁集团为网商银行提供了充足的技术支持。网商银行是一家"云"银行，阿里巴巴和蚂蚁集团研发的数据库——OceanBase 保障在高强度交易时运行安全性[①]。金融云计算平台赋予网商银行强大的风险承受能力和信息存储、处理和分析能力，帮助网商银行高速、高效地处理金融交易。除此之外，网商银行利用蚂蚁金融

---

① 邓丝元. 浙江网商银行小额贷款模式分析 [D]. 辽宁大学，2018.

云技术不断地在场景金融、普惠金融、乡村金融、平台金融等方面进行探索,给中小微企业、农村经营者和农户等提供更加全面的金融服务。网商银行业务模式见图5-10。

资料来源:经课题组整理所得

图5-10 网商银行业务模式

(3)蚂蚁集团的协同网络

①业务协同

数字金融、支付场景、数字生活、科技服务是拉动蚂蚁集团前进的四大马车。在这四驾马车的拉动下蚂蚁集团诠释了互联网企业"引流—变现—赋能"的商业逻辑。数字支付是蚂蚁集团协同体系中的核心,解决了非面对面交易过程中信用问题,大幅提高资金流通速度、交易效率。蚂蚁集团通过第三方支付将用户与电商紧紧握在手中,将行业先行者优势转化为入口优势,培养用户习惯,使用户形成路径依赖,从而带动流量规模、利润水平以及其他业务板块的快速发展与壮大[1],综合提升企业的竞争实力,巩固市场地位。入口优势、路径依赖是蚂蚁构建全方位协同网络的重要推动力,也是蚂蚁协同网络的优势所在。这一优势将对蚂蚁的业务流程的升级产生深远的影响,是蚂蚁集团获取资源优势的重要渠道,进而促进蚂蚁对创新产品和服务的探索,使平台的资源发挥效用,促进网络的业务细分,以建立单一的金融服务网络,发展多个业务领域的合作。数字支付的物质收入包括接入费、服务费、资金费等;无形收入包括用户信息、交易数据等。物质收入不仅是数字资金自有资源的重要来源,作为收入,支付交易直接将高效的客户转移到其他蚂蚁集团公司,并通过客户信息和消费数据为信用研究提供数据支持,为数字资金的发展提供信用保障。

在普惠金融的蓝图下,开始在互联网财富管理和互联网信贷领域展开业务布局互联网财富管理领域,蚂蚁金服以余额宝颠覆理财代销的想象空间,创造基金募集上的多个奇迹。随后业务布局深入保险代销,联合众安保险革新保险产品的销售模式和定价模式。

在理财方面,2013年蚂蚁集团联合天弘基金推出"余额宝"产品[2]。"支付+理财"

---

[1] 张钰.互联网金融企业的盈利模式——以蚂蚁金服集团为例 [D].河北经贸大学,2017.
[2] 陈荣达,林博,何诚颖,金骋路.互联网金融特征、投资者情绪与互联网理财产品回报 [J].经济研究,2019,54(07):78-93.

这种理财模式具有"普惠、安全、大众化、灵活"等特点，使得余额宝一经推出就具有强大的市场竞争力，打开了理财新模式。除此之外，蚂蚁集团还推出"蚂蚁财富"一站式理财平台①。面向长尾用户构建全产品体系，为净值型业务提供用户基础，向全生命周期理财平台升级。从增量客群看，蚂蚁从年轻小白客户出发，当前用户基数下必须思考如何服务更高端客群。从存量客群看，蚂蚁全平台理财用户 85 后占比 56%。此类长尾客群过去 5～10 年多处在原始资本积累阶段，理财需求和理解都较为初级。随着客户年龄增长，逐步成为社会财富的中坚力量，如果不向上拓展服务半径也将面临客户的流失。丰富产品体系，以满足用户递进的理财需求。在余额宝完成用户渠道触达积累后，从用户需求出发，蚂蚁财富致力于为其管好三笔钱：短期开销、人身保障以及投资增值，以覆盖用户的全生命周期。与之对应，过去 5 年时间，蚂蚁财富以产品为脉络，搭建了一套投资门槛和风险偏好从低到高，产品要素从简单到复杂的全产品体系②。

在信贷方面，蚂蚁集团强化信用支付机制，加大推广花呗（花呗分期）、借呗等消费信贷产品。C 端消费信贷平台主要以场景支付"花呗"和可取现消费贷款"借呗"为载体，向场景和资金方双向开放，以助贷模式和联合借贷模式为主。2014 年 12 月"花呗"开始公测，2015 年 4 月推出"借呗"。目前类似"花借"的组合已经成为各互联网平台"标配"。根据新浪科技微博在 2019 年 9 月进行的投票调查，83.8% 的用户最经常使用的信用支付产品为花呗。产品形式推陈出新，降低交易门槛强化支付黏性。花呗通过与芝麻信用深度联合，在 2019 年和 2020 年进行了大规模获客推广和场景覆盖。在花呗基础上衍生出的各类细分产品层出不穷，包括花呗通用额度、花呗分期专享额度、花呗快充额度、备用金、当面花等。

在保险方面，蚂蚁集团推出的产品相互宝用户量破亿，补位并向传统商业保险引流。2018 年 10 月蚂蚁保险和信美相互联手推出"相互保"，11 月升级为"相互宝"互助计划。此后，相互宝陆续推出了"老年防癌计划"和"慢性病人群防癌互助计划"。截至 2020 年 8 月 17 日，相互宝参与人数达到 1.07 亿人，累计帮助 5.5 万成员，是全球最大的互助计划。相互宝与商保形成了功能上的互补。据蚂蚁集团调查显示，相互宝使用人群大多来自三线以下城市意外风险承担能力低的人群，相互宝有效地覆盖了传统商保空白人群。除此之外，相互宝对用户进行教育和引流，提高年轻用户群体的风险意识，成为保险销售平台拓展服务的底盘。

数字生活是支付宝协同网络的重要体现。蚂蚁集团以构建未来服务业务的数字化基

---

① 乔玉丹. 互联网金融投资风险分析 [J]. 新商务周刊, 2017,（2）.
② 蚂蚁金服专题报告 - 数字金融日臻成熟, 数字生活提升用户黏性 [R]. 2020.

础设施，通过开放合作，让数字生活触手可及。2020 年 7 月 13 日，蚂蚁完成公司名称变更，标志着蚂蚁集团淡化金融属性，专注科技服务。2020年3月支付宝合作伙伴大会上，蚂蚁金服执行董事胡晓明喊出了"生活好，支付宝"这句口号，数字生活带来新服务、新消费和新机遇，支付宝携手合作伙伴共同助力商家和消费者享受数字生活的新红利。随着社会数字化程度的加深，消费者对数字生活的服务需求也会越来越大。自从支付宝开始转型以来，数以千计生活服务小程序入驻支付宝平台。一方面帮助消费者更加方便获取生活服务，另一方面助力商家数字化升级，提高运行效率，获得可持续良性增长。

②蚂蚁集团技术协同

从表现来看，蚂蚁集团数字金融体系业务层（信贷、理财、保险）均已实现向金融机构全面开放，将科技作为企业面临未来挑战的重要法宝，并持续加大技术创新投入，重点围绕云计算、区块链、人工智能、大数据以及数字化基础设施等核心技术领域进行战略布局，通过领先技术的研发投入和应用，夯实公司业务运营与创新的长期基础，建立了自主可控的技术能力。作为一家技术驱动的公司，技术是成功的关键，也是蚂蚁集团普惠生态系统的基础。蚂蚁集团在人工智能、风险管理、安全、区块链、计算及技术基础设施等核心技术领域拥有较为深厚的储备，形成了面向未来的技术布局，持续助力长期业务发展。蚂蚁集团技术图谱见图 5-11。

资料来源：中产商业研究院、蚂蚁集团官网，经课题组整理修改所得

图 5-11　蚂蚁集团技术图谱

③蚂蚁集团与其他机构间的协同关系

蚂蚁集团与其他机构间的协同关系参见图 5-12。

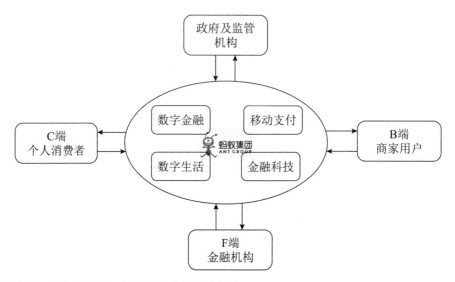

资料来源：恒大研究院，经课题组整理修改所得

图 5-12　蚂蚁集团与其他机构关系

蚂蚁集团脱胎于阿里，与阿里具有千丝万缕的关系。支付宝依托流量优势，结合多元业务产生协同效应，提升用户黏性。在蚂蚁的生态系统中，支付宝联通支付、金融、生活服务布局多元业态，提高了用户活跃度，积淀优质客户洞察，从而吸引更多合作伙伴接入端口，降低了平均获客成本，产生明显的网络效应。阿里电商平台引流客户资源，与支付宝系统相辅相成。淘宝和天猫作为阿里巴巴旗下最主要的电商平台，近年来持续快速发展，2012—2020 年合计 GMV 从 6 630 亿元增长至 65 890 亿元。支付宝"植根于淘宝"，长足发展受益于阿里电商平台的资源引流，阿里电商的发展依靠高质量的数字支付和数字金融服务，两者相辅相成。淘宝 APP 和支付宝钱包 APP 活跃用户数增长趋势基本保持一致，截至 2020 年 6 月末分别达到 7.83 亿人、7.45 亿人。集团依托阿里多元化业务生态，积淀客户洞察，反哺金融服务。阿里巴巴集团业务覆盖广泛，集团依托阿里业态可优化数字支付服务并连接其他服务，完善自身场景布局。同时，集团可从阿里融合线上线下的应用场景中获得大量客户洞察，连同自身技术服务为金融机构合作伙伴提供产品服务的底层支持。此外，阿里巴巴集团还通过股权奖励制度有效地吸引、激励和保留员工，利于维持集团长远发展。

蚂蚁集团深耕数字金融服务市场，创新迭代发展，在数字金融领域有深厚的经验积累，在数字支付网络安全、网络信贷分析与贷后监控、线上理财产品设计与风险管理、互联网保险产品的设计、核保和理赔等领域都具备领先专业知识，并不断推陈出新引领普惠金融发展，铸就了市场领先地位。

蚂蚁集团采用"技术+平台"的模式助力金融机构业务，互利合作提升用户黏性。集团为金融机构提供科技服务支持与支付宝平台入口，帮助金融机构触达客户、控制风险，同时，利用合作伙伴的产品优势与服务设计完善了自身金融体系，提高用户黏性。公司已在信贷领域、理财领域、保险领域建立广泛的合作关系。基于不同金融机构多元化的需求，蚂蚁集团在数字金融领域分别提供了针对银行、保险、证券的定制化解决方案。在银行方面，蚂蚁集团通过互联网银行、移动银行等解决方案，采用互联网的方法和架构，实现了金融业务的"在线化，智能化，生态化"。例如，蚂蚁集团与南京银行共同搭建了"鑫云+"平台，通过该云平台向119家中小银行提供技术、业务和场景等方面的支持，通过对数据的分析建立数据模型，更加具有针对性地对中小企业、个人客户提供金融服务。在保险方面，蚂蚁集团提供了数据中台建设和保险基础设施上云等解决方案，依托阿里云的技术基础，为保险企业提供数据中台内容建设。数据资产管理和数据智能研发等服务，目前已帮助中国太平、长安保险等公司实现全系统上云。在证券方面，出于当下证券行业服务同质化严重的现状，蚂蚁集团关注了证券公司在拓展新用户、深挖存量用户价值等方面，通过整合分析客户内外部数据、建立客户标签、勾勒客户画像，让证券公司可以实行精准的客户营销，并实现客户的精细化运营和服务。

通过支付宝 APP、庞大的中心化流量及卓越的客户洞察，公司使商家能够触达并获取更多的客户，同时，提升消费者活跃度。通过多样的营销工具及策略，对商家提供助力，包括小程序、会员计划及帮助组织营销活动等。从具体作用方式上来看，支付宝通过发挥连接与赋能功能，凭 C 端理解助推 B 端数字化服务升级，打造闭环产业链。首先，蚂蚁集团开放 IOT 平台，提供商户定制"支付+"方案解决产业痛点，加速商户数字化升级转型。支付宝以支付业务为基础，打造 IOT 开放平台，为不同行业商户提供定制方案解决方案和数字化升级服务，满足商户在基础支付服务以外的获客、物流、用户管理、融资等需求。其次，蚂蚁集团还提供丰富的经营工具，赋能商户提升差异化竞争力。支付宝为商户提供集成刷脸支付、智能设备、小程序一体的全套自运营工具，同时，开放中心化频道流量和特色差异化能力，助力 B 端提升自身竞争力、增加商户收益。最后，支付宝立足 B 端企业需求，以支付和场景为基础，与征信、信贷等机构合作，连接多个业务场景，打通商户上下游链条，赋能供应管理系统。依托丰富的客户数据，不断完善风控模型和产品服务流程，打造闭环产业链、提升运营效率。

（4）蚂蚁集团协同网络的治理

①行业监管

我国金融行业监管政策灵活、开放、协调，态度谨慎与包容。自 2011 年以来我国监管机构持续关注第三方支付产业,不断扩大监管的覆盖范围,控制防范风险;同时,注重监管政策的协调和灵活性,保证市场活力。一方面以备付金监管为监管重点。2020年央行强化集中备付金监管,同时,重启备付金付息,减小支付机构压力。另一方面注重引导行业合规健康发展。2019年9月央行正式启动条码支付互联互通,打通支付壁垒,2020年1月支付清算协会发布刷脸支付自律规范,防范支付风险。

监管之下支付业务风险收益并存,公司依托产业政策支持红利。监管政策近年重点关注备付金留存、刷脸支付技术、条码交易等、涉及数据安全、资金安全层面,支付宝作为支付机构巨头已在其他金融领域铺设业务,可灵活应对政策调整业务布局,总体受影响不大,持续推动合规化建设。且国家近年扶持数字支付业务发展,支付宝业务受益于产业政策正向效应。第三方移动支付监管政策对支付宝发展的影响见表 5-4。

表 5-4 第三方移动支付监管政策对支付宝发展的影响

年 份	监 管 政 策	影 响
2011 年	央行下发《支付业务许可证》	支付宝得到官方认可
2014 年	《支付机构备付金存管办法》	增值业务发展受限,存在备付金压力,回归支付业务
2014 年	央行暂停二维码支付、虚拟信用卡	支付宝转向被动扫码,继续推行O2O业务布局,以赊销之名开辟个人消费信贷产品
2015 年	《非银行支付机构网络支付管理办法(征求意见稿)》	蚂蚁集团通过余额宝由第三方支付账户向基金账户转型,减小支付宝备付金压力
2019 年	《金融科技发展规划(2019—2021)》明确提出"条码互联互通"	码牌成为基础设施,差异化条码以垄断流量的优势被打破,支付宝可减少机具设备投入,整合资源加大创新投入
2019 年	备付金付息重启	支付宝备付金交存规模打伏击会直接增阿吉其收入利润,但备付金利息占收入比例不大,影响整体较小
2020 年	《人脸识别线下支付行业自律公约(试行)》	限制企业在布局刷脸支付过程中的违规行为,违规成本增加;推动支付机构加大技术投入与产品创新,保障安全性
2020 年	《关于加强支付受理终端及相关业务管理的通知(征求意见稿)》	不合规支付机构生存空间被压缩,支付宝可能要付出更多成本保证业务安全合规

资料来源:中产研究院,经课题组整理所得

②蚂蚁集团风控体系——"蚁盾"

发展体系不完善、不平衡,监管力度不足,立法缺失等是现阶段我国互联网金融发展的主要特点,由此造成了行业恶性竞争、灰色产业等一些市场乱象,导致消费者权益难以保障,极大影响我国互联网金融市场的健康发展。风险控制技术是降低互联网金融风险发生概率的基础。2017年,蚂蚁集团称为整合互联网资源帮助线下商业升级将成为下一个创业风口,并宣布面向本地创业者开放支付、信用、营销、风控等互联网技能力。其中，风控环节的服务为推出品牌"蚁盾"。蚁盾是一项拥有完整风控体系的服务，目前主要在金融和互联网新型行业进行布局。其中，作为蚂蚁金服移动智慧城市压轴技术环节，蚁盾多应用于消费金融、医院、出行、共享经济等行业领域。

蚁盾总结下来主要包括三大功能，一是可提供高明的算法和强大的计算能力，以蚂蚁集团内部业务为例，风控技术实现了 0.1 秒的时间完成判断和决策；二是蚁盾构建了一个跨国家地域、多行业的风险维度，就像是一个巨大的网络，可以把黑产和欺诈者识别出来；三是反欺诈云服务。

蚁盾风险防控的过程主要可以分为三个部分：识别、决策、管控。识别是指一个用户（设备）进来的时候，去判断这个设备有没有风险。包括验证设备 ID，验证是否有地址篡改等。这是数据化服务的开始。决策是指当判断出这个设备有风险时，可以开始做个性化决策，比如增加短信验证步骤，或者常用信息选择的验证。或者根据不同场合选择其他方案，比如当用户在国外，接收信息不方便时，可以启用人脸、指纹等生物特征识别的决策。管控是一个整体的链路，基于反欺诈云的反欺诈解决方案，能够实时监测风险，商户把精力集中在业务拓展上。

蚂蚁集团风控技术经过了几代的升级，现在已经具备无监督学习进行识别预判的能力。通过机器学期技术训练风控系统自主感知风险。传统的风控技术更多的是一种有监督的算法，即根据已发生的风险系统的积累一些黑环境、黑设备、黑名单然后去找类似的人。而蚂蚁集团则是将整个风险防控分成前中后三个部分，前端更多的是主动发现这些风险，主动地去把控风险。蚂蚁集团会更加主动地去认知体系中的用户，对用户进行风险分层，并根据用户每天发生的行为来实时修正风险评级。

第 6 章
科技协同与金融协同

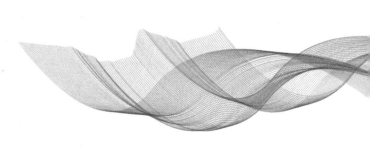

在知识经济迅速发展的时代,科技和金融成为影响国民经济发展的重要因素。随着我国经济发展进入新经济时代,传统依靠要素驱动和投资驱动粗放型经济发展模式矛盾日益显现。科技是国家强盛的基石,创新是民族兴盛的灵魂。科技创新已经成为驱动经济发展的新引擎。科技创新与推广需要大量的资金支持,但在实际生活中,科技创新企业往往因为自身轻资产等原因得不到足够的资金,致使许多技术被搁置。因此,金融与科技的协同发展成为了新经济发展的关键之一。

6.1 科技与金融的互动

6.1.1 科技与金融的发展历程

从演化经济学视角来分析科技与金融的发展过程,我们不难发现金融发展与科技进步之间存在一定协同关系:一方面,每次工业革命都源于重大的科技创新。然而,科技创新与推广需要足量的启动资金以及持续的资金注入。约翰·希克斯曾说:"工业革命不得不等候金融革命"。另一方面,科技创新的转移和扩散,促进了新兴产业的诞生和发展以及传统部门的转型和升级,由此创造了广阔的金融需求空间。新兴科技的应用也成为金融部门优化组织结构,提高产品和服务质量的有效手段[①]。

(1)第一次工业革命

18世纪60年代第一次工业革命于英国发起,成为人类技术发展史上的一次伟大变革。第一次工业革命以蒸汽机的广泛应用为标志。第一次工业革命中煤炭动力的应用,使得生产力水平得到了极大的飞跃,帮助英国建立了纺织业、冶金业、煤炭业、机器制造业和交通运输业五大工业部门。

工业革命蓬勃的生命力极大地吸引了社会资本,以新式银行为代表的运用社会资本的金融机构迅速发展壮大,他们支付利息吸收存款业务,拓宽了吸收资金来源的负债渠

---

① 杨哲. 金融发展与科技创新的协同关系研究 [D]. 天津财经大学,2017.

道；摈弃了高利贷的贷款对象和投向，向新兴工商企业发放低利的经营性贷款，开辟了现代商业银行的发展新模式。与此同时，金融市场也逐渐成形，为满足新兴企业的流动资金需要，商业票据市场、债券市场快速发展、股票交易的活跃催生了有组织的证券市场，证券交易所迅速发展起来。

（2）第二次工业革命

第二次工业革命中，电力技术与燃油内燃机的结合使工厂的电气化得以实现，带来批量工业制成品时代，汽车、公路、飞机、电话、电视等从根本上改变了社会发展在时空上的限制，大大降低了经济运行成本和拓展了市场的边界，使得经济的国际化程度不断提升。第二次工业革命造就了国民经济基础产业和装备制造业，对工业化和城市化发展，以及经济和社会变革，起到了无以替代的作用。在这个过程中，金融业通过众多金融机构提供了多元化的金融产品与服务，通过多种金融市场提供了多元化的投融资渠道和方式，满足了工商企业在第二次工业革命中的金融需求。特别是信用货币制度的广泛采用和货币信用方式的普及，为第二次工业革命提供了巨额的资金支持，使得技术创新能够迅速转化为生产力。

与此同时，金融业的组织形式、业务功能与技术能力都随之发生变化，金融业务运作能力、资源配置能力和风险管理能力不断提升。电信技术在金融领域的应用，打破了原来手工处理和邮政通道的局限，电话、电报、电信技术在金融业的应用推动了金融产品的创新，拓展了转账结算等金融服务的空间，金融市场也出现了采用电信技术的新交易方式，大大增强了金融业务的处理能力，有利于满足更大规模的金融需求，不断增强了金融业的功能，能够更有效地配置，进而使得科技、金融与经济形成相互支持和相互促进的良性循环。

（3）第三次工业革命

第三次工业革命以传感技术、通信技术和计算机技术为核心的信息技术的出现和发展，无疑是20世纪最重要的技术创新。金融业一方面积极支持信息技术的发展；另一方面及时而普遍地应用信息技术，成为信息技术与金融业交融发展的典范。

金融业对于信息技术发展的支持，不仅在于通过常规的股权融资和债权融资提供资金支持，通过提供多种金融服务促进信息技术的发展和应用，而且针对信息技术发展与应用的特点，创新了风险投资、天使投资、创业投资等新型的投融资方式，解决了信息技术创新与应用中传统金融难以满足需求的矛盾。同时，金融业大规模采用信息技术和大规模应用计算机，刺激了IT市场的迅速扩大，极大地促进了IT行业的发展。

(4) 现阶段金融与科技的互动

信息技术的发展及其在金融中的应用和不断深化使金融发展的科技程度也越来越高。金融业务模式的转变使得货币的表现形式、流通形式也发生变化。货币从纸币变为电子货币，货币的转移也变成电磁信号的传输，以光速在世界范围内进行划拨、支付和转移。金融业利用互联网开放性、自由性、共享性等特点，创新的营销方式、服务方式和管理方式，构建起了庞大而复杂的金融 IT 系统。

金融物理网点虚拟化、业务网络化、产品与服务信息化以及自助服务、电子货币、网络银行的发展，使得更多的客户可以进行更多低成本、高收益的金融交易，得到更快、更便捷的金融服务。金融机构可以通过任何一个平面来为客户提供各式的金融服务；客户可以利用一个终端来满足自身多样化的需求。同时，信息技术使得金融业的组织管理出现了全新的模式，金融机构组织边界被不断打破，组织结构更加扁平化、管理决策信息化，利用数据仓库或管理系统把大数据转化为有用的信息，最终通过知识化、数字化模型优化管理与决策，可以极大地提高管理效率[①]。技术创新与金融创新发展的关系见表 6-1。

表 6-1　技术创新与金融创新发展的关系

时　　期	主　要　技　术	金融（融资）方式
第一次工业革命	蒸汽机	新式银行、股票交易市场
第二次工业革命	电力、化工、钢铁	国际金本位、全能银行
第三次工业革命	计算机技术、通信技术	非银行金融机构、无纸化办公
新经济时代	大数据、区块链、人工智能	供应链金融、协同金融、互联网金融

资料来源：田园（2018）[②]，经课题组整理修改所得

6.1.2　金融科技

（1）金融科技的内涵

金融科技（FinTech）构词结构是"金融＋科技"，也就是金融与科技的结合，是利用科技创新拓展金融行业业务模式，提高金融机构运营效率和服务能力的一种技术手段。作为一个新鲜事物，在具体实践中，金融科技的业务模式多种多样。金融科技可以指科技赋能传统金融机构，实现数字化；也可以是那些应用在金融业的科学技术，如分布式账户、人工智能、大数据等；还可以指科技机构与金融机构进行合作从而促进金融创新。

---

① 李健，马亚. 科技与金融的深度融合与平台模式发展 [J]. 中央财经大学学报，2014，(05)：23-32.
② 田园. 科技与金融的深度融合及平台模式发展 [J]. 海峡科技与产业，2018，(08)：38-39.

第一种为模式论,认为金融科技是一种新的金融业务模式,它是科技作用于金融的结果,包括比特币等电子货币、智能投顾、P2P 等[①]。其主要观点是金融科技是指那些利用先进的科技让金融服务变得更加全面、高效的企业所构成的一种经济产业。

第二种对金融科技的定义将重心放在"科技"二字,认为金融科技的本质是那些对金融行业发展产生深刻影响的科学技术。巴曙松认为金融科技的本质是一种技术手段,通过对金融科技的应用可以让金融惠及更多的人,提高行业整体的运行效率[②]。

第三种对金融科技的定义比较广,中国互联网协会互联网金融工作委员会组织编写的《中国金融科技发展概览(2016)》将科技在金融领域的应用都纳入到金融科技,包括科技服务金融创新的主体、服务于这些主体的投融资主体和孵化器及金融监管机构[③]。2019 年 8 月,中国人民银行发布的《金融科技(FinTech)发展规划(2019—2021 年)》指出,金融科技是技术驱动金融创新,旨在运用现代科技成果改造或创新金融产品、经营模式、业务流程等,推动金融增效提质[④]。

本书认为金融科技的核心是金融与科技的深度融合,对金融科技不能简单地定义为一种业务模式或技术手段。金融科技是利用新兴科学技术提高金融服务效率,扩大金融覆盖面,包括革新市场、创新金融模式与产品,催生新的金融业态。

(2)金融科技的特点

①脱媒

"脱媒"是指在交易过程中取消中间商环节,供给与需求双方直接进行交易。在金融领域,脱媒指"金融非中介化"。根据信息不对称理论,以银行为首的传统金融机构作为金融中介,在一定程度上有助于缓解供需双方信息不对称问题。基于这种优势,传统金融机构形成了长期的、垄断性的优势。以第三方支付和移动支付为代表的金融科技使得传统机构这一巨大优势不复存在。与传统机构相比,第三方支付和移动支付具有更低的成本。云计算等技术可以对客户数据信息进行高效的存储和计算,从而更有效地缓解了信息不对称,并可以真正实现随时随地、以任意方式进行支付结算,更为便捷高效。从资产端来看,企业和个人的资金需求可以通过互联网平台实现需求匹配,并成功进行融资,减少了对传统金融机构的依赖。

---

① 杜伟平,薛伟,冯炳. 金融科技在人民银行会计财务工作中的运用研究 [J]. 华北金融,2021,(03):87-94.
② 巴曙松,白海峰. 金融科技的发展历程与核心技术应用场景探či [J]. 清华金融评论,2016,(11):99-103.
③ 李颖. 金融科技内涵、趋势与路径 [J]. 海南金融,2018,(11):23-28.
④ 高一兰,黄晓野. 基于数字经济的消费金融发展问题研究 [J]. 黑龙江社会科学,2020,(02):66-70.

②智能化

通过大数据、人工智能、区块链等技术的全方位应用，金融科技推动智能金融时代的到来。随着数据规模越来越大，数据维度越来越广，模型不断迭代优化，金融机构不仅可以创新个性化业务，并在解决信息不对称问题的同时，提高金融服务效率以及市场效率。未来无人银行、智能投顾、智能客服等将成为现实。

③普惠性

普惠金融是指按照风险可控的假设，以可承受的价格，向所有有金融服务需求的社会阶层和群体提供适当、高效的金融服务。金融科技是数字经济时代的血液，可以为"身体"的各个末端输送"养分"，对构建全新的数字金融服务体系，推动金融的普惠化具有重要作用。金融科技以物联网、云计算、区块链等信息技术为基础，具有开放性和包容性等特点。金融科技提升了金融交易的便捷性和安全性，为普惠性金融的发展提供了有效支撑。例如，移动支付为社会低收入群体获得金融服务提供了非传统渠道，解决了其最基本的金融需求问题。

6.1.3 科技金融

（1）科技金融的内涵

科技金融的概念最早出现在 1987 年，由"科技与金融结合课题组"在《当代科技与金融结合的大趋势》中提出，认为科技金融是在技术革新背景下金融业开垦的新领域，与其他金融系统相比投资的风险性较大，贷款对象情况更为复杂，技术论证严格等[1]。肇启伟等（2015）认为科技金融是当一个国家社会经济发展到一定程度后，科技创新活动与金融资源配置之间形成相互融合、共同促进的系统性、整体性制度安排。我国经济结构调整、经济发展方式转变，以及创新型国家建设与科技金融密不可分[2]。科技金融是促进科技开发、成果转化和高新技术产业发展的一系列金融工具、金融制度、金融政策与金融服务的系统性安排[3]。在这个安排中，金融资源提供者包括政府、市场、企业、中介机构等，在科技创新活动中形成网络，是国家科技创新体系以及金融体系的重要组成部分[4]。

---

[1] 科技与金融结合课题组. 当代科技与金融结合的大趋势 [J]. 科技进步与对策，1987，（02）：24-25.
[2] 肇启伟，付剑峰，刘洪江. 科技金融中的关键问题——中国科技金融 2014 年会综述 [J]. 管理世界，2015，（03）：164-167.
[3] 韩洪灵，陈帅弟，陆旭米. 金融监管变革背景下蚂蚁集团估值逻辑研究——基于科技属性与金融属性的双重视角 [J]. 财会月刊，2021，（01）：13-22.
[4] 李子彪，梁博，李林琼. 河北省科技金融超市运行发展研究 [J]. 科研管理，2017，38（S1）：46-52.

尽管科技金融进入人们的视野已经有很长时间，各级政府也积极促进科技金融的发展。但是关于科技金融明确的定义还没有统一的界定。各类学者因其研究内容的侧重不同而对科技金融有着不同的定义。通过对科技金融发展的历史研究以及对各类学者观点的总结，本书认为科技金融是科技与金融相互结合发展到一定时期的产物，通过金融政策以及市场调节达到资源在技术产业的合理配置，为科技产业的系统性发展提供科学的解决方案。

（2）科技金融的作用机制

①市场机制

科技金融的主导作用机制是市场机制，是其他机制得以发挥作用的基础，进一步可以细分为价格机制、供求机制和竞争机制。价格机制是指在完全市场竞争条件下，供给与需求动态变化过程中科技金融市场定价和调节机制。供求机制是指科技金融市场价格随着供求关系的变化而发生波动，市场主体也随之发生转变。竞争机制是科技金融市场竞争关系的一种体现，它体现了科技经费需求者与供给者之间、科技经费需求者与服务提供者之间的竞争，包括需求之间的竞争、供给方之间的竞争以及需求方与供给方之间的竞争[①]。

②政府机制

引导、服务、补充和监管是科技金融政府机制的主要表现形式。首先，政府通过法律、政策制定等手段，保障高风险的科技产业健康发展，促进高新技术的进步，对科技金融资源进行协调与合理配置。政府的服务机制主要指通过一系列措施，为科技金融的发展提供优质的社会环境、市场环境。政府的补充机制是因为科技金融具有趋利性，这就会导致一些利润率较低的公益性科技金融无人问津，政府需要对此进行完善和弥补。由于科技金融市场正处于起步阶段，且具有较强的外部性，在这一阶段，相关的法律法规欠缺，市场机制具有趋利性，在出现收益成本不匹配的时候市场机制将失去作用；此外，投机主义也会给市场机制带来金融风险从而发生市场失灵的现象。这时政府应该直接对市场运行采取一定措施，及时对市场失灵现象加以干预，弥补市场机制产生的缺陷。政府的监管机制主要表现在对资金流动安全性、交易模式合法性等问题上的监管，有效的监管机制是保障科技金融市场健康发展的必要手段。

③社会机制

科技金融的社会机制带有制度和文化的烙印。社会机制的形成与科技金融所处的社会环境紧密相关，它的形成受到国家体制、历史文化、社会背景等一系列人文制度因素

---

① 曹路萍.科技金融与科技产出、经济发展协同研究[D].厦门大学，2014.

影响。在不同的国家制度与社会文化下社会机制发挥的作用也存在较大的差异,如对于"人情社会"的中国来说,高强度的社会关系可能会给融资带来巨大的便利;而欧美等国家较为重视合约关系,相应的社会机制将建立在合约关系之上。

④科技金融与科技创新、金融创新的协同作用

作为一个新兴的平台,科技金融就是将金融创新与科技创新结合起来,形成了三方相互促进、相互作用的紧密动态系统。科技与金融协同所构成的复杂系统需要利用协同理论进行研究,深入讨论系统之间的作用机制,探究在相互作用的过程中如何形成有序结构,发挥出系统整体的耦合作用。科技金融、金融创新、科技创新三个子系统由政府、金融企业、科技企业、中介机构等要素构成,在产业与金融发展不平衡条件下如何使这些要素相互作用,发挥出最大效用,是协同网络的关键。

图 6-1 展示了科技金融、金融创新以及科技创新之间的协同作用。科技创新给金融创新带来了信息技术优势,促进金融创新要素的发展,提高金融体系内部的透明度[①]。科技的发展促进金融创新要素的发展,降低了金融行业交易成本以及信息的不对称性,提高了金融行业透明度、交易便捷性。而科技创新之所以能吸引金融资本是因为创新本

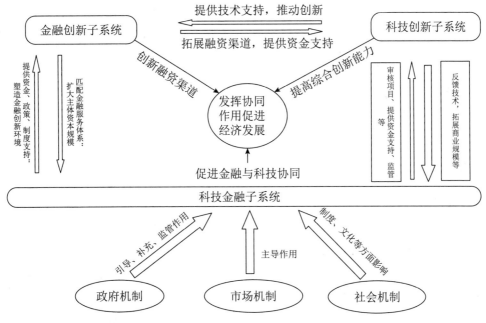

资料来源:杨哲(2017)、郑慧和李雪慧(2015),经由课题组修改所得

图 6-1 科技金融、金融创新、科技创新协同作用

---

① 郑慧,李雪慧. 基于协同模型的科技创新、金融创新与科技金融动态关系研究 [J]. 海南金融, 2015,(12):70-76.

身具有财富创造和增值能力[①]。在金融创新与科技金融协同过程中,金融机构采用金融创新的手段保障科技金融主体投资的力度,而科技金融通过制定政策、制度及法律法规,支持金融机构开展金融创新活动。在科技创新和科技金融协同过程中,科技金融将资金引入高新科技产业,并实现资金在产业间的合理配置;科技创新活动为科技金融发展提供技术动力,支撑科技金融的创新与发展。

6.2 互联网 + 金融

6.2.1 互联网技术

(1)互联网技术的含义

随着科学技术的蓬勃发展,人类社会从农耕时代逐渐步入信息时代。每一次工业革命都给社会、人民生活带来了翻天覆地的变化。互联网技术如今已经渗入人们日常生活的方方面面,成为信息时代重要技术之一。互联网技术通过因特网连接终端设备,加快信息在世界范围内的流通,促进各类软件的开发,对人们的生活方式产生了深远的影响。互联网技术按照硬件、软件和应用可分为三个层次,其中硬件设施是基础、软件是核心、应用是目标。硬件设施主要指用来存储、处理和传输数据的主机、基站等通信设施;软件指各类用来搜集、分析、评估信息的软件,如 ERP(企业资源计划)、CRM(客户关系管理)、SCM(供应链管理);应用则是通过上述的各类软件辅助决策、建立决策分析模型、提高分析质量等。

(2)技术组成

①通信技术

通信技术指能够实现信息在空间位置传递的方法和措施。对于国家和现代社会来说,通信相当于人体的"神经系统",是国民经济的基础结构和先行产业。通信的发展与人类社会的进步息息相关;反过来通信技术的发展对社会的发展具有强大的作用。通信技术是国民经济发展的"催化剂",不仅创造了新的社会就业,而且是社会效益的"放大器",改变人们生活方式,扩大社会交流范围,拉近了人与人之间的空间距离。

②传感技术

传感技术是一种信息采集技术,通过传感器等物理设备高精度、高效率、高稳定性

[①] 杨哲. 金融发展与科技创新的协同关系研究 [D]. 天津财经大学,2017.

地采集各类信息，然后，通过网络通信将万物连接在一起，实现万物互联互通。现代科学技术的发展尤其是测量、控制自动化等技术的发展离不开信息技术进步，信息技术必将引领新社会革命，也加速了科学技术发展与传播。信息的拾取（传感技术）、传输（通信技术）和处理（计算机技术）是现代信息技术的基础，三者构成了信息技术生态系统的"感官""神经"和"大脑"。传感技术是其他技术的信息之源，在促进科学技术发展、经济繁荣以及生态平衡等领域的作用日益显著。

③计算机技术

计算机技术指电子计算机高速、高效的计算能力，逻辑推断能力以及模仿人工能力。随着人工智能、云计算等技术快速发展，社会各行各业都离不开计算机技术。例如，一个大型企业的 MIS（管理信息系统），可以包括多个子系统，如销售管理系统、生产管理系统、财务管理系统等，有些子系统主要是用来进行数据处理，有些主要是用来进行自动控制，还有些是进行复杂的数值计算，等等，通过计算机强大的运算能力把企业各种资源进行集成管理，实现资源优化配置。同时，计算机还具有人工智能，有自学习能力，把企业在管理中遇到的问题通过推理归纳自动找到解决方案。

（3）互联网技术的特点

互联网技术独特的表现和创新形式使其具有与传统技术完全不同的特点，主要有数字化、网络化、高速化。首先是数字化，互联网可以看成是一个巨大的数据库，世界上产生的信息都以计算机语言的形式存储在互联网中。互联网通过数字化技术快速地为人类提供巨大的信息资源以及相关的资源共享服务。数字化后的信息相较于传统信息资源具有更高的真实性、更低的存储成本、更易传输等优势。人们利用互联网实现了世界范围内信息融通和资源共享。其次，网络化。互联网技术通过一条条网线构建了错综复杂的信息高速公路，大量的信息在这条高速公路上川流不息，打破了传统时空的限制。不管你身处何处、身份几何、时间几何，都能利用互联网进行实时通信。最后，高速化。信息在互联网的传播速度接近光速，只需要一个按键，信息便从地球这头传到那头。互联网技术使社会拥有更庞大的储存能力和高效的信息处理能力。

6.2.2 互联网金融

（1）互联网金融的含义

互联网金融已经是一个老生常谈的概念。然而，对于其具体定义仍没有统一的认识。

马云（2013）认为互联网金融特指由互联网企业或平台开展的金融业务及模式创新[①]。互联网技术简单来说就是互联网技术与金融的结合，以互联网技术为基础开展一系列金融活动。通过大数据、云计算、人工智能等技术应用，改变传统金融业态和服务形式，构建基于网络平台的金融市场体系[②]。

（2）互联网金融的模式

互联网金融的出现给我国传统银行业带来了很大挑战，不仅减少了传统银行的业务量，也对其业务模式产生了深远的影响。凭借在线网络独特的科技创新和信息共享的特征，互联网金融在现有金融领域进行创新，由此诞生了余额宝、众筹等新型金融业务模式。党茜（2020）认为互联网金融比传统金融模式在市场上占据更多优势、更多资源，更能快速地获取外界信息[③]。

①银行业互联网+

传统银行得益于借贷之间的"媒介"身份。资本媒介和支付媒介是银行的主要身份。资本媒介的本质是信用媒介，通过存贷的利息差盈利，支付媒介主要是通过提供结算、代理和担保等服务收取费用。然而，在移动互联时代，信息更加充分，用户可以随时自由地选择资金的渠道，不局限于银行的存贷业务，从而使得银行资本媒介作用受到挑战。从支付媒介来说，随着第三方支付技术的发展，支付宝、财付通等支付工具，取代了传统支付业务中银行的位置。银行业因脱离支付环节，难以获得经营者和用户的行为数据，也就不可能从数据中提取价值[④]。

因此，在移动互联网时代，银行不得不在金融模式、业务产品等方面进行创新，利用互联网技术改造金融业务。银行业主要通过对服务、产品、营销三方面的改革实现"互联网+"。服务"互联网+"是指用户可以利用移动设备在线办理银行业务。手机银行是传统银行业结合货币电子化与移动通信推出的崭新服务。这一服务给用户和银行双方均带来了便利：用户可以随时随地处理多种金融业务；而银行则以更加高效安全的方式为用户提供传统与创新金融业务。产品互联网化是指通过对大数据、云计算技术的应用，银行对用户的交易信息进行整合、处理、分析，创造出安全、便捷、个性化的金融产品，满足用户需求。营销的互联网化指银行运用智能分析工具对用户的行为方式、消费偏好、风险偏好等进行分析，多渠道、高精准、个性化地推送金融

---

① 马云.金融行业需要搅局者[J].市场观察，2013，（7）：11-11.
② 徐一铭.DB证券股份有限公司互联网金融业务发展问题研究[D].沈阳理工大学，2019.
③ 党茜.互联网金融核心竞争力的经济学探索[J].中国商论，2020，（21）：31-32.
④ 丛建哲.银行业的互联网化探讨[J].黑龙江金融，2013，（09）：32-33.

产品，实现精准营销，大大降低营销成本。

②保险业互联网+

传统保险行业市场主要集中在大中型城市，在一些落后地区，各类保险覆盖比较低。保险服务发展的区域不平衡，严重影响了我国保险行业的发展。互联网秉承公开、透明、共享、互惠的理念，通过网络实现线上服务，使更多用户在最短时间内接收到更多的信息，满足用户对各类险种的个性化需求，打破时间和空间限制。互联网保险是对传统保险运营模式的继承与发展，在本质上与传统的保险形式并无差别，其模式主要还是由需求分析、产品定价、产品销售、后续服务组成。

"互联网+"保险充分满足了用户多样化需求。首先，保险机构的核心是用户数据，利用先进互联网技术，保险机构用较低的成本汇集、分析用户数据，实现精准营销，提高用户黏性，降低机构成本；其次，信息可以通过互联网进行低成本的传输，大大降低了信息的不对称性，提高产品的透明度。现阶段，由于保险公司互联网技术的差异，保险产品的经营思路和策略不同，互联网保险商业模式也不尽相同，主要类型可以分为以下5种。

官方网站模式。该模式是指保险公司利用网络，开通自有的官方网站，在其网站上销售其保险产品，向消费者提供服务。

网络代理模式。该模式是指保险公司与银行、在线航旅、旅行社等非保险公司合作，在合作企业网站、APP进行保险销售，并提供相应服务。移动"互联网+"保险的方式已经成为各大保险公司的业务模式，大大节省了保险公司的成本费用。

专业中介模式。该模式是指保险机构构建属于自己的保险网络平台，以独立第三方的身份代理销售多家保险公司的产品，并提供相应的服务。

第三方电商平台。该模式较为普遍，它有别于保险中介，独立于保险交易双方，保险公司利用成熟的电商平台销售保险产品，提供保险服务。

纯互联网保险模式。该模式是指专门经营互联网保险产品的公司，如众安保险、泰康人寿等。2003年10月9日，俗称"三马同槽"的完全专业化互联网保险公司——众安保险成立。现阶段，由于该模式正处于发展探索阶段，故保费规模不大，该模式将通过其自有特点成为保险公司未来发展的主方向。

互联网保险模式对比见表6-2。

表 6-2 互联网保险模式对比

类　　型	运营模式	典型机构
官方网站模式	保险公司利用网络，开通自有的官方网站，在其网站上销售其保险产品，向消费者提供服务	平安保险等
网络代理模式	保险公司与银行、在线航旅、旅行社等非保险公司合作，在合作网站、APP进行保险销售，并提供相应服务	携程保险等
专业中介模式	拥有自营保险网络平台，作为独立的第三方对多家保险公司产品进行代理销售，并向消费者提供相应服务	百安保险、京东保险等
纯互联网保险模式	专门经营互联网保险产品的公司	众安保险、泰康人寿等

资料来源：课题组整理所得

保险行业的"互联网+"主要体现在渠道、机制以及组织架构三个方面。在渠道方面，保险产品由线下物理网点销售渠道转变到线上网络渠道。线上渠道在提高保险覆盖率的同时，减少了销售人员冗余。销售渠道的创新还使保险机构能够更频繁地与用户进行交互，从而挖掘客户潜在的需求信息，设计更加贴合顾客要求的产品。机制互联网化是指依托技术的发展，对传统保险行业的业务机制进行优化，完善现阶段存在的问题，提高整体的业务效率。组织架构"互联网+"简单来说就是"去中介"，降低保险行业中的成本支出，让保险回归其"互助"的本质。互联网保险成熟阶段，用户可以结合自身需求建立保险基金，制定自己的规则，互相保护。这样一方面提高了需求与供给的匹配程度；另一方面打破了保险中介机构的垄断地位。保险充分发挥来自用户，惠及用户的功能[1]。

③证券业互联网+

证券业随着中国资本市场的发展也渐渐成长起来。作为互联网金融的一分子——互联网证券行业，以互联网作为主要媒介，为客户提供证券行业资讯、网上证券投资顾问、股票网上发行、买卖与推广等多种投资理财服务[2]。目前中国互联网券商企业主要包括发展互联网证券业务的传统券商、以线上业务为主的纯互联网券商和从其他领域切入证券业务的互联网企业[3]。

互联网的发展给证券业提供了充足的发展空间，提升了证券业的整体价值。互联网科技改善了传统证券信息不对称的问题，用户可以多方面、多渠道地获取金融信息，随时随地享受金融服务。"互联网+证券"的商业模式促进了资源在证券行业的合理配置，促使证券业从"中介型"变为"服务型"机构[4]。为了更加快捷和便利地为用户进行服务，

---

[1] 刘家宝. 互联网保险新模式[J]. 大陆桥视野, 2020, (07): 62-64.
[2] 张志前. 互联网证券的未来[J]. 资本市场, 2015, (09): 98-104.
[3] 陈炜. 互联网金融背景下证券行业发展研究[J]. 时代金融, 2016, (09): 137.
[4] 林淑蓉. 互联网金融对证券行业的影响[J]. 销售与管理, 2020, (01): 124-125.

证券行业应积极探索互联网技术与证券融合的新方式。证券机构应该以用户的需求为导向不断地对自身的业务模式进行调整。

④众筹

众筹最早可以追溯到美国众包和微信金融。2006年，Sullivan首次使用"众筹（crowdfunding）"的概念，将其定义为通过互联网筹集资金。互联网经济的发展也赋予了众筹更加丰富的内涵。如今互联网众筹可以定义为：用团购加上预购的形式，向群众募集项目资金的模式。国际上一般将众筹分为债权、股权、奖励、捐赠四种类型，国内一般划分为公益、债权、回报、股权四种类型。

公益类众筹是指出资人不获得资金、物品等一系列回报的众筹模式，融资者对出资人没有提供回报的义务。出资人的出资行为是一种赠予行为，具有法律的效益。此类项目资金规模较小，涉及的领域包括医疗、教育等方面。

债权类众筹是指投资者和融资者达成协议，投资者支付一定数额的资金获得该项目或者企业的债权，并在未来得到本金加利息作为收入。债券众筹的特点是交易方之间形成了借贷关系。

回报类众筹是指出资方可以在项目结束后获得商品、服务等形式的回报，在形式上类似于预售众筹。多发生在产品投入生产之前，多应用于电影、音乐、服装等创新项目。融资者在平台发布项目企划和创意方案吸引用户，并将融得的资金投入产品生产，用户可能会得到非资金形式的回报或者奖励，例如项目产品、纪念品。

股权类众筹是指发起众筹的公司拿出一部分股份，以互联网为渠道向大众投资者出售，投资者投资后将持有该公司的股份，并在未来获得收益的模式。2013年，首个股权型众筹项目在我国产生，2014年出现第一个有担保的股权众筹项目。中国股权众筹发展尚未成熟，部门监管和法律法规还不完善，投资程序中潜在的风险不易被识别，消费者的利益很难保障。

众筹模式对比参见表6-3。

表6-3 众筹模式对比

众筹类型	回报类型	双方关系	典型平台
公益类众筹	一般无回报	赠予关系	微公益
债权类众筹	项目或者企业的债权	借贷关系	拍拍贷
回报类众筹	非资金形式的回报或者奖励	预售关系	点名时间
股权类众筹	投资者投资后持有股份	股权关系	天使汇

资料来源：经由课题组整理所得

互联网众筹主要涉及发起者、出资人、众筹平台三个主体。项目发起者首先向众筹平台提出资金需求，并提供项目的相关资料。平台进行审核后将该项目上架，供资金供给方选择。所筹资金最初先由平台掌握，只有在规定期限内筹集到指定金额，才将资金供给需求方。若在规定时间内未能达到众筹目标，则将资金原路返还给出资人。项目成功后，出资人会得到项目所产生的实物或非实物的成果，众筹平台则从中抽取一定的服务费[①]。所以，众筹的本质其实是一种基于互联网的融资方式。

众筹运营模式参见图6-2。

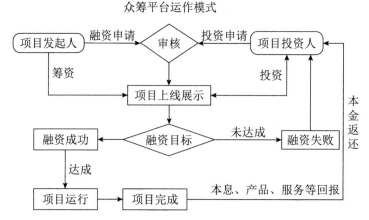

资料来源：经由课题组整理所得

图6-2 众筹运营模式

6.2.3 案例——以平安集团为例

（1）平安集团简介

中国平安保险（集团）股份有限公司成立于1988年，是我国第一家股份制保险企业[②]。时至今日，平安集团已经发展成为一个紧密、多领域的综合性金融服务集团，业务涵盖金融、保险、银行、投资等方面。平安集团发展历程参见图6-3。

---

① 胡琴君. 商业银行个人理财发展策略研究——基于互联网金融环境下的应对探讨[D]. 郑州大学，2016.
② 侯臣. 我国金融控股公司的发展趋势与风险防范研究[D]. 西南财经大学，2011.

资料来源：经由课题组整理所得

图 6-3 平安集团发展历程

平安银行的发展主要可以分为三个阶段。第一个阶段是 1988 年到 2002 年，这一阶段平安集团业务专注于保险行业。1988 年，平安保险公司经中国人民银行总行发文（银复〔1988〕113）批准成立，同时，获得"经营金融业务许可证"，成为我国首家股份制、地方性保险企业。1995 年 10 月，平安证券的成立标志着平安保险公司突破了保险以外金融业务。根据《保险法》及央行的相关规定，对人寿保险、财产保险、证券、投资四大业务模板进行协同管理、分业经营的战略。汇丰集团在 2020 年与平安签署《股权认购协议》，以 6 亿美元的价格认购平安集团 1/10 的股份，成为当时国内金融业金额最大的引进外资项目。此外，汇丰银行还与平安在管理与技术方面进行交流合作，进一步增强了平安集团的整体实力[①]。

第二个阶段是 2003 年到 2011 年。这一阶段平安集团完成了金融牌照布局，积极开拓公司相关业务，致力于打造综合金融服务公司。2003 年中国平安保险股份有限公司完成了业务的重组，更名为中国平安保险（集团）股份有限公司[①]。此时，中国平安以保险业为核心，证券、信托、投资等为主要业务的集团架构基本形成。2007 年，深圳银行吸收兼并平安银行，更名为深圳平安银行股份有限公司。深圳银行与平安银行的合并是中国平安旗下银行业务单一品牌的整合，标志着中国平安保险、银行、资管三大业务支柱体系完成构建。

第三个阶段是 2012 年至今，为金融科技阶段。时至 2012 年，经过近 30 年发展，平安银行成为中国唯一一家拿到全金融牌照的金融公司，拥有完整的综合金融产品线、高科技化的运营平台和国际化的管理团队；随着综合金融的发展，平安的客户经理也日益成为金融领域的佼佼者。同年，平安以科技驱动金融创新，积极推动创新业务模式探索。同年 3 月，中国平安下属公司——陆金所推出网络投资平台。该平台主要服务对象为中

---

① 高琳. 我国保险集团经营效率研究 [D]. 南开大学，2010.

小企业与个人客户,通过建立完善的风险管理与防治体系,为用户提供安全、可信、全面的投融资等金融服务,帮助它们实现资产的增值。2017年,平安银行制定了"一二四"战略,即"一个定位、两个聚焦、四个生态服务"。"一个定位"指平安集团将自身定位为"国际领先的个人金融生活服务商";"两个聚焦"指聚焦大金融与大医疗产业;"四个生态服务"指人们日常生活中"医、食、住、行"中与金融相关的业务。2018年,平安银行在"金融+生态"持续发力,相继与政府、其他金融机构、医疗机构达成战略合作,实现科技赋能金融、科技赋能生态、生态赋能金融的良性循环。

平安集团业务体系参见图6-4。

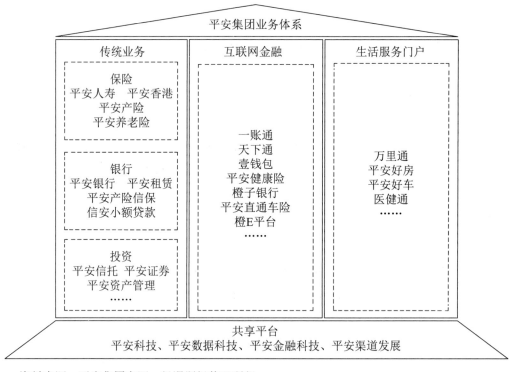

资料来源:平安集团官网,经课题组整理所得

图6-4 平安集团业务体系

(2) 众安保险

①简介

众安在线财产保险股份有限公司(以下简称"众安")是由蚂蚁集团、腾讯、中国平安等知名互联网企业联合发起的中国第一家纯互联网保险公司。该公司总部位于上海,不设任何分支机构,完全通过互联网开展业务。以保险和科技为主原动力,专注于利用

新技术打造升级保险价值链。众安集团围绕消费金融、健康、汽车、生活消费、航旅五大领域构建生态，以科技服务新生态，为其提供个性化、定制化、智能化的新保险。在科技赋能保险的同时，众安将经过业务验证的科技对外输出。为了将技术服务方案产品化，众安于2016年成立全资子公司众安信息技术服务有限公司（以下简称"众安科技"），向海内外市场输出科技产品和行业解决方案。[1]

众安保险发展大事参见表6-4。

表6-4 众安保险发展大事表

时间	主要事迹
2013年11月	众安保险成立运营
2014年3月	中国保监会批准扩大保险业的许可业务范围，包括添加短期健康及意外保险
2015年5月	众安保险获中国保监会批准将机动车保险，包括机动车交通事故责任强制保险及机动车商业保险及保险信息服务纳入我们的许可业务范围[2]
2015年12月	毕马威会计师事务所与澳大利亚金融科技投资公司H2Ventures联合发布金融科技百强，众安在线财产保险股份有限公司摘得桂冠[3]
2016年4月	众安发布保贝计划，我们利用我们先进的技术和风险管理能力，将消费金融平台与金融机构合作伙伴连接起来
2016年5月	众安信息技术服务有限公司获中国保监会批准注册成立
2016年11月	众安发布"众安科技"品牌，旨在支持保险行业技术升级及促进和发展区块链、人工智能及其他新技术在保险行业的应用
2017年9月	众安于香港联合交易所上市，股票代码6060
2017年12月	众安成立众安国际，作为众安的国际发展平台，在海外市场发掘金融科技以及保险科技的国际业务发展、合作及投资机遇
2018年1月	众安发布新零售、新金融、新出行、车联网四位一体的汽车生态战略，联合多方合作伙伴，打造开放、多元的汽车生态格局
2018年7月	众安发布"众安生命"品牌，致力于探索检测技术、基因技术、细胞技术等前沿技术在大众健康领域的应用[4]，帮助人们精准有效地管理健康
2019年3月	众安虚拟金融获虚拟银行牌照，正式获准在香港提供线上金融服务

资料来源：众安官网，经课题组整理所得

②运营模式

众安保险是一家"纯线上"互联网保险机构。众安保险将重点转移到线上，利用产品的创新来规避现阶段保险承保中的风险。一方面，众安保险整合了阿里巴巴、腾讯、

---

[1] 众安保险官网. 我们是谁 [Z/OL]. (2020-01-30). https://www.zhongan.com/corporate/who-am-i/.
[2] 国内首家互联网险企获批经营车险 [N]. 江苏经济报，2015-05-18（A02）.
[3] 曹婧逸. 中国企业包揽全球金融科技公司前三甲 [N]. 中华工商时报，2017-11-20（02）.
[4] 韦夏怡. 众安保险布局大众健康科技 [N]. 经济参考报，2018-08-02（A06）.

平安的互联网资源，形成了一套属于自己的互联网保险数据，进而能更加精确地给消费者提供个性化的产品与服务。另一方面，除了拥有海量的数据基础，众安具有丰富的技术体系，并建立了自己的科技开放平台。在对互联数据积累的同时，实时分析与应用，为产品和模型的调整提供依据，实现不同客户差异化费率。

众安保险的销售方式主要有两种，一种是客户根据众安保险自建的官网和APP注册并填写相关信息后自主挑选符合条件的产品，如尊享e生系列产品、车险等；另一种是嵌入式保险，通过与第三方机构合作，将生活场景与保险创新联系起来，针对不同类型合作方推出具有针对性的创新产品，如航班延误险等。

6.3 人工智能+金融

6.3.1 人工智能技术

人工智能试图探索智能的本质，并生产出一种能与人类大脑运行模式相似的智能机器。人工智能离不开场景和数据，蚂蚁集团的金融服务涉及支付、保险、信贷、风控等各个领域。在所有场景中所产生的海量数据为人工智能提供了"燃料"，为人工智能的发展和应用提供了充足的数据支撑。蚂蚁集团构建了金融智能平台，从底层的图像理解，以及借助阿里巴巴的语音识别能力，并在此基础上发展了自然语言处理技术；在最顶层，发展推理和决策的能力，使我们能够帮助我们的用户和金融合作伙伴做出明智的决策。金融智能平台包括强化学习、无监督学习、图推理、共享学习等一系列先进的人工智能技术。这些技术具备金融领域的实时对抗性、大规模以及安全加密性。正是这些技术的支撑使得蚂蚁可以在短时间内进行海量数据的处理，高效完成时间敏感性任务。与此同时，还可以保证系统的安全性和用户的隐私权。

人工智能在金融行业中的应用离不开大数据、云计算以及区块链技术的支持，它们之间是相互依赖的关系。大数据为人工智能在机器学习训练、算法优化等方面提供了丰富的数据基础；云计算为数据的处理提供了强大的运算和储存能力；区块链解决了人工智能技术存在信息泄露、恶意篡改等安全性问题。四者的相互作用共同促进智能金融的发展。互联网技术关系参见图6-5。

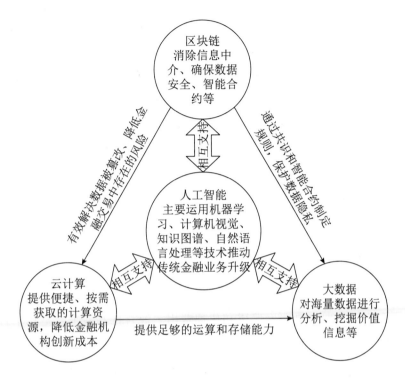

资料来源：艾瑞咨询①，经课题组整理所得

图 6-5 互联网技术关系

6.3.2 应用场景

人工智能+金融的主要模式是通过人工智能的核心技术（如机器学习、计算机视觉等）作为主要驱动力，为金融行业中各主体、各环节赋能。人工智能对于金融行业产品创新、风险防治、流程再造具有重要作用。

（1）智能投顾

智能投顾可以溯源到2010年兴起的机器人投顾技术。2014年进入中国市场后，经历技术的不断升级与服务模式的创新，逐渐被市场和公众所熟知并接受。智能投顾在应用过程中不仅需要强大的计算能力、完善的算法与技术体系作为支撑，更需要大量的用户数据基础作为智能投顾运行的燃料。

智能投顾是人工智能和金融结合的代表性产物，随着互联网思想和金融的结合日益密切，智能投顾渗透到金融行业的各个角落。目前，我国智能投顾的发展仍与欧美发达

---
① 中国人工智能+金融行业研究报告 2018 年 [R]. 上海艾瑞市场咨询有限公司，2018：48.

国家存在一定差距。这种差距不仅体现在智能投顾的模式、市场环境，还表现在制度支持以及法律体系供给不足上。现阶段我国的智能投顾还仅停留在为投资者提供个性化的投资理财服务。学者刘沛佩（2019）认为智能投顾除了是为投资者提供个性化的投资组合建议，还应该具备自动资产配置与账户管理等功能[①]。

智能投顾平台业务模式大致相同，包括风险测评、资源配置、流程引导、进行投资、资产管理、完成投资、投后服务。不同的平台模式略微有些差别，具体可以分为代理型、复合型、托管型。

平台用户进行投资的流程大致可以分为：风险测评、获得投资方案、连接账户、进行投资、更新方案、完成投资六个步骤。按照业务模式，智能投顾平台可以分为独立建议型、混合推荐型和一键理财型三种。独立建议型的平台运行模式主要是对投资者的情况（预期收益率、行为偏好等）进行综合分析计算并向用户推荐符合需求的投资方案。这类智能投顾平台的特点是仅根据用户信息提供投资建议，并向用户推荐入驻其平台的金融产品，平台收益主要来自咨询费用和代理费用。混合推荐型平台是指平台会设计开发具有其特色的投资产品，再对用户进行分析并提供投资方案。投资方案中既有代理销售的投资产品，也有平台自主研发的投资产品。一键理财型平台可以看成是"傻瓜式"理财，用户在设定完预期目标后，平台对用户的需求和行为进行分析，自动为用户进行一系列理财活动。

（2）智能风控

风险是金融行业的固有特性，是与金融业务相伴相生的，风险防控问题一直是金融机构面临的核心问题。智能风控的兴起主要得益于以人工智能为代表的新兴技术近年来的快速发展，在信贷、反欺诈、异常交易监测等领域得到广泛应用。与传统的被动式风险管理模式相比，智能风控依托先进的人工智能、大数据等技术对风险进行主动的检测预警，而不是仅局限于满足监管合规的要求。就拿信贷业务来说，欺诈和信用风险、申请流程烦琐、审批时间长是传统信贷长久以来的痛点问题，但是通过对人工智能等相关技术的应用，金融机构能从海量的数据中挖掘有关企业借贷的关键信息，在贷款的前中后三个阶段提升风险识别的精准性。除此之外，智能风控技术减少了近一半的人力资源，降低了金融机构的人工成本。

智能风控业务模式主要可以分为贷前、贷中、贷后三个阶段。智能风控平台将智能风控技术与传统风控模型结合，为用户提供更加敏锐、快捷、易识别的风险防治服务。

---

① 刘沛佩. 我国证券市场智能投顾发展的监管思考 [J]. 证券市场导报，2019，（01）：62-69.

贷前风控在信贷流程中起着基础性作用，直接影响信贷业务质量。信贷风控旨在解决信息不对称，首先体现在贷前的信息收集和数据整合过程。信息收集的全面程度及准确性与贷款审核的效率呈正相关关系。智能化手段通过线上线下结合，将非结构化数据建立联系，利用机器算法，消除主观判断带来的二次风险，实现自动化的同时，降低成本、提高效率。贷前风控主要包括注册审核、身份验证、反欺诈、征信和授信五大环节。

贷中风险管理能够实现对在线交易进行仿冒和欺诈识别，对借款人进行实时管控，有效防范和控制欺诈交易等贷中风险威胁。实时监控的依据来源于实时监测的渠道数据。由于互联网数据具有更新周期短、反馈及时等特点，因此，大数据接入可以协助借贷方实现动态监控、异常行为预警（多头借贷行为监控、还款能力指标异常预警及还款意愿交叉识别）等风险管理流程。

运用智能化手段可以更加精准地判断信贷交易风险发生的概率。通过对借款人为核心关系的人际关系的调查，对借款人日常的交易行为、消费数据、设备使用行为等方面的信息进行整合分析，提前发现风险，从而使金融机构可以对借款人进行实时的管控。贷中风险控制主要包括信用评分、风险定价、审批、交易监控和交易反欺诈五大环节。

作为信贷管理的最终环节，确保贷款安全，案件防控和业务管理质量往往取决于贷后风控的精细化管理。针对有逾期征兆或者行为的客户进行管理、识别和催收，以往的贷后风控措施依赖于人工操作，成本高，回报小，因此，很多信贷机构在贷后布局投入较小。

利用机器学习处理多维变量数据，可以精准计算违约发生的概率，制定风险管控、风险偏好、风险限额等政策与制度，通过自动监控策略执行情况及时优化调整、提升业务端风险管理体系的有效性，打造信贷风控闭环。同时，利用人工智能和大数据可以捕捉贷款人的信息，便于实时征信。相比贷前调查和准入手段的风险，贷后管理虽然目前在各类金融机构还未得到行之有效的应用效果，但是加强贷后管理，有效防范和控制贷后环节风险，会成为促进信贷业务持续健康发展的必要因素。贷后风险控制主要包括贷后监控、存量客户管理和催收三大环节。

（3）智能营销

营销是金融业保持长期发展不断提升自身实力的基石，因此，营销环节对于整个金融行业发展来说至关重要。传统金融营销以实体网点、电话短信推销等为主要渠道，形式单一、效率低下。这些营销方式对市场的把握不够精准，而且容易使客户产生负面情绪。传统渠道标准化的推销流程无法针对性地对不同客户提供个性化服务，满足不同人群的消费需求。智能营销利用人工智能技术，对客户的交易、消费、网络浏览记录等数据进行深度学习，并构建产品推荐模型，打通金融机构与客户之间的各个环节，从而增加用户群体的覆盖面，降低企业的经营成本，减少无效的信息推送。

智能营销的过程主要可以分为用户洞察、智能决策、智能投放、效果分析与检测、再营销五个阶段。第一步，利用 AI 的自我学习能力，将从多个内部业务和产品线中获取的用户基本信息、会员资料、商户信息、浏览记录、搜索记录、电商消费、线下购物、出行记录等进行汇总分析，通过对用户 ID 的统一识别，将用户群体进行自动归类，可以为用户标出更细化的信用和消费特征，形成更精准的画像。第二步，可以实现对相似或同类型用户的消费行为进行分析对比，获得不同时期的客户对于不同产品需求的意愿，进而指导营销预测和决策。根据实时的用户反馈，利用数据挖掘、知识图谱、机器学习等技术，实现营销自动化决策。第三步，根据营销决策方案，通过合适的渠道、时间、方式进行产品的投放。第四步，通过用户的点击率、浏览量、成交结果等多方面的数据，对产品推送效果进行实时的监控与分析。第五步，对核心用户的精细化的分层运营。通过对用户漏斗的技术分析，对不同属性和行为的用户进行自动化的精确识别和归类，机器采用不同的人群营销策略进行投放，进而满足老客户的进一步促活或召回①。智能营销模式参见图 6-6。

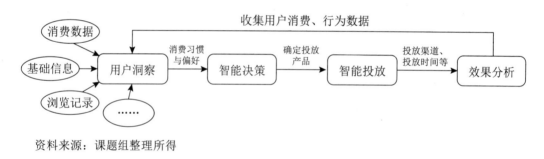

图 6-6　智能营销模式

6.3.3　案例分析——以"度小满金融"为例

（1）度小满金融简介②

度小满金融的前身是百度金融。2015 年 4 月，百度将其旗下的金融业务整合成立

---

① 贺定圆. AI 赋能下的智能营销及依赖技术 [Z/OL]. https://zhuanlan.zhihu.com/p/102394375.
② 杜云彤. 度小满智能金融服务模式案例分析 [D]. 河北经贸大学, 2019.

金融事业群组,凭借自身在人工智能技术方面的优势进军金融行业。金融业务成为百度战略的重要组成部分。2018年,百度对其金融业务板块进行拆分,启用"度小满金融"。目前,度小满金融通过"有钱花""度小满理财""度小满钱包"以及"磐石金科平台""智能语音机器人"等产品与服务,完成了在资产管理、消费金融、支付以及金融科技领域的布局。作为一家金融科技公司,在智能金融时代,度小满金融将充分发挥百度的AI优势和技术实力,携手金融机构合作伙伴,用科技为更多的人提供值得信赖的金融服务。度小满发展大事参见表6-5。

表6-5 度小满发展大事表

时间	事件
2013年	百度开展互联网金融业务
2015年12月	百度宣布成立金融服务事业群组,利用人工智能技术在金融领域布局
2016年9月	百度理财上线活期、定期理财业务,"有钱花"信贷服务产品
2017年6月	推出磐石反欺诈工作平台,构建全方位的反欺诈系统,且面向金融提供风控反欺诈服务
2017年7月	推出区块链开放平台"Baas",帮助企业联盟构建属于自己的区块链网络平台
2017年9月	中国首单基于区块链技术的交易所ABS正式在上交所发行
2018年1月	推出国内首个金融AI大数据一体机器"融智"
2018年4月	百度宣布旗下金融服务事业群组正式完成拆分融资协议签署,并成立"度小满"
2018年7月	发布"云帆消费金融开放平台2.0""磐石一站式金科平台""智能ABS平台"
2018年10月	度小满金融与北京大学光华管理学院宣布成立金融科技联合实验室
2018年10月	先后与南京银行、天津银行、哈尔滨银行达成合作,共同推进金融科技、普惠金融等发展
2019年5月	度小满运营一周年,并在信贷、理财、支付、金融科技等业务上全面发展

资料来源:经课题组整理所得

(2)度小满人工智能技术体系

度小满金融依托百度集团在AI方面的技术优势,以金融大脑作为核心能力,依托感知引擎和思维引擎,通过综合运用人工智能、大数据、云计算、区块链等技术,为银行、消费金融、信托等企业提供完整解决方案,助力传统金融企业实现转型升级。目前度小满金融已与中国农业银行、南京银行、百信银行等500余家银行互金机构达成相关合作,通过共建联合实验室、提供解决方案等方式,在大数据风控、智能催收、智能投顾等领域进一步提升金融机构的智能化水平。度小满人工智能技术体系参见图6-7。

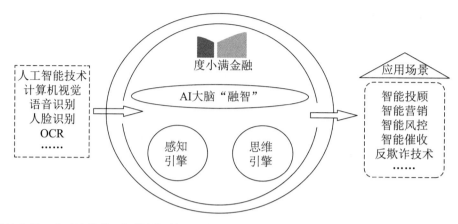

资料来源：艾瑞咨询①，经课题组整理所得

图 6-7 度小满人工智能技术体系

（3）度小满智能金融产品——智能信贷服务——"有钱花"

① "有钱花"简介

"有钱花"是度小满金融利用人工智能和大数据风控技术打造的信贷服务品牌。"有钱花"已经推出"尊享贷""小期贷"等产品，针对个人提供消费、教育、医疗等信贷及场景分期服务，具有申请简便、费用透明、审批快、额度高、到账快等特点。"有钱花"还利用大数据技术，将目标客户细分，致力于为用户提供值得信赖的多元化服务②。

② "有钱花"业务模式

"有钱花"依靠百度引擎对个人用户进一步细分，利用百度的技术优势针对用户的行为方式、消费习惯和资金需求打造多条产品链，为用户提供多样化的金融产品。公司以互联网科技为引擎，拓展链接渠道，为用户提供便捷的信贷服务②。度小满金融拥有强大的科研能力，通过大数据技术掌握个人相关信息，构建个人信用画像，再结合网页搜索习惯、评估信用风险，多角度考虑，运用机器学习、磐石综合风控模型等，给予用户不同的贷款额度、利率等。此外，"有钱花"的征信体系也被国家纳入信贷服务产品，与央行的征信系统对接，为消费者提供官方信用背书。

得益于百度成熟且强大的搜索引擎，"有钱花"可以通过多种渠道进行申请。百度旗下的产品都是"有钱花"的重要申请窗口。它的借款流程是极其便捷的："填写资料、获得额度、申请借款、实时到账"，实现"秒批"。

---

① 中国人工智能+金融行业研究报告 2018 年 [R]. 上海艾瑞市场咨询有限公司，2018：48.
② 杜云彤. 度小满智能金融服务模式案例分析 [D]. 河北经贸大学，2019.

6.4 大数据 + 金融

6.4.1 大数据技术

（1）大数据技术简介

大数据是指在一定时间内无法用常规信息抓取处理工具进行收集、管理和处理的数据集合。大数据技术是指从上述的数据集合中高效率获得有价值信息的能力。大数据是数据及其处理技术与应用思维的综合体现，其特征可以用"4C+1V"概括。具体来说，"4C"指 volume（海量）、variety（多样化）、velocity（快速）、value（价值）[1]。volume 指数据体量巨大。大数据最突出的特征就是"大"，从手机内存从简单的几 MB 到如今的 128GB、1TB，互联网上每天产生的数据量从 TB 到 PB、EB 级别。随着终端设备智能化、便携化，各类应用软件都成为数据的制造来源[2]。variety 指数据类型多样，每一种类型的数据都有其潜在的价值，目前最基本的数据利用方法就是智能推荐，如抖音、京东、QQ 音乐等，这些平台都会通过对用户的日志数据进行分析[3]，从而给用户推荐个性化、更符合用户期望的内容。velocity 是处理速度快。互联网产生数据的速度非常快，并且以近光速在互联网中传播，但是数据具有即时性，想要领先别人获得竞争优势就必须及时处理数据，挖掘价值。而从大量数据中挖掘有价值的信息需要智能的算法和强大的计算能力。value 是价值密度低，这是大数据的核心特征。现实世界所产生的数据中，有直接价值的数据所占比例很小。大数据最大的价值是利用数据挖掘技术发掘数据之间的关系，构建预测模型，从而发现新规律和新知识。该方法已经被广泛地应用到商业、金融、医疗等多个领域[4]。

---

[1] 贾利娟. 信息时代大数据技术在互联网金融领域的应用 [J]. 经济研究导刊，2017，（18）：69-70+85.
[2] 徐一铭. DB 证券股份有限公司互联网金融业务发展问题研究 [D]. 沈阳理工大学，2019.
[3] IT 大佬告诉你大数据有哪些特点，新人学习必知 [Z/OL]. https://blog.51cto.com/14296550/2433315），2019-08-28.
[4] 徐一铭. DB 证券股份有限公司互联网金融业务发展问题研究 [D]. 沈阳理工大学，2019.

（2）大数据技术的优势

金融企业通过加强对高新科技的应用，来提升企业整体竞争力。想要在行业中处于领先地位，就需要运用大数据技术，提升自身品牌价值。金融行业在发展的过程中积累了大量的数据信息，这给金融企业大数据技术的应用提供了充足的养料。金融行业通过与其他领域合作，最大限度挖掘数据内在价值。大数据技术提高了金融行业服务能力和管理能力。如今，金融产品层出不穷，且存在同质化的问题，通过对大数据技术的应用，金融行业可以缩小目标客户范围，高效地获取有价值的顾客信息，实现金融产品持续创新、精准推送。除此之外，大数据技术还可以帮助金融机构选取更加科学的物理网点位置，并提供网点客户流量、同业竞争情况、周边商圈运行情况等数据信息，方便金融机构推出更具针对性的产品和服务。大数据技术支持客户通过移动终端进行业务办理，并且可以实时查看排队人数、预计排队时间等信息，避免"扎堆"现象的出现。此外，政府、银行、企业通过数据共享及技术的应用，全方面、个性化满足用户的各类需求。如将银行与政府公积金系统连接分析用户在公积金中信的缴存情况，将缴费数据纳入风险评估模型，从而给予符合客户实际需求以及偿还能力的贷款金额。长期以来，金融机构一直以KPI作为业务导向，这无法对员工的付出进行准确的衡量，且金融机构内部、机构之间连接不畅通，各部门业务系统存在"隔离"的现象，数据标准没有也不统一，这大大影响了员工的积极性和金融行业的运行效率。大数据技术可以帮助金融机构在系统初建期就将数据关联性和相互验证的合法性纳入建立标准，合理定义"索引"、设置"数据埋点"和关联机制，对各项业务数据进行更准确的佐证，进而提升内外部管理水平。

6.4.2 案例——芝麻信用

（1）芝麻信用简介

芝麻信用是由蚂蚁集团打造的互联网征信机构，是蚂蚁集团的独立第三方信用报告机构。它将云计算、机器学习等先进技术应用到个人征信中，客观呈现个人的信用情况。芝麻信用是一家旨在构建简单、平等、普惠商业环境的信用科技企业，是蚂蚁集团生态体系的重要组成部分。芝麻信用将用户的各类行为数据，如消费数据、理财数据、公共服务数据、生产数据、销售数据、借贷数据、社会关系等信息进行收集，并利用大数据等技术进行聚合分析，为用户和企业提供信贷服务。

(2) 芝麻信用运作模式

①数据来源

芝麻信用脱胎于阿里系,与阿里巴巴集团存在着千丝万缕的关系。芝麻信用可以凭借着各大电子商务平台上所积累的客户网络行为数据资源来对用户进行初步的信用分析。此外,芝麻信用还对蚂蚁旗下的各类金融平台用户数据进行整合、处理、分析,利用算法客观评估用户信用等级、互联网金融的行为和能力。阿里的合作伙伴也是芝麻信用数据的重要来源。阿里系产品涉及领域十分广泛,包括底层技术平台、云盾、云计算平台、区块链平台等。在向城市和企业开放,帮助城市和企业进行大数据建设,提供云计算等服务的同时,阿里也积累了大量的数据,这些大数据都是芝麻信用数据的重要来源,为芝麻信用提供了用户信用信息的数据来源与支持。

③信用评分服务

芝麻信用以"FICO"分的评分体系为基础,对用户的历史信用、身份特征、社会关系、践约能力、行为偏好等五个方面进行综合分析评分。历史信用指用户在过去所发生债务活动所采取的行为,包括信用卡还款记录、共享设备消费记录等;身份特征指用户性别、年龄、职业、家庭及婚姻情况等基本信息;社会关系指与用户相关的其他用户信用程度的好坏;践约能力指用户在各类信用服务中是否按照规章约定采取行为;行为偏好指用户的消费、转账、理财等方面的行为习惯及稳定性①。根据上述五类信息,芝麻信用将分数分为五个级别:较差(350～550)、中等(550～600)、良好(600～650)、优秀(650～700)、极好(700～950)。芝麻信用与 FICO 评分对比参见表 6-6。

表 6-6 芝麻信用与 FICO 评分对比

项　　目	芝麻信用分	FICO 评分
评分区间	350～950 分	300～850 分
评分维度	历史信用、身份特征、社会关系、践约能力、行为偏好	信用偿还历史、信用账户数、信用使用年限、信用类型
评分等级	五级:较差(350～550)、中等(550～600)、良好(600～650)、优秀(650～700)、极好(700～950)	大致分为三级:680 分以上卓越、680～620 分属于良好、620 分以下信用极差
应用领域	消费金融、物品租赁等	金融通信、公共服务等

资料来源:芝麻信用网站,叶文辉(2016)②;经课题组整理修改所得

芝麻信用还构建了具有中国企业特色的风险模型,并将其应用到企业的信用评分体

---

① 夏义鑫,武诗雨. 芝麻信用体系创新模式研究 [J]. 现代商贸工业,2018,39(21):54-56.
② 叶文辉. 大数据征信机构的运作模式及监管对策——以阿里巴巴芝麻信用为例 [J]. 武汉金融,2016,(02):66-68.

系中，对企业信用进行多层次的分析，对风险进行更加精确、立体的度量和刻画。该评分具有数据采集的广谱性、评价方法的先进性、结果应用的广泛性三大特点，表现为1 000～2 000分，分值越高代表信用风险越低。企业信用评分可以帮助金融机构和企业对客户、合作伙伴等进行细分，采取具有针对性的管理方法，利用量化评估指标建立相应的风险策略。企业信用报告通过将工商、海关、司法、经营信息、投资信息、法人信息等多维度数据进行整合分析，深入探查企业整体情况，刻画企业的全息信用画像。

③应用场景

针对芝麻信用分，蚂蚁金服自己推出了3款产品：花呗、借呗和好期贷。花呗是支付宝针对个人消费者推出的一款"超前消费"工具，消费者可使用一定花呗额度购买商品，并于次月还款。中申网小编查阅数据发现，花呗的用户33%是90后，80后用户占48.5%，而70后用户只有14.3%。可见花呗充分迎合了新生代消费群体的需求。芝麻分达到600分的用户有机会申领借呗，现在还未全面开放。高芝麻分的可以向支付宝申请一定额度的个人消费贷款，贷款可提现至支付宝余额，额度根据芝麻分的高低介于1 000元到5万元，还款最长期限可达12个月，随借随还。

此外，一些第三方金融机构也纷纷与芝麻信用展开合作，将芝麻分纳入放贷的评估标准中。比如"玖富"声明用户根据芝麻分的高低可以享受不同的贷款额度和利率。芝麻信用降低了贷款风险，简化贷款流程，加速贷款的流通。对于金融机构发展来说，芝麻信用起到了重要作用。

在公共服务方面，芝麻信用也发挥着重要作用。例如芝麻分在600分以上可以享受免押金骑行服务；芝麻分650分以上可以在神州租车、一嗨租车等多家汽车租赁公司享受免押金租车服务；芝麻信用还联合多家租房平台，根据用户的信用情况制定个性化租房方案，减轻年轻人租房押金压力；此外，芝麻信用还与酒店、民宿等开展合作，先后推出免押金入住、免排队、免查房等服务。

6.5 区块链+金融

6.5.1 区块链技术

区块链技术的本质可以看成是一个共享数据库，存储在其中的数据或信息具有不可伪造、不容篡改、可循迹、共享透明等特点。基于上述特点，区块链技术打造了一个透明的信任环境，成为可靠"合作"机制的基础，应用前景广阔。未来的互联网将是价值互联网，未来的社会将是高效、透明、协作的世界，蚂蚁集团正致力于通过区块链技术，让信任发挥更大的价值，推动新契约时代到来。

6.5.2 区块链在金融中应用场景

（1）数字货币

数字货币是以电子货币的形式取代传统货币形式。目前，有关数字货币的监管比较薄弱，通常由开发者负责发行管理，被特定虚拟社区的成员所接受和使用，进一步可以分为数字金币和密码货币两种[①]。

目前有关数字货币的定义仍存在一定争议，不同国家、机构、学者们对此争论不休。欧洲银行业管理局认为虚拟货币不由央行和当局发行、不与法币挂钩、是价值的数字化表现形式，它能作为支付手段是因为被公众所接受[②]。中国人民银行前行长周小川认为数字货币是一种数字性的货币，主要有三个重要的特点：由央行发行、替代实物现金和增加交易的便利性。中国人民银行数字货币研究所首任所长姚前对数字货币进行系统性研究，结合我国经济形式提出法定数字货币的概念。"法定"指该货币由央行发行，与传统货币具有等效法律效力；数字货币则定义为使用数字密码技术实现的新货币形态。法定数字货币的价值内涵本质上仍然是中央银行以国家信用为价值支撑对公众发行的债务。

数字货币不需要向第三方支付任何费用，比传统的银行转账、汇款等方式具有更低的交易成本。区块链去中心化的特点赋予了数字货币更快的交易处理速度，因为数字货币不需要任何类似清算中心的中心化机构来处理数据。数字货币还能够实现无中介的远程点对点交易。交易双方通过互联网不需要任何第三方信任中介，甚至在不了解对方、不信任对方的情况下也能保障交易的安全性。与实物货币点对点交易方式相比，数字货币交易具有更高的匿名性，能够保护交易者的隐私，但同时，也给网络犯罪创造了便利，容易被洗钱和其他犯罪活动等所利用[③]。

（2）证券发行交易

在传统模式下，公司想要发行证券必须先与券商、中介机构签订证券发行委托合同。经历复杂的发行过程后，投资者才能够正式认购。参与主体多、发行过程复杂是造成证

---

① 李文增.数字货币与无现金社会 [J].世界文化，2017，（11）．
② 张荣丰，中国人民银行天津分行.关于数字货币的发行与监管初探 [J].华北金融，2017，（1）：36-38.
③ 丁洁.区块链技术在跨境支付中的案例研究 [D].华中科技大学，2019.

券发行速度慢、交易效率低的首要因素。除了上市困难外，传统证券交易更是十分低效，例如美国证券交易模式中证券交易日和交割日之间存在 3 天的时间间隔。首先，区块链技术让金融交易市场信息变得更为公开、透明，市场参与者以相同的地位享受信息服务，优化交易流程，提高交易的便捷性。证券交易采用共享网络交易系统可以摆脱传统交易模式对中介的依赖，形成了覆盖范围更广泛的平面网状交易模式。这种交易模式具有三大优势：降低证券交易成本；优化交易流程；将交易流程变得更简洁、透明、快速；减少重复功能的 IT 系统，提高证券行业运转的效率。其次，区块链技术对交易双方的个人信息、交易行为等关键数据进行精准、实时的记录，帮助证券发行商了解股权结构、提高决策效率；电子记录系统更加安全、高效地存储交易信息，减少了查询的成本和时间，减少幕后交易的可能性，有利于证券发行者和监管部门维护市场[1]。最后，区块链技术将交易日与交割日的时间间隔大大缩短，由以天为单位缩短至几分钟。

（3）数字支付

企业间在进行跨境商贸活动的过程中绕不开以银行体系为基础的支付与清算系统。这种交易方式需要经过开户行、交易行、清算组、境外银行（代理行或本行境外分支机构）等多个组织，且组织间的处理流程繁冗[2]。在交易过程中，不同的银行拥有完全不同的账务系统，机构的运作方式也存在一定差异。而跨境的资金转移需要银行之间建立代理关系，每个银行都需要对每笔交易进行记录以方便进行对账和清算。这种交易方式造成大量的信息冗余，还产生了交易效率低下，成本过高等问题[2]。

基于区块链技术的支付方式可以跨越中间机构，交易双方直接进行点对点支付，大幅提高交易速度、降低交易成本。在跨境支付方面，区块链技术可以为用户提供全球范围的跨境、跨行、任意币种的实时支付结算。

6.5.3 案例分析

（1）数字货币——比特币[3]

提起区块链技术就不得不说比特币，它是区块链技术应用的典型。其他类型的去中心化数字货币均是在比特币的技术上衍生而来的。比特币的崛起打破了人们对货币的认

---

[1] 刘少石. 解读区块链 [J]. 检察风云，2018，(04)：34-35.
[2] 钟华平. 区块链基础技术及其潜在应用探讨 [J]. 无线互联科技，2018-07-30.
[3] 叶佳. 比特币的优势——基于比特币与其他虚拟货币的对比 [J]. 科技情报开发与经济，2014，24（12）：150-152.

知，数字货币的出现和扩展正在潜移默化地影响人们使用货币的方式。数字货币在安全性、便捷程度以及交易成本等方面比传统货币更加具有优势。毫无疑问，数字货币比物理货币更加符合未来基于电子信息系统的商业行为。

比特币网络也是一个公共的分布式数据库[①]。密码学确保了比特币区块链的完整性和时间顺序。比特币利用密码学原理杜绝虚假转移和交易的问题的同时，确保了货币所有权与流通交易的匿名性。比特币地址与另一个比特币地址之间的转账是比特币区块链里面的价值转移。比特币并不是由某一个机构发行的，而是通过一定的算法，通过大量的计算产生，就像人们所说的"挖矿"。比特币采用的是点对点的交易模式。点对点的传输意味着一个去中心化的支付系统。在比特币的交易系统中，每个人都是交易的节点，对交易不设有门槛。用户的交易数据将记录在一个虚拟账本上，这些交易数据在区块上，并组成一个首尾相连的链，这个链就是区块链。

比特币诞生 11 年来，经历过多次黑客攻击、政府禁止、币价崩盘、交易所跑路，被宣告死亡了无数次，起起落落说明了比特币受到一些人的追捧，生命力非常顽强。全世界有上万个保存比特币完整账本，进行验证及广播的全节点，要将这上万个全节点同时打掉，才可能中断比特币的运行。就算遭到攻击，只要比特币账本还有备份，马上就可重新建立起节点，并拓展为整个比特币网络。就算全世界通信中断一段时间，只要通信恢复了，比特币又能恢复运行[②]。

（2）数字支付——蚂蚁集团的 AlipayHK 项目

区块链支付的应用主要集中在跨境支付业务方面。跨境汇款参与机构多、涉及不同国家多套法律法规和汇率等问题，一直是互联网难以触及的领域。汇款市场需要花费 10 分钟到几天不等。此外，跨境汇款手续费也比较高。

蚂蚁集团跨境汇款服务是全球首个真正基于区块链的跨境汇款服务，也是蚂蚁集团首个基于区块链向公众提供的金融服务。2018 年 6 月，蚂蚁集团推出基于区块链的跨境汇款服务，成为全球首个跨境电子钱包区块链汇款服务。蚂蚁集团跨境汇款服务以渣打银行为项目的核心伙伴银行，为 AlipayHK 和菲律宾持牌电子钱包 GCash 提供结算服务，以及即时汇率信息和流动性支持，以实现两个电子钱包间的即时款项转账。此项目简化了跨境汇款流程，缩短了资金到账时间、退款时间，打破了汇款在时空上的限制。原有支付与区块链跨境支付对比参见图 6-8。

---

① 何亮东. 基于 GSADF 方法的数字货币价格泡沫分析 [D]. 浙江理工大学，2019.
② 倚天照海. 比特币是什么？[Z/OL].https://www.zhihu.com/question/20876219/answer/1157042780.

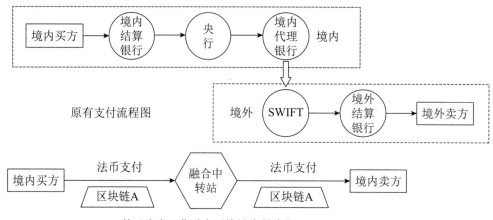

资料来源：经课题组整理所得

图 6-8　原有支付与区块链跨境支付对比

（3）区块链技术与资产证券化——以度小满金融 ABS 为例[①]

金融科技从 1.0 进入到现在的 3.0，正从交互、认知、效率、安全四个方面提升金融行业的服务能力，从而创造新的可能。技术越来越深入到金融的本质，并驱动着金融服务模式升级与深化。在此背景下，凭借自身的人工智能技术积累及对区块链技术的前瞻性布局，度小满金融整合体系内外资源搭建金融 ABS 平台，包括资产管理、云服务、结构设计、决策引擎、智能风控、核算与管理，可以为资产方提供更好的资产分层服务，比如车贷、小贷公司等，也可以为投资方提供更好的资产穿透化定价管理，包括会计事务所、律师事务所等。度小满金融以连接者的角色参与到 ABS 服务中，提供全流程 ABS 服务。

度小满金融给自身的定位是"连接资产与资金具有百度特色的新型资产服务商+科技服务商"，为合作伙伴提供产品创设、风险控制、运营管理、金融科技及系统技术支持等一系列服务，搭建资产方、监管方、投资方、协同方、管理方多方 ABS 生态系统。受益于消费金融 ABS 发行条件的放宽与标准化，投资者、中介等相关机构对资产端质量评估更加便捷，从而提高消费金融 ABS 产品发行的效率。度小满 ABS 产品以百度联盟链技术为基础进行开发和运行，参与主体根据其权限并上链公布信息。BaaS 和 AaaS（analysis as a service）是组成该区块链平台的两个主要子系统：为参与方提供包括资

---

① 严晋．区块链技术在资产证券化领域的应用研究 [D]．华中师范大学，2019．

产监控、信息披露等基于区块链技术的信息共享操作平台①。度小满区块链资产证券化模式参见图 6-9。

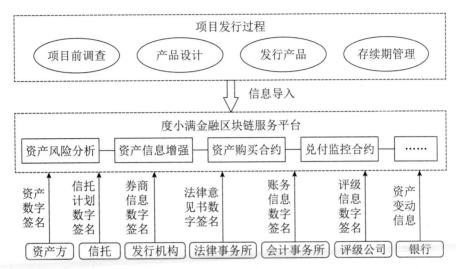

资料来源：严晋（2019）①，经课题组整理修改所得

图 6-9　度小满区块链资产证券化模式

---

① 严晋. 区块链技术在资产证券化领域的应用研究 [D]. 华中师范大学，2019.

第 7 章
金融协同原则与激励机制

7.1 金融协同原则

随着我国金融市场不断创新与发展，金融领域的分工逐渐专业化与精准化，单一金融机构难以满足市场需求，一种联结众多金融机构以实现彼此分工合作、资源共享、共同服务的协同式金融生态网络孕育而生。这种新型协同式金融创新模式以提高金融系统效率为核心，遵循系统观与整合观，将不同金融要素融合到同一个生态平台中，实现不同金融机构之间连通有无、彼此互助、共同成长的平台目标。虽然协同金融体系所要求的技术标准和特征可能相同，但同时也需要不同机构之间存在一定程度的异质性才能为彼此提供互补性资产，共同推动"木桶效应"的正外部性。因此，如何管理好金融协同体系下的不同金融机构的协同方式是一个值得深入探讨的理论与实践问题。本节将着重探讨金融协同体系下不同金融机构之间协作过程中所必须遵循的金融协同原则，从而为后文分析提供理论支撑。

7.1.1 利益共享与信息共享原则

（1）利益共享

金融机构在协同过程中遵循利益共享原则，就是从协同子集的利益点启航，根据协同子集的贡献度大小对整体收益进行公允分配，而不是从主观角度出发对利益平均享有[1]。具体来说，我们对利益共享的内涵可做如下三点理解：第一，利益共享的主体是参与协同的金融企业，如国有银行、政策性银行、信托投资公司、证券投资公司以及非银行金融机构等；第二，利益共享的客体是金融协同所创造的共同利益，是对协同企业自身发展有益的金融产品或金融服务，并以整体利益的形式呈现；第三，利益共享是合理差异基础上的共享，作为利益主体的金融机构和非金融机构之间必然会存在差异，协同允许差异的存在，但是差异要合理，要互补，我们需要在利益主体的接受范围内建立公正的程序和制度规范，依此来减少差异带来的损失。在金融协同过程当中遵循利益共享的原则其实质便是以各个金融机构的投入与贡献度为依据，对因协同互助而产生的收益进行合理分派。

---

[1] 郝云，贺然. 新时代我国企业共享利益的公正实施机制[J]. 伦理学研究，2020，(04)：28-35.

利益共享是金融协同的内在价值原则，但是，在金融协同过程中不可避免地会出现利益分化和重组。为了将这种利益分配控制在合理的区间内对其进行引导和约束，需要建立一套完善的共享机制来保证金融机构在协同过程中的利益进行有效的分配。利益共享对金融协同的机制表现在以下三点。第一，由金融机构和非金融机构共同制定的规则为区域间的协同提供了制度保证，有利于实现协同的效益最大化。第二，利益共享制度使得各金融机构间对协同关系更加稳定。各机构和企业之间的经济实力上存在差距，可能会导致在合作时出现明显的强弱对比，通过合理体制机制能够有效维护处于低层次的协同子集，也为二次协同奠定基础。第三，在健全的利益共享模式下，能够为协同双方或多方带来更大的溢出效应，化解矛盾的同时也减少了恶性竞争，促进了资源要素在协同过程中的流动①。金融协同机构利益共享的示意图如图 7-1 所示。

资料来源：课题组整理修改

图 7-1　协同机构利益共享示意图

金融协同的过程是多个平台、不同机构共同参与的。例如，在银行层面，国有银行、政策性银行和商业性银行等相关机构进行协同合作，产生利益并共享协同利益；在政府层面，在中央政策法律框架下，地方政府为吸引更多金融机构参与项目建设与投资，推进政府与银行业合作；在金融监管层面，银监会、证监会和保监会这三大机构对金融协同的过程起到了有效的监督作用，避免发生潜在风险；在非金融机构层面，证券投资机构、信托投资机构、金融资产管理公司和保险业银行等，在与银行等机构发生业务往来，协同合作后也可以进行利益共享。

---

① 田艳平，冯垒垒. 区域合作、利益共享：区域协调发展的基础 [J]. 学习与实践，2015，(01)：36-43.

因此，利益共享原则是不同金融机构之间协作过程中所必须遵循的基本原则，当前我国的金融协同处于刚发展的阶段，利益需求多元化增长，利益之间的竞争也日趋激烈，所以要坚持利益共享原则，不断优化完善利益共享制度，在现有的金融市场条件下推动金融协同发展迈向新的台阶，从利益共享走向利益共创。

（2）信息共享

随着数字技术的不断革新，我国的经济市场也进入了大数据时代，信息技术也作用在衣食住行的各个方面，信息手段也成为推动金融协同的强心剂，影响着协同过程中的方方面面。信息共享是指具有差异的协同子集之间对于信息资源的互换和同享，其基础是信息标准化和规范化，并用法律这种正规化形式予以保证。虽然信息化的发展是在近十年中开始逐渐有起色，但信息共享也逐渐成为各金融企业协同合作过程中的一种契约精神，不同金融部门的信息和产品等要素在信息标准化和规范化的基础上通过信息系统进行交流与共用[1]。金融机构在协同过程中遵循信息共享原则，其目的无外乎是优化资源配置，节约协同合作的成本，提高信息资源的利用率，减少由于信息缺失所造成的损害，以此达到共同创造更多的财富的目的。

信息共享的前因是存在信息不对称。金融分工的不断专业化是导致信息不对称的主要原因，各个金融机构所从事的工作在市场经济下也越来越细，例如银行为各大金融企业解决了资金难的问题，非银行性金融机构则扮演了补充者的角色。但在金融协同的过程中，参与协同的一方很难及时掌握有关协同的全部信息，进而可能导致决策失误或发生不可逆转的战略性错误，甚至会引发道德风险，造成不良的社会反响。参与到金融协同中的各个子单元，其优势各有不同，若是大家各自为营，甚至出现派别之争的不利局面，那协同的出发点便付之东流。遵循信息共享原则，可以很好地打破原本存在的数据壁垒难题，能够助力"平安协同"建设朝着阳光大道前进，通过对庞大信息的大数据应用进行分析，有助于完善对协同单元的轨迹完整率、数据合格率和运营系统等指标，若有异常可合理解决。例如，在保险系统中搭建信息一体化平台，打造快速联动的响应机制，金融协同所面临的具有超高复杂性的投资选择，在这种导航化、精准化、智能化的密度网络中极大降低了概率。而且通过信息共享后还可以将其兑换成信息能量，大大提高了多重协同效率[2]。因此，为了避免出现信息孤岛现象，在金融协同过程中遵循信息共享原则是十分必要的。需创建信息共享的"大房子"进行信息交流，以提升协同效益。

---

[1] 信息共享 [EB/OL]. [2020-06-14].https: //baike.baidu.com/item/%E4%BF%A1%E6%81%AF%E5%85%B1%E4%BA%AB/2411616?fr=aladdin.
[2] 魏凯. 保险业信息共享建设研究 [D]. 对外经济贸易大学，2018.

信息共享交换平台示意图如图 7-2 所示。

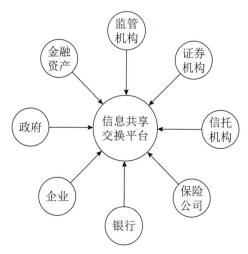

资料来源：课题组整理修改

图 7-2　信息共享交换平台示意图

7.1.2　权责对等原则

在金融协同的过程中遵循权责对等原则，是指各金融机构的所有者或管理者在与其他金融企业进行合作时，各单元的权力与责任应相互匹配。详细金融协同过程中每一个参与者的权与责，而且要划定其所获取和行使多方面是事务的权力。没有明确的权力，则可能使责任无法履行，导致任务无法完成。权责对等示意图如图 7-3 所示。

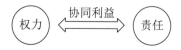

资料来源：课题组整理修改

图 7-3　权责对等示意图

权责对等原则包括如下两个内涵[①]。一是协同各方所具有的权力与责任应当匹配。通常意义下的权责对等就是指权力与责任要相互一致，不能只拥有其一而放弃另一个，二者必须在同一个屋檐下。前者是后者的必要条件，因而在金融协同过程中落实权责对等原则的一个重要方面就是合理授权，必须依据金融机构在协同时所负担的责任授予其相应范围内的权力。企业管理者完成协同任务的评价及反馈也是一个不可或缺的任务，

---

① 魏琬昕. 地方政府简政放权改革中的权责关系调整 [D]. 南昌大学，2018.

以便掌握协同各方的真实情况。

二是对于协同企业的管理者而言,要从两个层面进行管控:第一是强调不能滥用其权力;第二是突出了管理者的责任,在其位要担其责。这种约束是自我约束,它发挥作用的关键还是依靠管理者自身的自觉性。所以对高层管理者而言,要做好准确选拔人才,并对通过选拔的人才予以工作授权,明确各级管理者的工作责任,合理确定管理人员工资报酬,做到同工同酬、公平公正,并完善监督检查执行机制,发现问题及时处理。如果一个管理垂直链出现问题,可能会同时在多个关键点出现问题。

遵循权责对等原则也是防范化解金融风险的手段之一,尤其是银行在进行信贷管理工作时,更要做好权责划分[①]。现在的金融领域愈来愈强调价值回报,每个协同单元的能力大小可能都不一样,当组织配置出现不合理时,则协同所需的主观能动性就无法很好地调动,权责利作为等边三角形的三条边,才是最稳定的金融协同结构体,而能力作为关键性横梁,在结构体中决定了权责利的大小,因而决定了该如何优化金融协同的最佳设计。无论是大到国家层面,还是小到企业个体层面,权责对等自古以来就被组织者所倡导,它是组织管理的基石。因此,权责对等覆盖在金融协同过程中,使原有可能是空谈的协同项目成功落地,发挥了不可忽视的巨大作用。

7.1.3 独立性原则

在金融协同的过程中,协同各方机构就利益和信息进行共享时也要遵循独立性原则,各协同单元虽然在同一个监管机制的屋檐下工作,展开各个方面的合作,但享有工作上的独立自主权,从而有效发挥各个协同机构的职能。这里的独立性应包括两个方面的含义,第一是任意金融机构之间都是独立的;第二是这种不附加条件的独立性是相对的。协同的目的必然是合作共赢,通过各个平台展开多方面协作,但同时需要保持自身的独立性。我们可以用数学中的交集来对独立性进行解释,各个协同机构在展开合作时,会产生一个交集,这个交集就是金融机构的协同项目,但除了这个交集之外,各个金融机构仍然本来就存在其他子集,就好比企业日常工作中的经营性权利,交集的产生是对其他子集没有干扰作用的,这样就遵循了独立性原则,保证了金融机构除了协同项目外的其他项目能够正常运行。金融协同的独立经营示意图如图7-4所示。

---

① 欧连明,李毓祁.浅谈银行信贷管理的权责对等原则[J].海南金融,2001,(04):29-30.

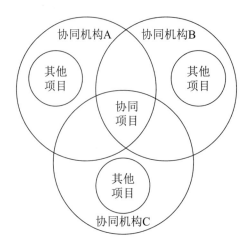

资料来源：课题组整理修改

图 7-4　金融协同独立经营示意图

协同组织应设立一个牵头和管理机构，代表协同参与方的共同利益，在协同过程中主要履行监管的职能，协同参与金融机构在合作过程中对于本企业事务有着绝对的话语权，协同企业除了在信息资源共享外不能插手其他机构内部重大事务。

在政策方面，协同过程中遵循独立性原则还表现在各个金融企业所制定的政策中，各金融机构有权独立制定本企业的相关政策，如企业所遵循的价值观、行业所遵循的道德规范、员工行为准则等，前提则是在整个金融协同的规则之下，只对协同项目进行共商共管，并不干扰和侵犯其他协同成员的基本利益，协同管理委员会也起到中间协调的作用，来确保各金融机构保持相对独立性。

在审计方面，金融企业开展业务合作的过程中，要秉承着核心业务流程不外包的底线，在审计时坚持独立性原则，明确各方权责。不能将信贷审批、风险控制等核心流程外包给其他协同企业，也不能因为第三方信用等级变高而放松风控标准[①]。这就表明独立审计的作用日益凸显，在金融协同的过程中遵循独立性原则，独立审计通过为金融性公司提供财务信息服务，不仅能够提高其财务信息的质量、实现信息的增值，也能为众多金融组织的科学决策提供信息保障[②]。因此，对于金融协同而言，独立审计应当在其合作时发挥积极的保障作用。

---

① 李文，李晓辉. 会计盈余管理与独立审计质量分析 [J]. 商讯，2020，(21)：34-35.
② 马博南. 独立审计、内部审计与公司治理 [J]. 现代企业，2019，(07)：136+150.

7.1.4 风险收益对等原则

协同的最终目的是使各方金融机构获得权益，优化组织分工，共享利益。金融市场必然是跌宕起伏的，所以在此过程中一定会承担风险。那么当所承担的风险大于所取得的权益时，金融机构自身的利益会受到损害，成本无法回收，进一步导致恶性循环；当所承担的风险小于所取得的权益时，可能会打破协同的壁垒，有更多的金融机构甚至是非金融机构想来"分一杯羹"，这样就破坏了协同机构统筹规划的计划安排，使运行效率下降，违背了协同的初衷。因而，风险收益对等原则也是金融协同过程需要遵循的原则之一。简单来说，在利益共享和信息共享的前提下，所承担的风险和所取得的权益应该相对等。

风险分配的本质其实是风险分配会伴随着责任转移与界定。当某些风险应该由某一金融机构转移给其他协同合作方时，需要明确边界和风险范围，确保收益和风险达到均衡，保持金融协同内部系统的生态能力。一家独大甚至是垄断的协同一方所主导的协同过程中常常出现风险和收益不对等的问题，这一问题形成的原因在于信息不对称，资源产生了倾斜，影响了各协同主体的决策。收益和风险的关系一直都是金融领域关心的重点问题，如果没有额外的补偿，更可能会引起协同内部的溃散，还会因为投资所承担的风险而期望得到额外的风险报酬。从长期投资来看，投资的风险和收益是成正比的，也就是说风险与收益是对等的。尤其在 PPP 项目中，不是能够转移风险的方案就是最佳方案，运用在协同项目中，我们最终也要依据项目的性质而定，如果协同项目的产出结果非常清晰，所表现出的市场化特征达到了预期，那么协同主体就可以对专业能力再优化，或者在协同工作中建立带有自身特色的政府参与机制，这样做的目的是避免出现较大偏差。

协同金融需要参与各方的共同投入，一旦协同失败各方都要一起承担相应损失。核心协同机构的风险承受能力一般较强，能够承受较大的风险损失，而处于协同系统中的小微企业的风险承受能力通常较弱。因此，各方参与协同金融项目时，需要充分评估风险及自身风险承担能力。在这种情况下如果不能得到与所担风险相匹配的协同收益，可能造成协同过程的延误甚至失败[①]。

因此遵循风险与收益对等原则还得在一个较完善的均衡体制之下来实施，在不同的经济大环境下实施相同的均衡机制，也会产生不一样的协同效果。表 7-1 对小额信贷各典型模式的风险与收益均衡机制及其运行情况作了简单比较。

---

① 吕璞，马可心. 基于相对风险分担的集群供应链协同创新收益分配机制研究 [J]. 运筹与管理，2020，29（09）：115-123.

表 7-1　小额信贷风险收益与均衡比较

信贷机构	机构性质	收益状况	风险状况	风险与收益均衡状况
国有银行	商业化运作	以盈利为目标,市场利率较低	风险较低	能实现财务的可持续性发展
商业银行	以盈利为目的	根据现金流决定贷款力度,市场利率较高	风险中等	能实现财务的可持续性发展
投资银行	政府支持的小额信贷机构	根据不同客户确定各自利率	风险较高	经营不当时可能会出现财务危机

数据来源：课题组根据公开资料整理所得

7.2　现代激励理论与金融协同

随着金融科技的竞争日益激烈以及金融创新环境的日益复杂，金融业与非金融业的技术交叉与深度融合越来越明显，对金融协同的创新速度和层次都提出了更高的要求，协同金融是致力于推动金融、科技与产业协同创新，布局涉及金融业、科技界和产业界等多个行业，也应运而生了多种新型金融融资模式。但在当前的大数据时代，集聚金融产业的优势资源是提升其协同技术创新能力的重要模式。这一过程离不开对协同目标的激励，多家协同参与方跨组织的全方位合作，内外的激励是极为重要的影响因素，这关系到如何高效地调动金融信息等资源要素。因此，只有加强对协同目标的全方位激励，才能科学地促进金融协同朝着供需均衡的路径前行。

本节引用现代激励理论阐述激励在金融协同时的重要作用，讨论现代激励理论在金融发展、金融机构管理、金融合作中的相关应用。讨论各种现代激励理论在金融协同中的应用；股权激励理论和收益分配理论都是现代激励理论中为了适应互联网时代孕育而生的最新成果，通过对股权的激励和收益的合理分配来研究金融协同过程中如何能够更好地产生更大效益；同样，只有理论是不够的，还需要通过建立相关的激励机制，才能使激励理论更好地应用于金融协同中。其中定价机制是金融市场中与供求有关的运行机制，通过价格机制的调节来研究协同的多种金融工具价格的变化；股权分配制度通过研究参与金融协同的各个机构中的股权和资金管理，来探讨激励在经营中的作用；谈判机制所解决的问题则是对各金融企业之间对合作期限、投资融资等责任进行合理谈判规划，从而更好地优化协同路径，提升协同效率[1]。

---

[1] 韩上尚. PPP 项目特许协议再谈判机制研究 [D]. 西南科技大学, 2018.

7.2.1 激励是什么

首先,分析激励如何运用在金融协同中,我们必须要弄清楚一个首要的问题,激励是什么?激励的概念最早由贝雷尔森和斯坦纳尔这两位美国管理学者给出,指出激励是由人们内心一切所要争取的愿望、动力、条件等所构成的,是所有社会人心中的一种潜在化状态[①]。激励也是管理过程中不可缺少的环节,金融组织中的协同过程也离不开对人员的激励,协同的出发点也离不开对合作双方的外在激励和内在激励。这是以各方的需求为基点,以需求理论为指导,金融协同的产生都是出于对某种需求或利益的追求。协同的结果也有可能是导致两种状态,一种是积极的影响,协同双方或多方都获得了较好的收益,引起了良好的社会效应,吸引了多轮投资;另一种是消极的影响,协同效应未能满足当初协同合作的计划目标,未达到良好的激励效果,就会产生消极的后果。金融协同的激励过程可以用图 7-5 来简单描述。

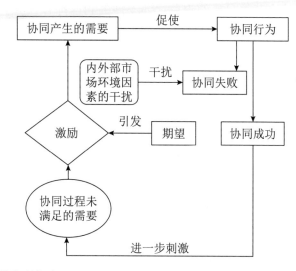

资料来源:课题组整理修改

图 7-5 金融协同的激励过程

从图 7-5 可以看出,激励是由期望所引发的,由激励产生需要并促使协同行为,在循环过程中未满足的需要则会引发新一轮的激励,可以理解为激励的需求是期望值的函数。当有需求产生时,才会促使协同各方开始正式的合作行为,行为会导致两种结果,第一种是成功,金融机构和非金融机构都从这个协同里获得了利益或者较好地完成了期

---

① 小詹姆斯等. 管理学基础 [M]. 北京:中国人民大学出版社,1982.

望值，这样就会进一步地刺激未满足的需求，形成良性激励循环链；第二种是失败，失败的原因可能是由于外部各种环境因素的干扰。

7.2.2 收益分配理论

进入金融时代以来，国家对金融企业和相关机构的税收、社会保障和财政转移支付手段等问题也越来越关注，其实这就是收益分配所要解决的关键点。收益分配也是国家宏观调控的重要手段，也有许多经济学家对收益分配理论做了阐释。英国政治经济学家威廉·佩蒂道出了自己的看法，提出劳动消费主宰了商品自身所拥有的价值内涵，用于生产商品的劳动时间控制了商品的价值，价值的大小则受劳动消费的潜移默化、生产力的冲击以及分工进一步促进生产力的提升；法国经济学家萨宜认为，价值的创造源于生产的各个元素，每个元素的所有者应该根据这些元素提供的衍生产品而拥有不同的利益，并根据相关分配原则从中获得自己的收益，即不同的利己持有者从中获得各自的收入；随着时代的发展，原有观点的弊端在新情境下也慢慢暴露，因而出现了新古典经济学派，他们驳斥了前人的理论，并取长补短提出了更新的看法，尤其是作为代表的瓦尔拉斯、蒙戈尔、杰温斯等学者，他们摒弃了前人的劳动价值论，提出了基于主观效应的边际效用价值论，造就了一场"边际革命"①。在金融协同的过程中，各个金融机构在付出了一定成本后会取得相关的基本收益，如图7-6所示。

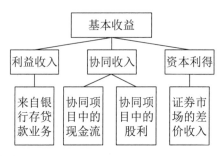

资料来源：课题组整理修改

图7-6 金融协同基本收益

如图7-6所示，在金融协同的过程中，基本收益主要有三种，分别是利益收入、协同收入和资本利得。但同时收益分配的风险是客观存在的，首要源于金融市场转变的不确定性，金融机构未能较准确估计出投资所需的资金，可能进一步致使整个企业收益危

---

① 刘恒. 人力资本与企业收益分配改革的研究[M]. 长沙：中南大学出版社，2006.

害性加大，波及企业将来的外部筹资，加大企业的筹资风险[①]。因此，将收益分配理论运用到激励中需要考虑如下因素。

（1）股东因素

第一是对金融协同控制权的斟酌。这是出于对统筹财务管控的考虑，各合作方股东担心发行新股会稀释其对公司的原有控制权。所以这些公司的股东往往会从自己的角度来节制新股利的支付，尤其是在金融协同的过程中，股东作为投资方，在此环节中发挥着不可忽视的作用，控制权掌握在谁的手中以及掌握多少，关乎着协同过程能否顺利进行下去，为了保证协同各方的利益，我们需要充分考虑股东因素。第二是对规避风险的考虑。对于绝大多数的股东来说，他们选择参与协同项目根本目的就是获得超出成本的未来收益，但收益和风险是在同一个屋檐下的，各个不同来源的收益在很大程度上决定了股东的吸引力大小，不论是现金股利，还是资本利得，排除掉股东本身的因素外，即不考虑究竟是风险偏好还是风险厌恶，只有当股东的投资尝到甜头时，才会对金融协同有着正向作用，所以要求支付更多的股利。

（2）协同参与方因素

首先是协同机构公司的举债能力，也就是指公司的筹资本领。协同机构的融资能力不同，所导致的配套收益政策也会不同。当协同参与方自身在动荡的市场条件下，依然能够凭借强大的举债能力来维持生存与发展，甚至可以对其他协同方产生扩散反应，此时我们可以采取较为宽松的收益分配方针，反之亦然。所以收益分配的落脚点不得不考虑到协同参与方的因素。

其次是未来投资机会。金融协同是一个招商引资的巨大熔炉，当柴火越多的时候，火焰也越旺。在未来投资及分配利润时，要尽量少分配、多预留，以防止资金闲置。这里涉及的机会，我们既可以理解为机会主义，也可以理解为战略手段，金融协同从宏观意义上来说无法做到准确预测未来的所有可能方案，所以协同参与方需要理性分析未来投资机会。

最后是盈余的稳定情况。协同参与方的盈余是否稳定也是至关重要的，这关系到金融协同机构是否能参与下一个协同环节，因为协同的过程并不是一轮结束的，而是要不断地更新迭代，继续参与下一轮的协同过程。那么此时协同资产的盈余越稳定，就会越有利于协同各个单元的收益分配，越能够发生良好社会效应。

---

① 何盛明. 财经大辞典 [M]. 北京：中国财政经济出版社，1990.

（3）资产流动因素

资产的流动状况也扮演着至关重要的角色。金融协同机构的资产流动性越强，在股东占有的前提下派发的股利也就越多，致使留存资产的丰富性就越强。流动状况也暗含着机构在充满着高度复杂性的融资环境中，在遇到大范围的困难后能够从危机中恢复的程度，状况越好，则对协同参与方越有利。

（4）剩余政策因素

剩余政策因素是收益分配理论中不可或缺的一部分，这里的剩余政策主要是指各个金融机构在协同的过程中股利的分配，在完成各项股东基本政策分配后，也必须对股利政策进行全盘剖析，避免出现对股东、对协同各个机构和利益相关者的收益分配不均衡的问题，使整体收益合理化。剩余政策绕不开的除了投资机会，还有机构的变现能力和偿债能力，以及各个投资者对待政策的态度问题。当股东在对政策达到一种平衡状态时，则可以很大缓解股利政策同其他因素的矛盾，当投资机会显著时，剩余政策可以更好地发挥作用，并优化资金结构。

7.2.3 交易成本理论

交易成本理论发展历史长，最早是用来从企业最本质的特征出发来解释不同企业之间交易及分工，尤其是合资企业的形成与合作[①]。著名经济学家柯斯正是由于在交易成本理论的领域做出了巨大贡献，因此获得了诺贝尔奖。柯斯指出市场价格在金融企业为核心的经济体系中的幕后运作，催生了劳动力的专业化，同时利用市场价格机制刺激了企业金融交易的形成[②]。在金融协同过程中，多家协同机构参与一个共同项目，各种金融产品在交易时必然离不开价格这个词。将交易成本理论运用到金融协同过程中，价格机制蕴含着三个方面的内容。第一是具有差异性的金融机构之间存在一定的成本价格差异，虽然金融市场上有人出售此类金融信息，但直接购买此类信息需要支付信息搜索等相关费用。第二是与不同合作金融机构的商洽和签约成本。此类成本囊括买卖前寻找交易伙伴，对相关资金进行讨价还价后确定的成本。但是技术的进步可以减少这种额外成本。第三是使用价格机制的其他相关成本。市场契约的流通一般来说是短期契约，而在短时间内由于各种限定因素会导致交易不能较好地顺利进行，或者要花费很高的成本才

[①] 薛晋洁. 合资企业合作困境影响因素的实证研究 [D]. 西南交通大学，2016.
[②] 交易成本 [EB/OL]. [2021-01-26].https://baike.baidu.com/item/%E4%BA%A4%E6%98%93%E6%88%90%E6%9C%AC/829337?fr=Aladdin.

可顺利进行，而长期契约在一定程度上可以有效地克服这些弊病①。基于交易成本的协同模型如图 7-7 所示。

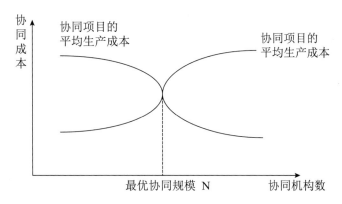

资料来源：课题组整理修改

图 7-7　交易成本模型

催化交易成本产生的原因是多种多样的，著名经济学家威廉姆森指出了五项成本缘由。第一个是有限理性，主要是指金融交易过程中的个体因素，尤其是金融协同机构产生交易时，由个体的特质因素导致的局限性造成了效益最大化的缺口，这种智力及情感等因素的限制就是有限理性，这是介于完全理性和非理性之间的。而人们在金融协同过程的行为并不是完全理性的，在不理性的情况下，可能会导致某些交易成本发生不必要的叠加，所以在协同交易发生时，各个不同机构的代表要尽力保证自己处在有限理性的区间内，为金融交易的风险去除主观因素。

第二个是投机行为，指参与协同金融交易过程的各方，有些集体为了追求自身利益最大化，由于互不信任的交易致使了非公平手段的发生，从而导致交易过程中的非管理成本增加，结果就是降低了经济效益。投机主义并非避免了金融协同业务的风险性，而是接管和操纵了风险过程。例如在期货市场上所产生的投机成本，主要指通过投机性交易，利用金融市场的差价而获取的利润，投机个体对整体价格走势做出判断后，对价差投机及进行预测分析和逆预测分析，其中出现的损失则需要自身承担，我们常说利润风险是共存的，在这里承担的风险虽然很大，但利润非常可观。

第三个是金融交易过程中存在的复杂性与不确定性。金融市场布满了错综复杂的交易过程及其隐含风险点。因此协同交易的双方进行拟定合同时，需尽可能将未知因素纳入其中，并进行事前分析与告知。因此，金融交易过程越来越复杂，交易不确定性增加，

---

① 崔莎娜. 基于交易成本理论的铁路企业组织模式分析 [D]. 北京交通大学，2017.

在数字化时代下,这些问题也暴露在公众参与和监督之下,随着大数据征信技术发展,金融交易费用逐渐下降,风险管控能力在提升。除此之外,协同利益的分配问题也是在这种高度动荡的环境下滋生,不可避免地产生了分配的不确定性和公平问题,所以在金融协同时,要高度重视此类分配不确定性问题。

第四个是专用性投资。资产的专用性是在金融协同的过程特指投资者可以在不放弃剩余产出价值的情况下使用资产的水平。如果一项资产被行使后损失较大,则视为特殊资产,否则视为通用资产。专项资产投入后提前停止投资的,部分投入的资产不得挪作他用。威廉姆森已证明并推导出生产合同的连续有限性,这种连续有限性的本质上是可以引发"锁定反应"的特殊投资做法,当采取这种特殊的投资行为时,协同机构之间的关系会在一定程度上被锁定,契约关系的"基因"便被改变了[1]。

第五个是协同信息的不对称。由于金融环境的高度动荡性,如同股市所展现的正弦曲线那样,双边机会与自利行为可能会交替出现,所以实际中买方和卖方往往会掌握着不同程度的信息,这种信息差异导致信息鸿沟,使得协同市场具有更多的先发制人者,并构成市场上的少数交易。信息现今已经是一种极其重要的金融资源,像资本、土地一样成为必需的生产资料,并且作为一项企业软性资产被纳入了协同金融的经济核算之中。我们纵观以往的经济体系,信息产业所占的比重很小,基本上是作为国家公共资源由国家供给,它的成本会介入国家预算。但是在金融协同过程中,交易成本的发生是一定要把信息资源考虑在范围内的。根据科斯的交易成本理论,在协同时有如表7-2所示的成本种类。

表7-2 交易成本种类及内涵

交易成本种类		内涵
协同前 交易成本	契约成本	当交易双方达成协议,对契约合同进行谈判时所产生的成本
	决策成本	当协同交易双方为达成共同决策时产生的成本
	信息成本	为寻找业务范围及调查相关金融产品和服务所付出的成本
协同后 交易成本	执行成本	合同订立之后,交易双方进行合同所要求的检查以确定对方确实遵守契约,当对方违反合同时,要求其他协同机构履行契约产生的成本
	监督成本	交易双方订立合同后,为防止造成对方违反合同的行为,合同订立后,进行协调的参与方在执行过程中相互监督的费用成本
	转换成本	当协同双方完成金融交易后,交易可以继续进行。如果此时有其中一方更换交易伙伴,这个时候产生的成本为转换成本

资料来源:课题组根据公开资料整理所得

---

[1] 方芝.金融交易中的交易成本与正规融资条件下中小企业融资问题的关系分析——基于威廉姆森的交易成本理论[J].时代金融,2016,(26):242+244.

7.3 协同金融的激励制度设计

在金融科技飞速发展的大趋势下,协同参与方之间的"明争暗斗"也必然呈现出"不可开交"的状态。而在此"华山论剑"的过程中,占据主导地位的便是作为创新源泉的多方金融机构。金融企业和非金融性机构是协同中另一大主体,也是主要的需求主体。为了更好地破除制约金融协同发展的各种障碍,厘清金融合作发展链条,合理安排协同机构的分工[①],就要求在充分发挥激励理论应用性的同时,还必须重视协同发展的激励机制建设,以制度为基石,构筑更加高效的金融协同发展动力机制,为协同金融提供更好的前进助推器。

本节从激励机制的角度介绍金融协同与现代激励的关系,对跨组织合作的优化路径提出可行性建议,主要是从委托代理机制、谈判机制和定价机制这三方面来展开。

7.3.1 委托代理机制

委托代理关系源于社会化分工的不断细化,社会生产力的快速发展使得社会化分工趋向于专业化的方向,也应运而生了各种新的生产关系。谵森和迈科林这两位经济学家在他们的观点中认为委托代理关系是一种相互信任的联系,双方于相互信任的基础上建立信任协议。一个或多个行为发起者(委托人)通过互信机制招用其他行为承担者(代理人),为他们提供专业的委托代理合同,代理人被授予解决方案的权力,然后通过委托经营在金融市场重组中取得利润。目前学术界对于委托代理理论的代理相互关系有广义和狭义之分。广义的代理制是指上述委托代理关系,而狭义的代理特指公司的管理布局视角来看待这种关系[②]。同样,在当前金融社会下,受到科学技术与信息水平的制衡,单个企业往往无法完成所有金融领域内的工作,效率也比较低下,在这种情况下,需要与能够胜任某项金融工作的金融机构进行合作,并委托相关委托机构去参与某一个项目,由此而产生了委托与代理的关系[③]。委托代理在金融市场上已经逐渐常态化,从简单的

---

① 刘戒骄. 京津冀产业协同发展的动力来源与激励机制 [J]. 区域经济评论,2018,(06):22-28.
② 吕宁. 委托-代理关系中的逆向激励及其博弈分析 [J]. 企业科技与发展,2020,(12):230-233.
③ 丁翔. 委托代理视角下大型工程合谋行为及其治理机制研究 [D]. 南京大学,2015.

基层管理合同委托再到复杂的股权委托等，资源的编排及重组就显得极其重要，通过委托代理机制为企业的产品或服务价值更上一层楼，并能够有效处理其中涉及的法律事务。因此，委托代理机制通过多方协同为金融交易提供了一条康庄大道。

在金融协同过程中施行委托代理机制，不可避免存在信息的不对称，为了使得本身功效实现最大化，避免出现协同合作机构利用信息不对称性相互勾结的现象，可以通过引入专业知识强的第三方机构来避免此类情况的发生，即通过银行托管交易方的帐号，监督办理承包商的委托行为，尽可能地保护金融协同机构的利益并制止危害行为的发生[①]。其中通过银行来委托第三方机构的协同过程委托代理机制如图 7-8 所示。

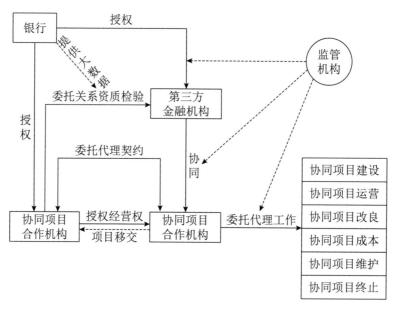

资料来源：课题组整理修改

图 7-8　协同过程委托代理机制

根据委托-代理理论的解释，与委托人相比，代理人拥有支配性的决策权，可以选择风险偏好型的策略或风险中性的策略。委托人在客户关系中处于不利的态势，委托人对代理人进行有效监测的前提是金融市场相对稳定，但当金融市场受到滋扰出现了高度动荡时，其中一方的委托人或委托机构就很难监控代理行为。因而委托方在与代办方形成信任契约关系时，需要首先框入同一个约束机制之下，促使代办方从自身长处出发选择对委托方最有益的计谋，以此使协同两边达到帕累托最优。但外部金融环境存在很大的随机性，在委托方无法直接与代理方进行机制搭桥时，行动的实施和选择受到了很大

---

① 方波. 水利工程的业主与工程监理委托代理关系分析 [J]. 黑龙江水利科技，2019，47（04）：36-39.

制约。如果基于互信机制的委托机构与代理机构在信息鸿沟下出现了利益损害，此时协同项目的合作机构可以移交授权经营权，有利于项目建设、项目运营、项目改良、项目成本、项目维护和项目终止等环节，削减空间和时间上的间隔，以实现对双方的束缚机制[①]。在目前，我国国内金融领域的委托代理机制也存在不少问题，我们也可以参考境外的金融投资委托代理机制，如图7-9所示。

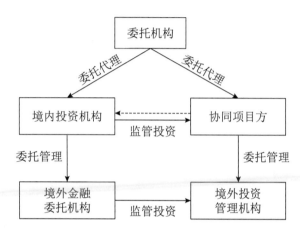

资料来源：课题组整理修改

图 7-9　境内外金融投资委托代理机制

7.3.2　谈判机制

伴随着金融行业的飞速发展，一些群体性事件也频繁发生，例如 P2P 跑路、挤兑等，已经成为影响社会和谐稳定的重要因素。从经济学的角度分析，谈判问题不仅是关注立场问题，而且是寻找共同利益点和协同合作的可能性，这样才能推进协作[②]。解决争端已经是金融协同过程中不可避免的话题，因此谈判制度便应运而生。谈判制度在英、美、德等国家萌芽。自 1949 年以来，国际劳工组织通过了一系列国际文件来促进谈判，以及中国自加入 WTO 以来，处理了愈来愈多的谈判问题[③]。当前伴随经济全球化的融合性越来越强，诸多国家都建立了集体谈判制度，其已经成为金融机构之间普遍适用协调机制的调和剂，我国也对企业之间和企业与金融机构之间的谈判制度作出若干规定，还尝试借鉴西方发达国家的市场情况，并根据我国国情在实践中进行了一些积极探索，处

[①] 傅勇，匡桦.近约束、委托-代理机制与中国市政项目融资的规范[J].经济社会体制比较，2015，(05)：31-44.
[②] 韩盼.基于合作收益视角的医疗保险谈判机制研究[D].福州大学，2016.
[③] 赵宏.论世界贸易组织的谈判机制[J].国际贸易，2016，(12)：4-9.

理了许多实际问题。但是作为防范化解合作互助问题的重要制度配置，我国现行的企业谈判制度还存在诸多困境，并没有发挥应有的作用。由于其实际困难，迫切需要对该系统进行优化①。其中谈判过程如图7-10所示。

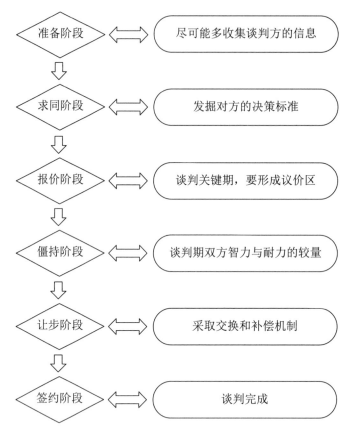

资料来源：课题组整理修改

图 7-10 谈判过程

尤其在近十年，中资银行引进外资参股成为了当下经济市场的重要环节。因此，银行投资谈判需要注意以下问题。

（1）投资组合

投资组合既决定银行将来的股权结构，尤其是大股东之间的相互配合与制衡，又关系到引进的各家银行投资者可否做出最佳方案，重视其是不是具有渐进性的先进管理理念与经验，是不是具有银行目前投资领域或缺的经营特长。通过吸引资金的过程创造相

---

① 王越乙. 企业集体谈判制度的困境及其优化路径 [J]. 管理世界，2014，(10)：182-183.

对集中的所有制股权结构，可以更好地提高管理的有效性。占主导地位的股权构造如果缺乏制衡，那么在金融协同过程中可能会出现高低势差，当不平衡投资的利益无法分配，这种软性危机则会不断侵蚀机构股东的权益。不过，过多的股权分立也会让股东更愿意"搭便车"，即使在最初的协同过程中的股权构造存在不合理的配置，但随着协同市场愈来愈成熟，这种"搭便车"路径会逐渐普及。同时，在引进外资中要综合考虑各种示范金融机构的跨越式结合，符合金融协同合作的总体投资方针。

（2）认购价格

价格是谈判的焦点，是会商各方综合考虑了多种因素后商定的基点；协同过程中的任何机构的洽谈都绕不开价格，对协同互助中的股权交易行为尤为重要的就是价格的发现机制；已上市的企业通过市场的参考价格，利用定价模型来模拟实际价格，并将供求关系和市场准入的影响纳入斟酌范围。由于我国商业银行体系的不全面致使在非银行性金融机构的认购方面存在缺口，认购价格所得的款项可以用于金融机构的其他项目。

（3）业务合作

目前，国内银行的许多金融业务仍以负债业务为主，中间业务与个人业务的衔接仍有待完善。大力发展金融机构间的协同理财业务，已成为中外各大银行双方的共识。近年来，许多国有银行在股权买卖的基础上，与非银行金融机构开展业务合作，弥补了本身缺陷，实现了参与金融协同过程机构的互惠互利。因此，金融协同过程中各方应该不断完善在业务合作方面的谈判机制，并依据金融环境特性制定符合自身发展的制度，丰富谈判模式，优化谈判路径，升级谈判部门内部结构[①]。

7.3.3 定价机制

价格是金融领域无法避开的词汇，而定价机制则是金融协同市场中围绕价格展开金融活动的基本机制。定价机制主要指市场价格在协同竞争过程中与供求关系相互制约形成的波动机制，其中价格形成与价格调整是最为关键的。这种敏感且迅速的调节机制对整个金融部门的活动有着非常重要的影响，也是价格规律在金融协同过程中的体现。尤其在考虑到利率变化时，通过定价机制对现行体系下的价格进行优化管理，加大了对存贷款定价的监管力度，引导金融机构合理定价。从银行的价格压力角度来分析，市场的缺陷导致了存款的刚性，那么有效的定价机制能够限制银行揽储行为，引导金融协同机

---

① 唐斌，赵洁. 商业银行的引资谈判与发展策略 [J]. 上海金融，2005，（08）：56-57.

构通过让利实体减轻负债压力,继续推动存款流动性态势,防止其衍生为降息趋势。价格并不是我们所看的那么表面,而是"蕴藏杀机",会导致恶性竞争。

在金融协同的过程中,金融机构和非金融性机构在互惠互利的合作中必然要明确相关定价,伴随利率市场的不断更新迭代,贷款利率定价的大环境也在不断转变。中国国有银行的贷款定价要素如图 7-11 所示。

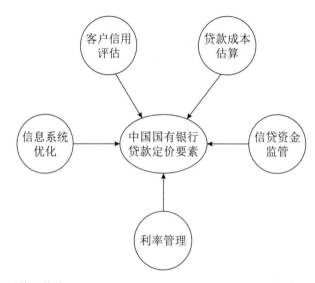

资料来源:课题组整理修改

图 7-11 中国国有银行贷款定价要素

在客户信誉评估中,协同金融项目依然是各大银行业内部控制的信用评级,信息系统不断优化为信用评估和贷款定价提供了技术支撑。利率管理也逐渐受到我国多家国有商业银行的普遍重视,同时监管也是与其合二为一,管理与监管的双剑合璧使得各大协同机构免除了后顾之忧[①]。但传统的定价机制应用在协同过程中可能会造成一些负面影响,甚至会抑制协同行为。

(1)金融产品定价扭曲,抑制了金融企业的创新

以利润为导向的金融组织,如果不需要创新仍可获得高收益,那么这种组织结构将会趋向于臃肿和垄断,不利于整个金融行业更好地服务实体经济。在传统竞争体制下,在金融协同过程中,容易对资源和产品价格给予竞争性优惠和补贴,一定程度上扭曲了市场定价[②]。从微观机制上看,金融企业的创新决策依靠市场价格信号的引导。一般来说,

---

① 胡静. 我国商业银行中间业务定价机制与风险控制研究 [D]. 武汉理工大学,2010.
② 林毅夫. 中国经济学的机遇和挑战 [J]. 当代经济,2007,(07):4-5.

价格上涨，会传递给其他协同机构调整资源投入，促使企业进行创新和转型升级。

（2）风险与不确定性定价制约协同创新能力

从金融协同的经济性本质来看，创新是具有较大风险和高度不确定性的事情，本身就含有随机性。这种随机性使得协同机构在创新能力上不得不左顾右盼。但是，金融协同的风险机制兼具了发现机会的风口，协同机构在原有的"卡脖子"困境中脱胎换骨才能实现可持续发展。只有建立有利于应对风险和不确定性的定价机制，企业才可能从事协同创新活动。

（3）定价不合理弱化企业协同动力

一般来看，如果金融协同带来的社会效益高于企业收益，那么，协同创新就具有外溢性，促进整个行业发展。而企业收益与社会效益相平衡机制，是一种可持续的制度激励。在这类情况下，现行的创新行为定价制度安排远远不足以使创新私人收益跟社会收益相匹配，创新收益跟风险收益不对等。例如，协同创新的基础研发投入必须由企业来承担，但是，协同创新产品却难以进行有效的市场化定价，很多创新活动缺乏相应的资金补偿机制。因此，激发企业创新动力，需要有相应的制度安排，对创新贡献进行合理的市场化定价[1]。

综上，为了使银行为主的融资体系适应大规模的协同融资需求，需要对定价进行合理预算，以中国工商银行的资金成本为例，对参与金融协同的内部资金实行转移定价，如表 7-3 所示。

表 7-3 中国工商银行 FTP 利率定价表

期　　限	FTP 利率 /%
半年及少于半年	2.25
一年	2.25
三年	3.16
五年	3.91
五年及以上	4.1

资料来源：课题组根据公开资料整理所得

---

[1] 杨振. 价格激励机制对企业创新行为的影响研究 [J]. 价格理论与实践，2020，(05)：133-136.

7.4 协同过程的激励机制——以光大银行税贷易为例[①]

7.4.1 案例概述

融资难一直是中小企业做大做强的拦路虎之一。受到这类环境的影响，各大银行和非银行金融机构也越来越注重中小企业的信用问题，希望通过深度挖掘企业的信用信息，来鉴别黑白名单，从而有效识别出白名单客户，为自身和对方实现共赢。在此项银企互助模式中，山东光大银行的理念较为超前，走在了前列，光大银行与山东省内中小企业的协同合作为其他省份做出了榜样。因此我们选取了光大银行烟台分行的银企合作案例，供读者阅读。此次光大银行烟台分行所资助的企业是山东省一家从事汽车样板模具制造加工的中小型公司。该公司面向市场主要销售汽车模具样机和整装加工样机等制造类机器，该公司经过管理层的有效经营，已经具备了年加工达到 1 000 多吨的生产规模和制造能力。领先的市场优势使得公司高层原本预计在 2014 年底实施上市计划，但他们似乎遇到了每一个企业在成长过程中都会遇到的难题，那就是绕不开的融资窘况。公司年度报表数据显示，在 2014 年的年度收入已经较 2013 年实现了大幅度增长，势头良好。所以在这样好的一个内外环境驱使下，公司希望通过融资来更上一层楼，但由于制造业本身的局限性，大量的机器设备等固定资产的投入使得公司资金链断裂，且企业内部资金流动也逐渐出现了困难，甚至需要利用厂房租赁来缓解压力。因此，该公司为了使得梦想不被淹没在汪洋大海中，就通过各个渠道了解银行贷款的相关政策，但却由于自身限制，该公司在融资这条道路上处处碰壁。

就在企业处于困难之际，光大银行烟台分行衍生了多种针对中小企业困难的信贷交易，恰好能够缓解该公司火烧眉毛的窘况。光大银行在对其多方资质的认定下，综合了各种风险判断意见，最终审核后向该公司发放专项贷款。在这次光大银行与企业的协同互助项目中，所推出的税贷易业务有效地激励了该地汽车模具企业的存亡，为符合授信条件的群体根据其规模和需求进行信用分层，在这其中针对其独特的需求定制出定向服

[①] 光大银行烟台分行推出多项举措支持普惠金融民营经济发展 - 财经热点 - 财经热点 - 水母网（shm.com.cn）。

务。光大银行通过其互助项目，不仅帮助了当地企业的发展，还对资金结构进行了不断完善，优化了整体的信贷环境。除此之外，光大银行还建立了税银合作机制，进一步提高了光大银行对小微企业授信业务的市场竞争力，该税贷易模式将市场下沉，为光大银行今后的成长供给了客户资源。

此后类似的金融产品也渐渐地从烟台分行辐射到整个山东省，示范效应空前巨大，开始在全国范围内陆续开展。光大银行通过激励机制，建立数字化银企对接平台，有效地刺激了企业的发展，通过相关定价、股权的激励来提升企业信用保障。光大银行税贷易业务的激励模式如图 7-12 所示。

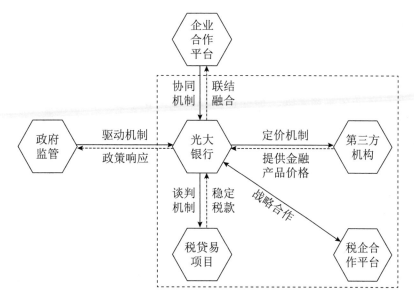

资料来源：课题组整理修改

图 7-12 光大银行税贷易业务激励模式

7.4.2 光大银行税贷易业务

（1）业务流程

光大银行税贷易业务流程如图 7-13 所示。

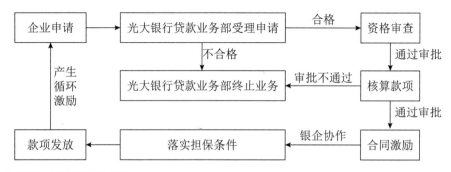

图 7-13 光大银行税贷易业务流程

税贷易业务作为光大银行在地方特色发展战略中的重要成果，有效地鞭策了其兄弟银行的金融发展，这一项基于解决中小企业税贷问题的模式也被光大银行总部融入整体金融发展体系。原有税贷审批业务的操作系统非常繁杂，需考虑多方资质，光大银行烟台分行为了使这项业务平稳着陆，便通过指导意见简化了其审批流程。主要原因是光大银行烟台分行在总部授权下，链接到当地所在税务部门的信息准入，能够及时了解企业缴纳税收情况，对客户标准、贷款管理和融资模式进行了全面升级，规范了操作流程。税贷易业务主要针对的群体是银行所在地的中小微企业，营业标准的嵌入低于市场主要的额度标准，这些发放标准与大公司的融资要求还是具有一定的差距，但足以满足中小企业的要求。首先是企业向银行提出申请，光大银行对此也专门成立受贷业务处理部门，来审核申请者的申请，对通过审批的合格企业拨出核算款项；但如果审批不通过，光大银行贷款业务部门则会终止业务。其次是通过审批后，利用合同激励来促进银企合作，这种激励模式以互信为基石，通过落实担保条件达到款项发放的目的。最后光大银行的税贷易业务会产生循环激励效应，进一步完善了银企互助模式。规则简约和节省时间是税务贷款服务的主要特色，审批项目也精简了操作，简化后可以在 3～5 天内完成税贷环节。

（2）业务准入标准

光大银行实施的税贷易业务是以期限不超过 1 年的类贷款形式向有"火烧眉毛"需求的中小企业发放短期融资，一般情况下授信总额约为 200 万元，具有第三方资深担保的少数中小企业可以申请到银行 500 万元专向拨款。光大银行税收贷款业务所执行的利率主要是参考其他当地银行的小微贷款利率，在放宽的业务准入标准下，光大银行烟台分行截至 2016 年底已经发放的优惠免税贷款平均利率为 6.77%。光大银行烟台分行在仔细考虑企业近三年的纳税情况和纳税年限后,将其资产负债率、现金流和利润率统筹到一个框架下,这一业务准入标准在全行业范围内起到很好的"示范区"效应,光大银行也可谓名利双收。这一税贷易业务主要准入标准如表7-4所示。

表7-4 税贷易业务主要准入标准

项　　目	准　入　要　求
纳税情况	地税缴纳总额在20万元以上或地税缴纳总额在20万元以上或年国税、地税缴纳总额在30万元以上,且有两年以上及被税务部门授予A级纳税信誉等级的企业
纳税年限	企业持续经营3年以上,且有两个完整年度纳税记录,企业实际控制人从业经历在5年(含)以上,无不良违规记录
资产负债率	生产型企业在65%以下,贸易型企业在70%以下
现金流	企业近半年的月平均现金流入满足银行信用标准
净利润	近两年净利润为正,且累计净利润不低于100万元

资料来源:课题组根据相关资料整理所得[①]

7.4.3 政策与建议

(1)通过激励机制深度缓解中小微企业融资难问题

税贷易业务模式扎根银行所在的地区,对于缓解中小微企业融资难现状,尤其是地方特色发展的中小微企业来说意义重大。通过激励机制贯彻落实国家政策性信贷工程,光大银行为中小微企业切实解决了"融资慢、融资贵、融资难"等问题,以无抵押和低年化费率等举措,使得烟台分行周边辐射区域的金融市场更具活力,优化了中小微企业成长氛围。

烟台分行在与企业一起参与金融协同的过程中,风险补偿资金池和银企综合管理平台相互作用在激励路径中,重点解决需求型企业缺乏有效抵押物的困境,全面提升贷款便利性、可得性、普惠性,着力实现"税贷易"行业和区域全覆盖。利用金融技术打破融资难杠杆,通过变量之间的权重组合,找到需求客户为其成立定制化小组,有效推动贷前授信、贷中定价和贷后服务的灵活配比[②]。激励机制所产生的示范区效应更能催化大数据的授信评级过程,搭建中小微企业独有的数字化信息平台,实现对银企协同所需的信息流、数据流、资金流等的"多流合一",以实现在特色化的银企金融协同路径中的多方融合,彻底破解融资难这一顽疾。

[①] 吴明理,姜全.激励相容机制下的第三方信用挖掘:光大银行税贷易案例[J].征信,2017,35(02):57-61.
[②] 余泽超.浅谈普惠金融背景下如何解决小微企业融资难的问题[D].江西财经大学,2019.

(2) 通过激励机制提升中小微企业贷款效率

光大银行的税贷易模式以及其简约的审核批复流程和信用评定操作程序，很大程度上缩短了贷款发放到企业手中的时间，同时也节省了银行自身的时间成本，利用金融科技手段使得贷款效率明显提高。程序的简化也可以推广到全国各大银行，大型国有银行的手续可能会有些复杂，这样就激发了另一种新的模式，即小银行模式。

由于小银行的授信审批制度没有大银行严格，手续也没有大银行复杂，扁平化的管理水平让信贷机构获得更大的放贷权力，贷款审批更加灵活。这促使小银行更加注重获取"软信息"，以便将关系贷款技术应用于中小微企业信贷。通过对纳税人的信用评估和经营信息积累，逐步优化中小微企业贷款审批流程和发放流程，逐步完善中小微企业贷款管理体系和风险控制体系，提高银行支持中小微企业贷款的效率。中小微信贷技术的进步和制度的完善，使得小银行的中小微企业贷款效率逐渐优于大银行。同时，小银行扁平化的管理水平有利于信用信息的传递，使得光大银行烟台分行能够根据市场信息及时做出反应。小银行利用信息传递的效率，根据市场需求创新小额信贷产品，更新贷款政策，使产品更符合市场需求，而不是让信贷产品和定价机制适应企业，在这个过程中，也要注意加强风险控制①。

(3) 通过激励机制增进银企间的了解与互信

光大银行的税贷易业务以了解企业生产经营的基本情况为抓手，以更精准的定制化金融服务助力实体经济，以促进地方经济社会稳中有进发展为深层次目标。通过激励机制为企业盘活资产，清算债务，寻找合作，迅速完善产权结构，建立现代企业管理制度，顺应市场经济发展规律，加快淘汰落后产能，主动融入金融升级，全方位提升企业的信用等级，在动荡的经济大环境下重新赢得金融机构的信任和支持，并为产业和人才的融合做好精准对接，加快银企之间动能的转换，与企业之间的信任也为光大银行打造数字金融服务平台奠定了基础②。

在税贷易业务中，无论是疏通货币政策传导机制，还是调整银行业中金融机构风险偏好，最终目的旨在实现银企平等参与金融竞争、平等使用金融要素，在业务准入方面为中小微企业营造平等的生长空间。健康发展的中小微企业是银行业金融机构稳健运行的基础，只有健康的金融市场才能实现融资供给与中小微企业资金需求的高度契合，只有银行等金融机构与中小微企业共连一枝，金融协同发展的步伐才能更加稳健③。

---

① 彭芳春，黄志恒. 小微企业融资的"小银行优势"：一般假说与我国适用 [J]. 财会通讯，2015，(35)：9-11+129.
② 李狮. 增进银企互信 破解融资难题 [N]. 榆林日报，2015-09-14（001）.
③ 构建互信共生的"银企命运共同体" [J]. 中国银行业，2018，(12)：3.

（4）通过激励机制提升银企信用体系建设

光大银行的税贷易业务其落脚点还是倾向于高信用评级的企业组织，并从地方进行辐射以激发"蝴蝶效应"，但在实际操作中的业务准入门槛可能会有所提高[①]。因此要想从根本上解决中小微企业融资难的问题，从国家层面来说，要通过"减税降费"、信贷贴息等各种措施，降低企业经营的税负，鼓励中小微企业规范经营，引导银行努力开发符合时代发展的信贷产品；从政府层面来说，更需要政府采取加强信用体系保障、完善信用信息等措施，缩小信息不对称差距，为银企合作奠定基础，突破银企合作"最后一公里"的壁垒。台州市中小微企业金融服务共享平台就是整合全市政府十七个部门的信息，实现 T+0 共享机制，为银行和中小微企业架起了大数据征信桥梁。通过建立银企信誉体系平台，不仅可以吸引大量外部信贷资金投入当地企业，实现"资金投当地、产业引当地、税收留当地"，又可以促成"信用引资金、资金促产业、产业促税收"的激励循环，还可以将信用信息激发为落地的社会效益，为经济发展做出贡献[②]。

---

① 吴明理，姜全．激励相容机制下的第三方信用挖掘：光大银行税贷易案例 [J]．征信，2017，35（02）：57-61．
② 杨涛．关于建设信用经济应用平台破解融资难的操作方案解析 [J]．经济界，2019，(06)：40-47．

第 8 章

金融协同分工管理与评估

8.1 金融分工体系

近些年金融业的发展有目共睹,在国家、地方政府以及学术界、产业界等各界的长期努力下,我国金融产业已取得了飞速发展,在双循环经济发展新格局下,金融协同具有明显的正向溢出效应并得到广泛应用,在互联网时代下的各个领域最为凸显,当下具有新时代性特征的数字技术与金融产业深度地融合,也改变了该行业的服务业态与发展模式[①]。在这样的大趋势下,金融机构需要对职能不断地进行细化。因此,金融分工逐渐走入了大家的视线,在分工与协同的过程中,不论是企业的分工还是劳动的分工,市场也越来越需要分工的干预。本节将从金融分工的体系入手,介绍金融分工的发展历史、理论发展、概念和特征等性质,并着重分析我国目前的金融体系,以及在协同过程中的分工与合作。

8.1.1 金融分工的演进与发展

(1) 金融分工的发展历史

金融分工的演进参见图 8-1。

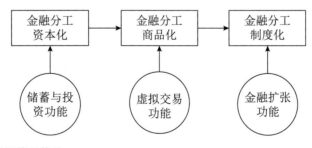

资料来源:课题组整理修改

图 8-1 金融分工的演进

首先是金融分工的资本化。货币的出现使得金融分工的过程进一步突破了时间空间

---

① 同盾科技张新波:金融与 AI 加速融合 行业深度分工局面已形成 [EB/OL]. [2020-10-27]. https://new.qq.com/omn/20201017/20201017A07ZGI00.html.

的限制，业务模式从根本上发生了改变，大大降低了金融交易的成本，交易成本的节省又刺激了新的协同过程分工性能的产生。从两个角度来看待货币资源积储和斥资功效的分工结果。第一个角度是分工视野的扩展，资金支付手段数字化极大方便了分工协作；第二个角度是市场容量的拓宽，金融交易数字化以后使得交易速度加快，交易范围更宽，金融服务辐射面更广。与此同时，金融风险和不确定性也随之上升，也加大了金融分工的交易成本。因此，为了使得金融协同交易过程中的不确定性尽量下降到最低程度，客观上要求金融分工必须演化出适应新场景需求的金融职能组织，即专门经营货币的金融协同性组织[①]。这种分工的选择结果即是专业性的、以解决金融类问题的场景引起的百花齐放。这种专业性的金融协同组织相较于之前的分工形式，不仅降低了金融交易的成本，更为重要的是其背后为加速市场分工而创造出的有利环境。

其次是以产品导向的金融分工。金融领域新的创新产品不断涌现，金融市场容量和资源在持续增长，使金融分工不断地深化。为了不因资本规模扩大而增加交易成本，以信用证券化和直接融资为导向的金融分工组织应运而生，以便更好地促进金融产品创新，更好地服务实体经济。

最后是金融分工的制度化。金融分工是金融新功能集合体不断创新发展的过程，也是微观经济主体不断选择新金融工具，为经营活动提供支撑。金融资源与工具的创新与发展、金融市场规模的扩张都是金融分工演化的结果，交易效率与交易成本在演化过程中起着关键性的作用[②]。金融分工的深化不仅降低了金融部门内部的交易成本，还为社会分工的进一步深化创造了市场条件。金融分工的深化又充分体现在制度创新上[①]，也使金融资源呈现出其制度资源特征[②]。

（2）金融分工的内涵

在市场分工化的影响下，由于存在资源的稀缺性、金融领域内各单位的功能和资源配置的限制，服务能力不可能无限制扩大，合作成为突破专业能力受限的一个有效途径，使得协同单元资源得到利用最大化。在金融协同过程中，不同的金融业务从原有的功能性业务中分离出来，在原有基础之上，为了响应越来越复杂的客户需求，由专业人员精准服务来满足特殊服务要求，因而，分工所产生的新业务逐渐形成标准化金融产品。金融分工也强调部门之间的横向联系，各个金融部门也要在分工的同时，不断强化分工下的协同互助，这样才能使得金融整体最优化。

---

① 蔡彬彬，郭熙保.金融分工：一种新的金融发展分析框架[J].经济科学，2005，(04)：85-98.
② 蔡彬彬.金融分工与金融发展[D].武汉大学，2004.

总体而言，为了理解金融分工在新时代下真正的含义，我们可以通过广义和狭义两个视角来理解金融分工的概念。广义金融分工和狭义金融分工的主要内容如图8-2所示。

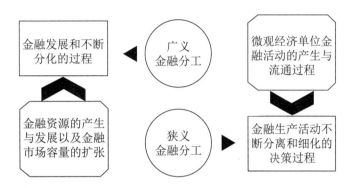

资料来源：课题组整理修改

图 8-2　广义金融分工与狭义金融分工的概念对比

经济学家在研究金融的业务活动时，生产和流通这两个过程是绝大多数划分金融活动的基石[①]。在探究金融的协同发展时，单独剖析在流通领域的金融交易，诸如金融媒介论、金融中介论、金融功能论都是从流通领域的活动特征来剖析金融分工与合作发展过程[②]。因此，从广义上来说，金融分工是功能不断发展和分化的过程[①]，资源的多少和市场的规模造就了企业的细分活动，据此对不同新兴部门的分工展开调整，为金融业发展的大方向指明路径；从狭义上来说，则是指金融生产活动不断分离和细化的决策过程，金融的服务活动具有动态性的特征，环境对充满着高度不确定性的金融产业的作用越发显著，作为社会中坚的微观子单元，金融活动的生产与流通已经充斥在各个领域的角角落落，因而金融在这一背景下由原先并不起眼的"小士兵"转变成了独守一方的"大将军"。

（3）金融分工的理论发展

柏拉图和亚里士多德等众多古希腊时期的代表性科学家就分工问题阐明了自己的观点。直到18世纪，在亚当·斯密对分工进行经典分析之后，穆勒、马克思、马歇尔等人也对分工问题作过比较详细的分析[①]。再到阿伦·杨格等新古典经济学派的学者们对分工理论进行了全面讨论和诠释，使这一理论逐渐成熟。根据相关文献整理的金融分工理论的发展如图8-3所示。

---

① 蔡彬彬. 金融分工与金融发展 [D]. 武汉大学，2004.
② 蔡彬彬，郭熙保. 金融分工：一种新的金融发展分析框架 [J]. 经济科学，2005，（04）：85-98.

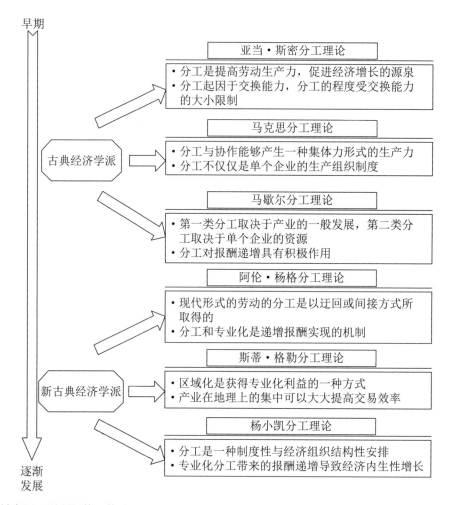

资料来源：课题组整理修改

图 8-3　金融分工理论的发展

在早期的古典经济学派中，作为其标志性人物的亚当·斯密在其著作中提出，分工带来的劳动生产力的提高，不仅是经济增长的源泉，其程度还取决于交换能力。又进一步阐述了分工的三大利益，一是劳动者熟练程度的提高；二是节省工作转换带来相应的利益；三是降低了机械生产导致的成本损耗。在亚当·斯密对分工理论打开探索的大门后，众多学者也提出了自己的观点。马克思从集体论的角度，认为分工不仅是单个元素的生产制度集合，它与协作的双剑合璧更能产生富有强大生命力的生产元素，这种集体的分工与协作带来了超高的利润。而马歇尔则从国家机器的角度出发，指出外部金融进而产生递增的回报，企业的规模化生产可通过多种原始经济方式产生递增收益[1]。

---

[1] 郑礼明. 分工理论的演变与发展 [J]. 区域治理, 2019, (34): 24-26.

随着历史的发展，分工理论也进入了由新古典经济学派所主导的时期。阿伦·杨格阐述了三个方面的分工机制[1]。首先，分工所隐含的排他性可以促进正向反馈机制，其本质是使分工负效应降低到最小；其次，市场和分工的关系也具有交互作用；最后，分工具有网络效应，要考虑到网络集群对分工单位的侧面效应，将其放在一个网络单元内，不仅仅是要看到分工的简单化生产，更要追求整个金融子单元或领域内的多变效应。

随后，斯蒂格勒又解释他所认为的观点，当一个组织位于巅峰期之后的曲线，原有的市场容量可能会无法达到支撑企业在高速发展阶段的分工，伴随着这些产业被垂直一体化，市场容量在专业化分工的作用下，进一步深化了分工的纵向链条[2]。杨小凯在以往学者总结的基础上，运用超边际的分析方法将庞杂的利益相关者放在同一个框架下，在超边际模型中将分工看作一种组织必然的结构性变化，金融交易效率与分工效率和生产效率等共同进退，在这种正向机制的推动下，共享经济在生产力较为发达的国家更为活跃[3]。

8.1.2 我国的金融分工体系

目前，金融分工是社会中普遍存在的一种经济现象，分工也是经济增长的重要资源与动力，我国经过多年的探索和改革，已经形成了多边金融机构为主体，各种非银行性金融机构相辅助的体系。在金融经济时代，金融分工体系将金融领域的各种机构有机地结合起来，形成一个有机的整体。在这一体系中，中央银行作为最核心的管理监督组织，扮演着"带头老大哥"的角色，并逐渐形成各大金融性商业银行为主体，各类非银行性金融机构共处的局面。在国家社会发展的进程中，分工体系已演化成复杂而又脉络清晰的庞大系统[4]。其覆盖面囊括了金融生活的方方面面，在各个机构参与金融协同的过程中，分工的演化使得各个机构各司其职，通过金融分工来抵御金融风险，并发挥显性的多元化功能，形成互补优势[5]。当前我国金融分工体系如图8-4所示。

---

[1] MBA 智库 [EB/OL]. [2016-04-27].https://wiki.mbalib.com/wiki/%E6%96%AF%E5%AF%86-%E6%9D%A8%E6%A0%BC%E5%AE%9A%E7%90%86.
[2] 雷环捷, 王伯鲁. 从人的技术化到社会的技术化——斯蒂格勒的技术哲学思想进路 [J]. 创新, 2016, 10（03）：85-92.
[3] 乔翔. 马克思与杨小凯分工理论的简要比较与启示 [J]. 现代经济探讨, 2011,（04）：43-46+74.
[4] 李庆红. 浅论金融体系的专业化分工 [J]. 内蒙古财经学院学报, 1996,（04）：34-35.
[5] 王峰虎. 分工、契约与股票市场效率 [D]. 西北大学, 2003.

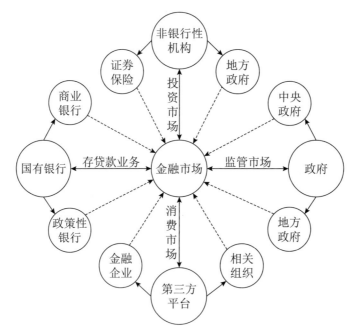

资料来源：课题组整理修改

图 8-4　当前我国金融分工体系

在目前我国的金融市场分工中，分工体系所包含的主体覆盖面广，业务范围涵盖了人们金融生活的方方面面，尤其是储蓄和投资的分工增加了金融交易的不确定性。以银行为代表的专业金融机构，以信托投资、证券投资、保险公司、融资租赁、基金管理等为代表的非银行金融机构，它们既分业经营，又通过产品合作，实现专业服务同时多产品经营统一。因此本节将着重从银行和非银行性金融机构这两方面来介绍我国的金融分工。

（1）银行业金融机构

随着经济快速发展，我国目前的银行分工体系呈现出多种所有性质并存的局面[①]。逐渐成熟的银行分工体系开始展现，央行起到统领角色，农、中、工、建等国有控股银行及其他所有制的银行为分工体系的骨干，各个地方性的银行机构为有效补充。同时，在国内银行市场逐渐对外开放的大背景下，政策性银行也成为我国银行分工体系的重要组成部分[②]，如图 8-5 所示。

---

① 杨凌云，王成，姚玮，汤世志. 建立我国商业银行组织体系的战略选择 [J]. 金融理论与实践，1995，（02）：22-24.
② 王京京. 中国商业银行体系与金融稳定的关联性研究 [D]. 东北师范大学，2016.

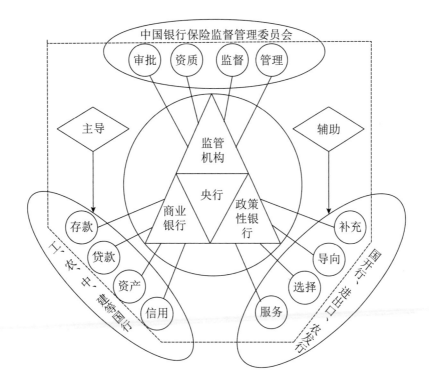

资料来源：课题组整理修改

图 8-5 我国银行业金融分工体系

①商业银行

商业银行无论是从业务规模还是从资产规模上来说，都是我国金融领域的半壁江山[1]。在金融分工体系中，中国工商银行可以说是扮演了"大哥"的角色，工商银行服务便利，网点覆盖面广，效益规模显著，也为其他兄弟银行提供了可借鉴的模式，其他各大国有银行是重要构成部分。各大银行的业务范围既有相互交叉又有个性定制服务，大多都包括银行投资性产品与各大银行服务、融资租赁业务、人寿保险业务等。其中，中国农业银行最先开始农业领域的金融性业务，为三农发展提供金融服务，随着农业发展中一些政策性业务增加，农田水利、粮食收储等政策性支持业务逐渐剥离开来[2]；中国银行的发展历史比较长，经过世纪沉淀后的中国银行在国际上也享有盛誉；中国建设银行的业务分工性最为明显，错综复杂的网点营销模式为其带来了高利润[3]。此外，其他类型的银行分别

---

[1] 党超. 国际资本流动对中国商业银行体系稳定性的影响 [D]. 吉林大学，2017.
[2] 周倩. 中国银行支付体系研究 [D]. 西北大学，2008.
[3] 中国建设银行 [EB/OL]. [2021-01-24].https://baike.baidu.com/item/%E4%B8%AD%E5%9B%BD%E5%BB%BA%E8%AE%BE%E9%93%B6%E8%A1%8C/285062?fr=Aladdin.

在细分业务领域占据相应市场，例如，城商行和农商行分别为中小企业和三农经济发展提供金融支持①。纵观世界各国的商业银行体系，虽各有特色，但在组织形态、产权结构上却呈现出多层次、多元化的特征，总体上展现出较好的发展前景②。

②政策性银行

政策性银行是政府为落实经济性政策，在一些特定的领域提供专业化的金融服务。政策性银行与商业性银行最大的不同就在于它是非营利性组织，是为了适应时代发展和市场经济发展的需要③。

政策性银行与商业性银行在分工体系上的具体区别主要体现在三个方面。一是主体形式不同，政策性银行由政府主导，而商业性银行多为业务独立核算的股份制形式。二是资金来源不同，政策性银行从原则上说不接受外界资助，财政为他们提供资金，而商业银行则以其业务发展为主要筹措来源。三是经营目的不同，政策性银行是专门为支持某些行业的发展而设立的，不以盈利为导向，而商业银行的广泛业务种类致使其与政策性银行"一南一北"④。

③中国银行保险监督管理委员会

中国银行保险监督管理委员会在中央政府的规划下于2018年正式落牌，是由原来的国家银监会和保监会整合而成，在我国现行的金融分工体系中，银保监会也肩负着重要的责任。银保监会主要是扮演协调监管者的角色，利用强大的国家机器来规避系统性金融底线，防范化解非常规性金融风险，维护其合法稳定运行，保护不同行业内合法的金融性权益，更好地进行资源配置⑤。监管机构的设立有利于金融机构的风险控制，使金融机构拥有封闭安全的环境，维护公平竞争的市场环境，使整个金融体系呈现稳定状态⑥。而当前的银行体系下，我国银保监会充分发挥其自身优势，用高质量的监管服务降低金融体系的系统性风险⑦。

---

① 李庆国. 分工演进视角下的中国商业银行转型 [D]. 南京大学，2017.
② 翟立宏，吕海鹏. 论新时期商业银行的业务分工 [J]. 中国煤炭经济学院学报，1998，(03)：74-77.
③ 胡志民. 经济法 [M]. 上海：上海财经大学出版社，2006.
④ 政策性银行 [EB/OL]. [2021-01-25]. https://baike.baidu.com/item/%E6%94%BF%E7%AD%96%E6%80%A7%E9%93%B6%E8%A1%8C/4334658?fr=aladdin.
⑤ 中国银行保险监督管理委员会组建 [J]. 中国信用卡，2018，(04)：90.
⑥ 中国银行保险监督管理委员会 [EB/OL]. [2021-01-01].https://baike.baidu.com/item/%E4%B8%AD%E5%9B%BD%E9%93%B6%E8%A1%8C%E4%BF%9D%E9%99%A9%E7%9B%91%E7%9D%A3%E7%AE%A1%E7%90%86%E5%A7%94%E5%91%98%E4%BC%9A/22428897?fr=Aladdin.
⑦ 念霜. 浅析分业经营与混业经营利弊——基于中国银行保险监督管理委员会的设立 [J]. 中国管理信息化，2019，22（09）：145-147.

（2）非银行性金融机构

非银行性金融机构与银行业金融机构的最大区别就在于金融业务的形式不同，前者指以发行股票、债券、接受信用委托以及提供保险等方式募集资金，并将募集资金用于长期投资的金融机构，后者并不是采用募集的方式。我国的非银行性金融机构也是经历了较长时间的发展才逐渐成熟。我国非银行性金融机构的分工体系如图 8-6 所示。

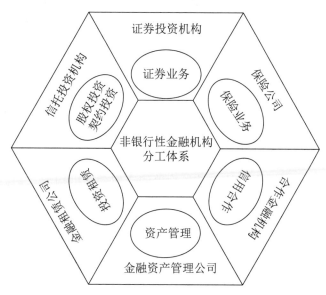

资料来源：课题组整理修改

图 8-6 我国非银行性金融机构分工体系

①证券投资机构

证券投资机构随着股权投资的发展而形成和演变。通过货币的出让来取得生活资料和生产资料，通过募集企业生产经营的资本而提供股权回报，实现资本出让方与经营才能的有机结合，购买该类证券的交易行为即为证券投资。新时代下的证券投资将同互联网金融和相关督导部门一起建立业务支持中心，一并纳入财富管理平台，以强化不同证券投资机构的协同能力，充分调动、整合机构内部所有资源，提高组织效率。这种投资方式在现行的分工体系下被视作对银行业的补充，发挥着独特的作用。我国的证券机构主要包括证券交易所、证券公司、证券业协会、证券监督管理机构等[1]。

②保险公司

我国保险公司主要是解决投保和理赔等相关金融业务的组织机构。保险公司将保费

---

[1] 证券投资 [EB/OL]. [2021-01-27].https://baike.baidu.com/item/%E8%AF%81%E5%88%B8%E6%8A%95%E8%B5%84/2378?fr=aladdin.

中的资金投资于债券、股票、贷款等资产，并用这些资产的收益支付保单确定的保险赔付。保险公司所涉及的范围是非常广泛的，但可以用以下名词来解释保险公司的业务关系链，分别是保险人、投保人、被保人和受益人，他们分别代表了承担受保公司、交保费的人或单位，受到保险保障的人或单位和领取保险理赔款的人或单位。当然，投保人和被保人也可以是同一人，也可以是不同人，给自己买一份保险，就是投保人和被保人一致，以保障自己的健康和财产。在我国目前的保险市场中，虽然投资收益利润可观，但投资渠道并不十分广阔，金融环境尤其是投资领域还不是很规范。保险行业也在非银行性投资领域贡献了自己不可忽视的一份力量①。

③合作金融机构

合作金融机构是个人或者以集体的形式自愿参加股份制企业，在新市场经济条件下为了降低成本、提高金融效率，以协同互助为目的而进行金融活动而组成的金融机构。目前主要有合作式银行和信用合作社这两种合作金融模式，我们常见的邮政储蓄机构、城市信用合作社和农村信用合作社就是最简单的合作金融机构。

其中邮政储蓄机构在国内密集地分布着上万个网点，业务服务覆盖客户早在几年前就已经达到万亿的人次，近几年通过集约化和数字化的发展，国际三大评级机构对邮政储蓄机构的评价都保持在优良水平。城市信用合作社是城市内利用股权份额管理并受银保监会监督的具有集体性质的金融组织，主要是办理城市内的个人储蓄存款业务和其他代收业务等，逐渐建立了资本管理、信用风险管理和操作风险管理各个领域的管理规制体系，1995年开始，部分地区城市信用社通过改革转制为城市商业银行。此后，城市信用合作社就逐渐退出了市场。农村信用合作社是立足于农村和三农的老字号银行，通过"凑份子"的形式合拢资金为农村提供金融服务，其贷款利率受到国家调控。为规范农村信用社发展，在省级层面成立了信用联社，对各地区农村信用合作社进行业务管理。2000年7月在江苏省改革试点，试办农商行，此后农村信用社逐渐改制，转变为农村商业银行。

④金融资产管理公司

金融资产管理公司是生于不良资产也是兴于不良资产的非银行性金融机构，其功能定位于如何更好地服务国民经济发展，化解金融风险，服务实体经济。一般金融资产管理公司下设不良资产、金融支持、股权管理、受托处置与风险机构救助等业务平台，综合开展不良资产收购处置、民企纾困、国企优化、困境房产开发续建、资产受托处置、

---

① 保险公司[EB/OL]. [2021-01-26].https://baike.baidu.com/item/%E4%BF%9D%E9%99%A9%E5%85%AC%E5%8F%B8/507332?fr=aladdin.

风险机构化险、境外中资机构不良资产收购处置这七大核心业务。金融资产管理公司从本质上来说不是银行，不能向储户吸收存款，依靠资本金和银行贷款开展经营，充分发挥了其综合金融工具箱的作用，成为搞活市场的"星星之火"。

其在经营不良资产过程中，通过运用投资银行技术和手段，大大提高了不良资产的处置速度和回收率，树立了合规文化，加强了金融领域内的整体性风险防范意识，为市场打造了良好的风险控制环境①。

⑤金融租赁公司

金融租赁公司的主营业务是通过融资租赁来进行金融活动。金融机构可以采取直租、回租和转租这 3 种方式，利用融资租赁可以更好地实现业务线上化、资金业务审批流程电子化、账务处理自动化、报表统计系统化、资金凭证自动化等新的租赁模式，尤其是在数字化背景的发展环境下，租赁业务与金融科技的融合使得金融租赁公司又迈上了新台阶，效率大幅提升。

外部的机构购买方式既可以选择直接购买，也可以选择委托购买。金融租赁公司在开展业务以及其他本外币业务时，均需获得银保监会批准。因此，金融租赁公司要依法依规拓展与企业资质相关的业务，助力企业减负增效，提高企业资金运作效率和精细化管理程度②。

⑥信托投资机构

信托投资机构主要是指经营信托投资业务的非银行性金融机构，主要从委托人和受托人这两个主体出发来经营业务。信托投资机构具有资产管理、信托式融资、信息咨询与投资等职能③，是唯一一家可以同时投资证券市场和产业领域的非银行性金融机构，多元化的投资渠道在一定程度上有效降低了投资风险。目前我国信托投资机构已经形成完善的风险防范体系，信托作为我国四大金融支柱之一，大多都是央企、地方政府控股，其地位可见一斑。

---

① 金融资产管理公司 [EB/OL]. [2021-01-27]. https://baike.baidu.com/item/%E9%87%91%E8%9E%8D%E8%B5%84%E4%BA%A7%E7%AE%A1%E7%90%86%E5%85%AC%E5%8F%B8/6419509?fr=aladdin.
② 谢彦庆. 企业集团资金集中管理研究——以中国石油集团为例 [J]. 中外企业家，2019，（12）：36-38.
③ 信托机构 [EB/OL]. [2021-01-27]. https://baike.baidu.com/item/%E4%BF%A1%E6%89%98%E6%9C%BA%E6%9E%84/4633542?fr=Aladdin.

8.1.3 我国金融分工发展面临的风险

（1）分工导致经济增长效应递减

由于金融部门的分工过度细化会对实体经济资源产生一定程度挤压，金融部门的规模经济递减，因此，金融对经济增长的影响呈现出非线性特征[1]。金融分工在不断细化的时候，各个金融协同可能参与的项目产生重叠，这就对规模经营产生了负面影响，加速了分工的结构性失衡[2]。经济增长效应递减的原因在于，一方面，随着金融市场供求关系的转变和全面买方市场新格局的形成，经济运行机制转变使得金融市场竞争更加激烈，对金融机构的生存带来许多严峻的挑战；另一方面，市场经济体制的转型速度加快，消费增长乏力，产业增长速度趋缓，对金融机构的风险管控提出了新要求，金融机构业务拓展越来越难。

（2）分工导致金融协同存量空间缩减

伴随着四十余年的经济飞速增长，我国金融市场的分工体系逐渐趋向完善，在金融资本、互联网技术应用等方面的分工缺口已显著改善，尤其是传统存贷款业务，息差逐渐缩小，逐渐与国际金融体系接轨。在既有的分工体系中，由于所需的资本与技术需求逐渐减少，导致了目前参与金融协同过程的分工合作存量空间开始缩减，分工带来的边际效益呈递减规律。但随着金融分工体系改革，机构之间业务交叉会缩小，跨机构业务合作、跨区域业务协同需求增加，促进资源配置效率提升[3]。

（3）分工导致金融业区域发展不平衡

当前，我国绝大部分中小金融性机构在执行协同任务时依然需要面对诸多区域限制的障碍。尽管在互联网金融背景下产生的网商银行和微众银行等在区域限制上取得了一定的突破，但这种突破也只是局部性的。因此，金融分工发展的差异导致了区域甚至全球失衡[4]。分工过细会造成金融业整体效率较低、金融资源浪费，逐渐制约着区域金融与经济的快速稳定健康发展。随着区域经济和产业不平衡发展，区域金融业差异需求也进一步加

---

[1] 李成，张琦. 金融发展对经济增长边际效应递减内在机理研究——基于"两部门划分法"的理论框架[J]. 经济科学，2015，(05)：5-16.
[2] 王修志，谭艳斌，孔胜雪. 双循环发展逻辑：以大国分工体系助推国际分工合作[J/OL]. 改革与战略：1-11[2020-10-21].https://doi.org/10.16331/j.cnki.issn1002-736x.2020.11.007.
[3] 常新锋，陈璐瑶. 金融发展、资本效率对经济高质量发展的空间溢出效应分析[J/OL]. 金融经济学研究：1-11[2020-10-22].http://kns.cnki.net/kcms/detail/44.1696.F.20200929.1522.022.html.
[4] 杨珍增，陆建明. 金融发展、国际分工与全球失衡[J]. 世界经济研究，2011，(03)：21-27+87.

大，如果跨区域金融协同不能得到同步发展，金融业的非均衡局面将会不断深化。①

（4）分工 VS 资源要素配置

我国金融业随着分工的演化实现了不小的跨越，金融资源配置模式也随着分工体系演化而发生变革。一方面，有利于专业资源集中配置，使用效率提高，发挥专业领域知识和技术优势，提升资源集聚能力；另一方面，市场经济在利润导向下，分工结果就会引发资源集聚效应，金融资金向大中型企业、向中心城市集聚，中小微企业、三农领域对资源配置能力不足，也就是出现了"两头倒"的机制失灵现象②。因此，分工与协同必须相互支撑，分工过度所带来的问题需要通过协同加以解决，在分工的前提下，通过协同引导资源合理配置③。

8.1.4　我国金融分工的发展前景

（1）产业是指导金融分工的依据

金融是服务于产业需求，尤其是支持实体经济发展。因而，金融分工要以产业分工为依据，以实现精准定位，通过建立不同产业间的金融分工图谱，准确勾勒出融资能力的变动导向。利用云计算、物联网和区块链等新兴数字技术，建立纵横交错的分工协同信息服务平台，使得金融机构对企业能够进行立体式全息画像，有利于金融机构更加精准服务实体经济，带动了产业分工链深度转化提升。这样金融业不仅可以为经济提供高效服务，还会成为新一轮金融分工的推进剂④。

（2）大力支持非银行金融业的发展

随着互联网金融的发展，非金融行业兴起速度之快超乎了我们的想象，并迅速渗透和融入当前社会生活的方方面面，在形成巨大经济社会价值的同时，也推动了中国消费方式和消费结构的变革。因此为了使金融分工更高效、更包容地融合到金融体系中，必须要鼎立支撑非银行金融业的成长空间，让其与银行金融机构一起协同成长，来推动金融业的整体性发展⑤。通过非银行金融机构灵活经营的特点，对银行机构起到有益补充，

---

① 韩哲. 中国区域金融业发展非均衡性研究 [D]. 吉林大学，2014.
② 窦森. 我国金融资源的城乡配置问题研究 [J]. 经济问题，2009，（09）：96-99.
③ 李福刚. 关于我国金融资源配置问题的思考 [J]. 时代经贸，2006，（01）：72-73.
④ 人民银行重庆市分行课题组. 论我国金融机构分工与管理——《我国金融机构分工和管理问题》的课题研究总报告 [J]. 金融研究，1991，（10）：9-20.
⑤ 文宗瑜. 支持非金融支付行业发展财税政策研究 [J]. 地方财政研究，2014，（07）：33-37+47.

满足多元化市场需求,尤其是中小微企业对融资的需求。非银行金融业的发展也可以运用到互联网模式中,通过数字的新型化增值供应,使得金融分工体系更加完善。

(3) 构建商业银行风险分散机制

通过金融分工走全面创新的道路,要求金融分工的灵活性得到大大增强,在多种业务纵横交错发展的趋势下,传统银行需要注入新的业务模式。因此,新的时代对金融分工也提出了新的发展要求,原有的各种短中长期金融性业务需要在新形势下进行基因重组,例如,对中小微企业融资时需要注入前置大数据征信、担保等业务。如何建立商业银行的风险与分散机制,以降低传统银行存贷款业务的成本,是金融行业分工与协同的现实问题。商业银行与非银行机构构建协同网络,以项目为导向的合作纽带既可以强化业务分工,又可以分散风险,实现业务互补,从而不影响金融协同机构的分工大局,这是金融分工领域不断优化的新的战略发展方向[1]。

8.2 协同金融分工角色管理

长期以来,人们在金融领域所强调的就是在系统中把各个金融角色整合起来,提倡统一行动、大项目、大平台,这样虽然强调了统一目标,但是却忽略了在不同外部环境作用影响下的金融分工的重要性。因此,在当下的互联网金融时代,我们必须重视在金融协同过程中对分工角色的管理,由各个协同参与方在初始目标的指引下,对协同目标进行分工,每一个协同都在这个协同目标下扮演自己的角色,互相辅助,以实现协同整体的低风险高回报。我国的金融体系经过了几次分业经营改革后,各大银行以及相关金融机构和非金融机构在角色上也发生了相应的转变。本节将从金融分工机制出发,来探讨金融角色的分工过程,以及对金融角色的管理评级。

8.2.1 金融分工机制

由于金融分工是一个动态过程,各个机构为追求各自利益的最大化必然会对各种资源展开竞争。若无有效的分工机制在背后进行监督,则金融活动可能会演变成一场无序竞争,进而会造成金融市场大规模的重复建设和风险积累。因此,我们建立了如下几种分工机制[2]。

---

[1] 蔡彬彬. 金融分工与金融发展 [D]. 武汉大学,2004.
[2] 殷贵林. 皖江城市带城市分工与合作机制研究 [J]. 对外经贸,2013,(06):86-88.

(1) 多核心机制

金融分工会有多种机制，其中，在多核心机制中，会有多个金融机构作为主导者，处于核心的地位，在金融分工中承担主要带头人的角色，其他金融机构处于参与和跟从位置。多核心分工机制如图 8-7 所示。

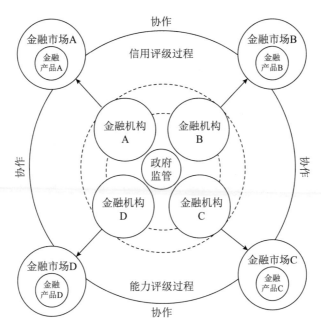

资料来源：课题组整理修改

图 8-7　多核心分工机制

这种机制认为分工过程不是围绕单一核心发展起来的，而是围绕多个核心形成业务圈，它们形成相对独立的金融市场，并由它们共同组成区域市场。参与协同的每个金融机构都会负责一个相对独立的金融业务，各自专业擅长的金融产品集合组织一个协同金融圈，它们强调分工协作，共同服务一个或者多个客户。同时，不同金融市场之间也会产生协作效应，来促使整个区域市场达到效率最大化。在这种机制下，也要遵循相应的原则，协同参与者在分工时也要提供必要的相互支持，使得金融合作链保持完整[①]。

这种分工近似于企业职能部门的纵向结构一体化，多核心分工机制有多个协同单位处在核心位置，均能主导金融协同分工过程的决策、技术开发、供应链整合等环节，这是将整个协同分工系统视为一个整体，多个决策主体博弈以寻求分工的最优绩效。主导型机构发起协同分工的合作目标，并将具体目标任务分解给其他协同机构，信息资源等

---

① 曹兴，马慧. 新兴技术创新网络下多核心企业创新行为机制的仿真研究 [J]. 中国软科学，2019，(06)：138-149.

要素也随着分工链传递给其他机构,在资金供给上实行帮扶措施,从而筹措资金,接受金融市场的考验[1]。同时,在政府监管下,参与分工协同的金融机构进行信用评级和能力评级,以此来筛选不符合金融分工市场的主体。核心协同机构依托其金融资源规模和业务统筹能力,确定它们的协同网络位置和话语权。

(2)分散型机制[2]

在分散型机制中,存在多个分工链,例如,"金融机构 A—金融机构 B"的分工链。在金融市场中,金融企业分工专业化不断深化,导致生产的中间环节和中间产品数量不断增加,金融产品总量和金融产品丰富度不断提高,形成了互补型金融产业集群。这种分工机制为降低中间产品的交易成本,替代企业纵向整合形成的金融产业集群,企业之间因行业内分工和产品的差异而以竞争又合作的形式并存。深化分工带动金融业发展,金融产品和消费多样化的增加导致金融市场的进一步分割以及经济溢出和空间集聚带来的规模经济。尽管金融企业集群与专业市场具有空间邻近性,由于金融产品的种类不同,服务对象不同,以及交易成本与分工收益之间的权衡,金融机构与客户之间对接更加精准化,借助互联网大数据技术,它们可以在更大空间范围内流动。同样,在分散型机制中,各个参与机构的等级可能参差不齐,需要建立信用评级系统和能力评级系统,对金融平台中的参与者进行信用评级和能力评级,以此来防范金融分工的内生性风险[3]。分散型机制如图 8-8 所示。

(3)**集合型机制**

与分散型机制不同的是,集合型机制中的金融产品集合有一个核心产品,所以在集合型机制中,利用四通八达的网络和无处不在的互联网把核心产品与关联产品集合起来,服务消费市场和实体经济。利用电子商务平台和专业金融机构将金融产品集合传递到消费市场[4],在这个过程中政府加强对金融机构及其相关产品的监管,相关的中介机构参与金融产品集合的信用评级和能力评级。这种机制大大提高了分工效率,分工效率的不断提高也促进了金融协同过程。随着金融机构之间的能力评级与信用评级等越来越专业化,成本的控制已经可以被各个组织牢牢地把握在自己的手中,这使得网络商户在获取金融产品方面更加有效,进而金融机构在分工时能够更集中。集合型机制如图 8-9 所示。

---

[1] 陈建中. 建立金融主导型的投资机制 [J]. 浙江金融,1987,(05):16-18.
[2] 陈文涛,罗震东. 互联网时代的产业分工与集聚——基于淘宝村与专业市场互动机制的空间经济学分析 [J]. 南京大学学报(哲学·人文科学·社会科学),2020,57(02):65-78+158-159.
[3] 时晨. 互联网金融内生性风险 [J]. 中外企业家,2017,(02):45+48.
[4] 陈文涛,罗震东. 互联网时代的产业分工与集聚——基于淘宝村与专业市场互动机制的空间经济学分析 [J]. 南京大学学报(哲学·人文科学·社会科学),2020,57(02):65-78+158-159.

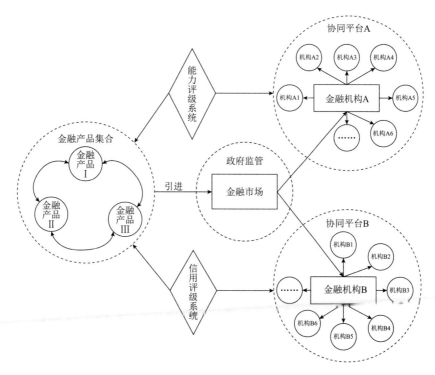

图 8-8 分散型机制

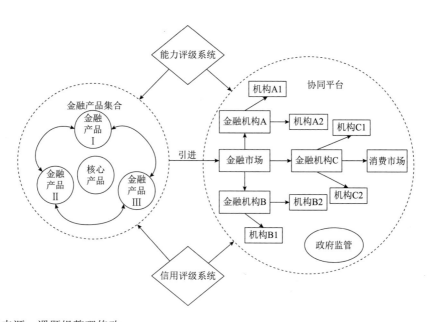

图 8-9 集合型机制

在互联网金融时代,分工的过程其实就是协同的过程,因此在金融协同的过程中,通过集合型分工机制把金融产品集群看作一个整体,各个金融机构又有各自所管辖的下属机构,进行专业化分工,例如证券机构只从事专业证券的服务,信托机构只从事专业信托基金的买卖等。多个金融机构通过协同平台联系起来,在分工时利用自身的专业化知识来弥补其他环节的不足[①]。

8.2.2 金融分工机构的资格评定

针对金融分工的机制,在金融分工的过程中,我们还需对各个机构进行资格评定,在分工协同时需要对相关资质进行评级,以确保金融分工能够有效地施展。本节将采用层次分析法建立金融分工过程对机构资格评定的指标体系,主要采用三个指标,分别是监管评级、信用评级和能力评级,使用层次分析法信用评级和监管评级的各级指标进行综合评价,并计算各级信用指标的权重,然后作具体分析,如图 8-10 所示。

资料来源:课题组整理修改

图 8-10 金融分工的资格评定

层次分析法的具体步骤如下所示(张子豪和张毅,2018)[②]。

(1)构造层次分析结构

在对所要研究的对象进行深层次分析后,将与研究对象有关的因素按照不同属性进行分解,对分解后的指标体系设立目标层和准则层。

---

① 陈文涛,罗震东.互联网时代的产业分工与集聚——基于淘宝村与专业市场互动机制的空间经济学分析 [J]. 南京大学学报(哲学·人文科学·社会科学),2020,57(02):65-78+158-159.
② 张子豪,张毅.互联网金融风险的评价指标体系与法律治理 [J]. 统计与决策,2018,(20):163-166.

（2）构造判断矩阵

邀请专家对各个权重指标进行考量，通过专家打分法得到各指标重要度的数值，然后比较两两指标间的相对重要性，采用 1-9 标注法。相关定义如表 8-1 所示。

表 8-1 相对重要性标度

标　　度	定　　义
1	i 指标与 j 指标一样重要
3	i 指标比 j 指标稍微重要
5	i 指标比 j 指标重要
7	i 指标比 j 指标显著重要
9	i 指标比 j 指标绝对重要
2，4，6，8	为以上两判断之间的中间状态对应的标度值
倒数	i 指标与 j 指标比较，得到判断值 $a_{ij}=1/a_{ji}$，$a_{ii}=1$

注：整理自张子豪，张毅. 互联网金融风险的评价指标体系与法律治理 [J]. 统计与决策，2018，（20）：163-166.

（3）一致性检验

求出判断矩阵最大特征值以及对应的特征向量，采用乘积方根法，具体为：假设一级指标五个维度的判断矩阵为 $A=\begin{bmatrix}1 & \cdots & a_{15}\\ \vdots & \ddots & \vdots \\ a_{51} & \cdots & 1\end{bmatrix}=$，$m_i=\prod_{i=1}^{5}a_{ij}$，$w_i=\sqrt[5]{m_i}$ 对 $\overline{w}=(\overline{w}_1,\overline{w}_2,\overline{w}_3,\overline{w}_4,\overline{w}_5)^T$ 规范化①，得到 $\overline{w}=(\hat{w}_1,\hat{w}_2,\hat{w}_3,\hat{w}_4,\hat{w}_5)^T$ 即为诉求特征向量，而 A 矩阵的最大特征值 $\lambda_{\max}=\frac{1}{5}\sum_{i=1}^{5}\frac{\sum_{i=1}^{5}\overline{w}j}{\overline{w}j}$。判断矩阵的一致性检验。判断矩阵的阶数为 n，$\lambda_{\max}-n$ 可以用来衡量判断矩阵的不一致程度。引入一致性指标 $CI=\frac{\lambda_{\max}-n}{n-1}$ 和随机一致性指标 RI，随机构造 m 个判断矩阵，得到 m 个一致性指标 CI_1，CI_2，…，CI_m，$RI=\frac{CI_1+CI_2+\cdots+CI_m}{m}$，得到随机一致性比率 $CR=\frac{CI}{RI}$，若 $CR<0.12$，A 矩阵通过一致性检验。最后对层次进行总排序并进行一致性检验，得到各因素权重。

8.2.3　金融分工过程的信用评级

（1）指标设计

从金融分工过程的信用等级进行阐述，基于层次分析法的要求，在研究不失真的前

---

① 张子豪，张毅. 互联网金融风险的评价指标体系与法律治理 [J]. 统计与决策，2018，34（20）：163-166.

提下，表 8-2 对信用评价指标体系进行了表述。主要包括分工环境、偿债能力、风控能力、运营能力、信息透明度五大类[①]。

表 8-2 金融分工过程的信用评级指标体系

准则层（一级指标）	方案层（二级指标）
分工环境 A_1	经济指数 A_{11}
	分工竞争力 A_{12}
	分工关联度 A_{13}
偿债能力 A_2	资产负债率 A_{21}
	流动比率 A_{22}
	固定资产周转率 A_{23}
	资金利润率 A_{24}
风控能力 A_3	风险准备金 A_{31}
	资金存管 A_{32}
	第三方担保 A_{33}
运营能力 A_4	新增借款 A_{41}
	借款期限 A_{42}
	年化收益率 A_{43}
	净资金流入 A_{44}
信息透明度 A_5	机构信息公开程度 A_{51}
	财务数据公开程度 A_{52}

资料来源：根据相关研究整理所得

（2）层次分析

综合考虑金融、法律和经济管理等领域专家的意见，对信用评级过程的五大类指标综合考量后进行打分，构建了如表 8-3 所示的判断矩阵并计算出特征值。

表 8-3 各指标间重要度

	分工环境	偿债能力	风控能力	运营能力	信息透明度
分工环境	1	4	1/2	2	1/3
偿债能力	1/4	1	1/5	1/2	1/5
风控能力	2	5	1	3	1/6
运营能力	1/2	2	1/3	1	1/8
信息透明度	3	5	6	8	1

---

① 郑建华，黄灏然，李晓龙．基于大数据小微企业信用评级模型研究[J]．技术经济与管理研究，2020，(07)：22-26.

判断矩阵为 $A = \begin{bmatrix} 1 & 41/2 & 2 & 1/3 \\ 1/4 & 11/5 & 1/2 & 1/5 \\ 2 & 51 & 3 & 1/6 \\ 1/2 & 21/3 & 1 & 1/8 \\ 3 & 56 & 8 & 1 \end{bmatrix}$

对于矩阵 A 得出它的最大特征值为 $\lambda_{max} = 5.3546$，特征向量为 $W = [0.235279, 0.083041, 0.317725, 0.115523, 0.907443]^T$，根据 $CI = \dfrac{\lambda_{max} - n}{n - 1}$，我们得出 $CI = 0.089$，满足一致性标准，同理我们可以得出二级指标的判断矩阵，各二级指标的判断矩阵、特征向量及特征值，如表 8-4 至表 8-9 所示。

表 8-4 以分工环境为准则的判断矩阵

判断矩阵	特征向量		特征值	CI	一致性
$A_1 = \begin{bmatrix} 1 & 1/2 & 3 \\ 2 & 1 & 3 \\ 1/3 & 1/3 & 1 \end{bmatrix}$	$[0.5201, 0.8257, 0.2184]^T$		3.0536	0.0268	满足
	经济指数	分工竞争力	分工关联度	权重	
经济指数	1	1/2	3	0.3325	
分工竞争力	2	1	3	0.5279	
分工关联度	1/3	1/3	1	0.1396	

表 8-5 以偿债能力为准则的判断矩阵

判断矩阵	特征向量		特征值	CI	一致性
$A_2 = \begin{bmatrix} 1 & 1/6 & 1/6 & 2 \\ 6 & 1 & 2 & 4 \\ 6 & 1/2 & 1 & 5 \\ 1/2 & 1/4 & 1/5 & 1 \end{bmatrix}$	$[0.6170, 0.1151, 0.1514, 0.7637]^T$		4.2097	0.0699	满足
	资产负债率	流动比率	固定资产周转率	资金利润率	权重
资产负债率	1	1/6	1/6	2	0.3746
流动比率	6	1	2	4	0.0699
固定资产周转率	6	1/2	1	5	0.0919
资金利润率	1/2	1/4	1/5	1	0.4636

表 8-6 以风控能力为准则的判断矩阵

判断矩阵	特征向量		特征值	CI	一致性
$A_3 = \begin{bmatrix} 1 & 4 & 3 \\ 1/4 & 1 & 1/3 \\ 1/3 & 3 & 1 \end{bmatrix}$	$[0.9027, 0.1722, 0.3942]^T$		3.0735	0.0368	满足
	风险准备金	资金存管	第三方担保	权重	
风险准备金	1	4	3	0.6145	
资金存管	1/4	1	1/3	0.1172	
第三方担保	1/3	3	1	0.2683	

表 8-7 以运营能力为准则的判断矩阵

判断矩阵	特征向量		特征值	CI	一致性
$A_4 = \begin{bmatrix} 1 & 24 & 4 & 4 \\ 1/2 & 14 & 4 & 4 \\ 1/4 & 1/4 & 13 & \\ 1/4 & 1/4 & 1/31 & \end{bmatrix}$	$[0.7689, 0.5604, 0.2242, 0.1280]^T$		4.2153	0.0717	满足
	新增借款	借款期限	年化收益率	净资金流入	权重
新增借款	1	2	4	4	0.4457
借款期限	1/2	1	4	4	0.3249
年化收益率	1/4	1/4	1	3	0.1792
净资金流入	1/4	1/4	1/3	1	0.0742

表 8-8 以信息透明度为准则的判断矩阵

判断矩阵	特征向量	特征值	CI	一致性
$A_5 = \begin{bmatrix} 1 & 2 \\ 1/2 & 1 \end{bmatrix}$	$[0.8944, 0.4472]^T$	2	0	完全
	机构信息公开程度	财务数据公开程度		权重
机构信息公开程度	1	2		0.6667
财务数据公开程度	1/2	1		0.3333

从表 8-9 可以看出，五个一级指标的重要性分别是信息透明度、风控能力、分工环境、运营能力以及偿债能力，特别是信息透明度的指标要求最高，权重达到 54.68%，作为新兴的金融模式，信息透明度对于金融分工过程的信用评级影响最为显著，风险亦最高。基于这个一级指标的较高权重，使得二级指标中机构信息公开程度和财务数据公开程度权重最高，除此之外风险准备金的权重最高，达到 11.78%。其他的二级指标权重相对均衡。也就是说当下我国金融分工的信用评级应该高度重视各个金融机构的信息公开程度、财务数据公开程度和风险准备金[1]。

表 8-9 层次总排序结果

准则层 方案层	A_1 0.1417	A_2 0.0500	A_3 0.1917	A_4 0.0697	A_5 0.5468	因素权重值
A_{11}	0.3325					0.0471
A_{12}	0.5279					0.0748
A_{13}	0.1396					0.0198
A_{21}		0.3746				0.0187
A_{22}		0.0699				0.0035
A_{23}		0.0919				0.0046

---

[1] 朱建平，杨巍. 基于层次分析法的我国 P2P 网络借贷平台信用评级研究 [J]. 当代金融研究，2019，(03)：5-24.

续表

准则层 方案层	A_1 0.1417	A_2 0.0500	A_3 0.1917	A_4 0.0697	A_5 0.5468	因素权重值
A_{24}		0.4636				0.0232
A_{31}			0.6145			0.1178
A_{32}			0.1172			0.0225
A_{33}			0.2683			0.0514
A_{41}				0.4457		0.0311
A_{42}				0.3249		0.0226
A_{43}				0.1792		0.0125
A_{44}				0.0742		0.0052
A_{51}					0.6667	0.3646
A_{52}					0.3333	0.1822

8.2.4　金融分工过程的监管评级

（1）指标设计

从政府对金融分工过程的监管评级指标进行阐述，基于层次分析法的要求，在研究不失真的前提下，表 8-10 对监管评级指标体系进行了表述。主要包括分工管理水平、资本状况、资产质量水平、盈利状况、流动性水平五大类[1]。

表 8-10　金融分工过程的监管评级指标体系

准则层（一级指标）	方案层（二级指标）
分工管理水平 A_1	内部控制措施 A_{11}
	风险识别 A_{12}
	协同战略 A_{13}
资本状况水平 A_2	资本充足率 A_{21}
	信息反馈链 A_{22}
	分工发展力 A_{23}
	分工资金利用率 A_{24}
资产质量水平 A_3	不良贷款率 A_{31}
	正常贷款率 A_{32}
	可疑类贷款率 A_{33}

---

[1]　童欣. 我国商业银行监管评级体系研究 [D]. 复旦大学，2011.

续表

准则层（一级指标）	方案层（二级指标）
盈利状况 A_4	资产利润率 A_{41}
	成本费用 A_{42}
	风险回报率 A_{43}
流动性水平 A_5	存贷款频率 A_{51}
	资金依赖度 A_{52}
	分工配置比 A_{53}

资料来源：根据相关研究整理所得

（2）层次分析

综合考虑金融、法律和经济管理等领域专家的意见，对监管评级过程的五大类指标综合考量后进行打分，构建了如表 8-11 所示的判断矩阵并计算出特征值。

表 8-11 各指标间重要度

	分工管理水平	资本状况	资产质量水平	盈利状况	流动性水平
分工管理水平	1	2	1/4	5	1/6
资本状况	1/2	1	1/3	1/2	1/5
资产量水平	4	3	1	3	1/4
盈利状况	1/5	2	1/3	1	1/7
流动性水平	6	5	4	7	1

判断矩阵为 $A = \begin{bmatrix} 1 & 2 & 1/4 & 5 & 1/6 \\ 1/2 & 1 & 1/3 & 1/2 & 1/5 \\ 4 & 3 & 1 & 3 & 1/4 \\ 1/5 & 2 & 1/3 & 1 & 1/7 \\ 6 & 5 & 4 & 7 & 1 \end{bmatrix}$

对于矩阵 A 得出它的最大特征值为 $\lambda_{\max} = 5.6802$，特征向量为 $W = [0.218468, 0.109494, 0.376259, 0.112326, 0.886620]^T$，根据 $CI = \dfrac{\lambda_{\max} - n}{n-1}$，我们得出 CI=0.170 05，满足一致性标准，同理我们可以得出二级指标的判断矩阵，各二级指标的判断矩阵、特征向量及特征值，如表 8-12 至表 8-16 所示。

表 8-12 以分工管理水平为准则的判断矩阵

判断矩阵	特征向量		特征值	CI	一致性
$A_1 = \begin{bmatrix} 1 & 1/2 & 3 \\ 2 & 1 & 3 \\ 1/3 & 1/3 & 1 \end{bmatrix}$	$[0.5201, 0.8257, 0.2184]^T$		3.0536	0.0268	满足
	内部控制措施	风险识别	协同战略	权重	
内部控制措施	1	1/2	3	0.3325	
风险识别	2	1	3	0.5279	
协同战略	1/3	1/3	1	0.1396	

表 8-13 以资本状况为准则的判断矩阵

判断矩阵	特征向量			特征值	CI	一致性
$A_2 = \begin{bmatrix} 1 & 1/6 & 1/6 & 2 \\ 6 & 1 & 2 & 4 \\ 6 & 1/2 & 1 & 5 \\ 1/2 & 1/4 & 1/5 & 1 \end{bmatrix}$	$[0.6170, 0.1151, 0.1514, 0.7637]^T$			4.2097	0.0699	满足
	资本充足率	信息反馈链	分工发展力	分工资金利用率	权重	
资本充足率	1	1/6	1/6	2	0.3746	
信息反馈链	6	1	2	4	0.0699	
分工发展力	6	1/2	1	5	0.0919	
分工资金利用率	1/2	1/4	1/5	1	0.4636	

表 8-14 以资产质量水平为准则的判断矩阵

判断矩阵	特征向量		特征值	CI	一致性
$A_3 = \begin{bmatrix} 1 & 4 & 3 \\ 1/4 & 1 & 1/3 \\ 1/3 & 3 & 1 \end{bmatrix}$	$[0.9027, 0.1722, 0.3942]^T$		3.0735	0.0368	满足
	不良贷款率	正常贷款率	可疑类贷款率	权重	
不良贷款率	1	4	3	0.6145	
正常贷款率	1/4	1	1/3	0.1172	
可疑类贷款率	1/3	3	1	0.2683	

表 8-15 以盈利状况为准则的判断矩阵

判断矩阵	特征向量		特征值	CI	一致性
$A_4 = \begin{bmatrix} 1 & 4 & 3 \\ 1/4 & 1 & 1/3 \\ 1/3 & 3 & 1 \end{bmatrix}$	$[0.9027, 0.1722, 0.3942]^T$		3.0735	0.0368	满足
	资产利润率	成本费用	风险回报率	权重	
资产利润率	1	4	3	0.6145	
成本费用	1/4	1	1/3	0.1172	
风险回报率	1/3	3	1	0.2683	

表 8-16　以流动性水平为准则的判断矩阵

判断矩阵	特征向量			特征值	CI	一致性
$A_5 = \begin{bmatrix} 1 & 5 & 3 \\ 1/5 & 1 & 1/3 \\ 1/3 & 3 & 1 \end{bmatrix}$	$[0.9161, 0.1506, 0.3715]^T$			3.0385	0.0193	满足
	存贷款频率	资金依赖度	分工配置比	权重		
存贷款频率	1	4	3	0.6625		
资金依赖度	1/4	1	1/3	0.1466		
分工配置比	1/3	3	1	0.1909		

从表 8-17 可以看出，五个一级指标的重要性分别是流动性水平、资产质量水平、盈利状况、分工管理水平以及资本状况，特别是流动性水平的指标要求最高，权重达到 54.78%，作为监管机构的政府，对于在金融分工过程的监管评级中，金融机构的流动性水平影响最为显著，风险亦最高。基于这个一级指标的较高权重，使得二级指标中存贷款频率、资金依赖程度和分工配置比权重最高，因此我国金融分工的监管评级应该高度重视各个金融机构的流动性水平。

表 8-17　层次总排序结果

准则层 方案层	A_1	A_2	A_3	A_4	A_5	因素权重值
	0.0417	0.0502	0.1917	0.1697	0.5478	
A_{11}	0.3325					0.0471
A_{12}	0.5279					0.0748
A_{13}	0.1396					0.0198
A_{21}		0.3746				0.0187
A_{22}		0.0699				0.0035
A_{23}		0.0919				0.0046
A_{24}		0.4636				0.0232
A_{31}			0.6145			0.1178
A_{32}			0.1172			0.0225
A_{33}			0.2683			0.0514
A_{41}				0.6145		0.0311
A_{42}				0.1172		0.0226
A_{43}				0.2683		0.0125
A_{44}					0.6625	0.0052
A_{51}					0.1466	0.3646
A_{52}					0.1909	0.1822

8.2.5　金融分工过程的能力评级

（1）指标设计

从金融分工过程的能力等级进行阐述，基于层次分析法的要求，在研究不失真的前提下对分工能力指标进行简化表述，表8-18对能力评价指标体系进行了表述。主要包括分工智能化程度、分工系统安全性、分工创新能力、分工组织能力、分工满意度五大类。

表8-18　金融分工过程的能力评级指标体系

准则层（一级指标）	方案层（二级指标）
分工智能化程度 A_1	协同渗透率 A_{11}
	分工加速度 A_{12}
	数字化程度 A_{13}
分工系统安全性 A_2	协同机制 A_{21}
	维稳机制 A_{22}
	应急预案 A_{23}
	电子平台 A_{24}
分工创新能力 A_3	项目推进度 A_{31}
	网络覆盖度 A_{32}
	环境复杂度 A_{33}
分工组织能力 A_4	资源挖掘 A_{41}
	协同关系 A_{42}
	职责分工 A_{43}
	质效结合度 A_{44}
分工满意度 A_5	社会责任感 A_{51}
	社会贡献度 A_{52}

资料来源：根据相关研究整理所得

（2）层次分析

综合考虑金融、法律和经济管理等领域专家的意见，对能力评级过程的五大类指标综合考量后进行打分，构建了如表8-19所示的判断矩阵并计算出特征值。

表 8-19　各指标间重要度

	分工智能化程度	分工系统安全性	分工创新能力	分工组织能力	分工满意度
分工智能化程度	1	4	1/2	2	1/3
分工系统安全性	1/4	1	1/5	1/2	1/5
分工创新能力	2	5	1	3	1/6
分工组织能力	1/2	2	1/3	1	1/8
分工满意度	3	5	6	8	1

判断矩阵为 $A = \begin{bmatrix} 1 & 4 & 1/2 & 2 & 1/3 \\ 1/4 & 1 & 1/5 & 1/2 & 1/5 \\ 2 & 5 & 1 & 3 & 1/6 \\ 1/2 & 2 & 1/3 & 1 & 1/8 \\ 3 & 5 & 6 & 8 & 1 \end{bmatrix}$

对于矩阵 A 得出它的最大特征值为 $\lambda_{\max} = 5.3546$，特征向量为 $W = [0.235279, 0.083041, 0.317725, 0.115523, 0.907443]^T$，根据 $CI = \dfrac{\lambda_{\max} - n}{n-1}$，我们得出 CI=0.089，满足一致性标准，同理我们可以得出二级指标的判断矩阵，各二级指标的判断矩阵、特征向量及特征值，如表 8-20 至表 8-25 所示。

表 8-20　以分工智能化程度为准则的判断矩阵

判断矩阵	特征向量			特征值	CI	一致性
$A_1 = \begin{bmatrix} 1 & 1/2 & 3 \\ 2 & 1 & 3 \\ 1/3 & 1/3 & 1 \end{bmatrix}$	$[0.5201, 0.8257, 0.2184]^T$			3.0536	0.0268	满足
	协同渗透率	分工加速度	数字化程度	权重		
协同渗透率	1	1/2	3	0.3325		
分工加速度	2	1	3	0.5279		
数字化程度	1/3	1/3	1	0.1396		

表 8-21　以分工系统安全性为准则的判断矩阵

判断矩阵	特征向量				特征值	CI	一致性
$A_2 = \begin{bmatrix} 1 & 1/6 & 1/2 & 2 \\ 6 & 1 & 2 & 4 \\ 6 & 1/2 & 1 & 5 \\ 1/2 & 1/4 & 1/5 & 1 \end{bmatrix}$	$[0.6170, 0.1151, 0.1514, 0.7637]^T$				4.2097	0.0699	满足
	协同机制	维稳机制	应急预案	电子平台	权重		
协同机制	1	1/6	1/6	2	0.3746		
维稳机制	6	1	2	4	0.0699		
应急预案	6	1/2	1	5	0.0919		
电子平台	1/2	1/4	1/5	1	0.4636		

表 8-22 以分工创新能力为准则的判断矩阵

判断矩阵	特征向量		特征值	CI	一致性
$A_3 = \begin{bmatrix} 1 & 4 & 3 \\ 1/4 & 1 & 1/3 \\ 1/3 & 3 & 1 \end{bmatrix}$	$[0.9027, 0.1722, 0.3942]^T$		3.0735	0.0368	满足
	项目推进度	网络覆盖度	环境复杂度	权重	
项目推进度	1	4	3	0.6145	
网络覆盖度	1/4	1	1/3	0.1172	
环境复杂度	1/3	3	1	0.2683	

表 8-23 以分工组织能力为准则的判断矩阵

判断矩阵	特征向量		特征值		CI	一致性
$A_4 = \begin{bmatrix} 1 & 2 & 4 & 4 \\ 1/2 & 1 & 4 & 4 \\ 1/4 & 1/4 & 1 & 3 \\ 1/4 & 1/4 & 1/3 & 1 \end{bmatrix}$	$[0.7689, 0.5604, 0.2242, 0.1280]^T$		4.2153		0.0717	满足
	资源挖掘	协同关系	职责分工	质效结合度	权重	
资源挖掘	1	2	4	4	0.4457	
协同关系	1/2	1	4	4	0.3249	
职责分工	1/4	1/4	1	3	0.1792	
质效结合度	1/4	1/4	1/3	1	0.0742	

表 8-24 以分工满意度为准则的判断矩阵

判断矩阵	特征向量		特征值	CI	一致性
$A_5 = \begin{bmatrix} 1 & 2 \\ 1/2 & 1 \end{bmatrix}$	$[0.8944, 0.4472]^T$		2	0	完全
	社会责任感	社会贡献度	权重		
社会责任感	1	2	0.6667		
社会贡献度	1/2	1	0.3333		

从表 8-25 可以看出，五个一级指标的重要性分别是分工满意度、分工创新能力、分工智能化程度、分工组织能力以及分工系统安全性，特别是分工满意度的指标要求最高，权重达到 54.68%，对参与金融分工过程的金融机构，满意度指标对于分工过程的能力评级影响最为显著，风险亦最高。基于这个一级指标的较高权重，使得二级指标中社会责任感和社会贡献程度权重最高，除此之外风险准备金的权重最高，达到 11.78%。其他的二级指标权重相对均衡。也就是说当下我国金融机构的分工过程的能力评级应该高度重视各个金融机构的社会性指标，以此来达到整个金融分工过程有较好的风评。

表 8-25 层次总排序结果

准则层 方案层	A_1 0.141 7	A_2 0.050 0	A_3 0.191 7	A_4 0.069 7	A_5 0.546 8	因素权重值
A_{11}	0.332 5					0.047 1
A_{12}	0.527 9					0.074 8
A_{13}	0.139 6					0.019 8
A_{21}		0.374 6				0.018 7
A_{22}		0.069 9				0.003 5
A_{23}		0.091 9				0.004 6
A_{24}		0.463 6				0.023 2
A_{31}			0.614 5			0.117 8
A_{32}			0.117 2			0.022 5
A_{33}			0.268 3			0.051 4
A_{41}				0.445 7		0.031 1
A_{42}				0.324 9		0.022 6
A_{43}				0.179 2		0.012 5
A_{44}				0.074 2		0.005 2
A_{51}					0.666 7	0.364 6
A_{52}					0.333 3	0.182 2

8.3 案例分析：中信证券跨境并购里昂证券的分工管理

8.3.1 案例概述

中信证券开展跨境并购里昂证券活动的全过程，花费了将近三年的时间。而合作方案的确定过程也是历经波折，经多次修改才最终确定。第一套方案是由东方汇理银行联合中信证券共同开设一家具有合资性质的企业，并且两家公司都各有 50% 股份，这个公司作为一个整合的平台，可以对中信证券的子公司，以及东方汇理的子公司（盛富以及里昂证券），并在亚洲部分区域开展整合。第二套方案是中信证券投资 3.74 亿美元作为大股东收购盛福证券 19.9% 股权，同时也会对里昂证券的同等比例的股权进行收购。但是同时对这两家证券公司进行整合实在比较复杂，因此中信证券实施了第三套方案，即买断活动不再以盛富证券为对象，转为购回里昂证券的全部股权[①]，收购过程如图 8-11

---

① 孙杨.中信证券跨境并购里昂证券案例分析 [D].辽宁大学，2019.

所示。整个收购过程是在 2013 年完成的，收购后的最显而易见的成果就是利润的上涨，中信证券在收购后的资产总规模相较于之前增长了 1/5①。

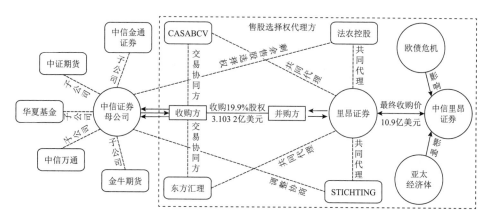

资料来源：课题组整理修改

图 8-11　中信证券收购里昂证券的过程

但此次中信证券的收购历程并不是一帆风顺的，而是经过了多个激励过程才最终使来自不同国家的金融机构达成了统一。首先是在 2010 年这个时间段，中信证券斥巨资成为了东方汇理银行的唯一合作方②，并且设立了一家 50% 对 50% 的合资公司，以此作为此次跨域激励过程的突破口，来缓和文化的冲突困境。到了 2011 年，中信证券旗下的子公司收购了里昂 1/5 的股权，开始了平稳过渡。其次是 2012 年这个时间段，其子公司国际证券业务板块开始占据多数的业务平台，完成了对里昂证券 19.9% 的股份后，就不再对盛富证券的收购了，而是将其看作是中介机构，于是在 2012 年 7 月，中信证券以 12.52 亿美元揽下里昂的全部股份，成为其名副其实的"背后大哥"③。最后在 2012 年底，其激励过程的协同伙伴东方汇理银行正式宣布里昂剩余的所有金融股权售予中信证券已经 100% 完成，并在 2013 年 7 月使得双方战略性协同上升到了一个崭新的台阶③。收购过程重要时间线如图 8-12 所示。中信证券的战略组合拳充分展现了其强大的协同能力和执行能力，引入跨文化的激励协同为其提供强大的推进剂，不同证券机构的激励融合也反方向循环到正向激励链条中去。此次收购过程展现了中信证券比肩国际一流的跨境项目协同优势，该项目也成为了跨境融资的桥梁。

---

① 王爽 . 中信证券并购里昂证券绩效分析 [D]. 河北金融学院，2018.
② 戴政 . 证券公司跨国并购协同效应研究——以中信并购里昂为例 [D]. 湖南大学，2016.
③ 周有为 . 中信证券并购里昂证券案例研究 [D]. 广西大学，2013.

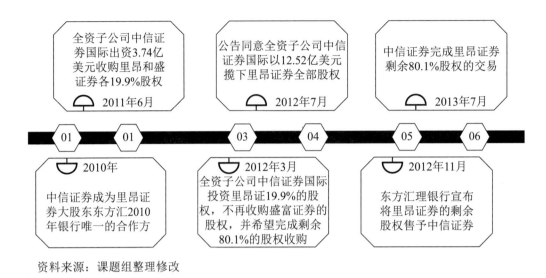

资料来源：课题组整理修改

图 8-12　中信证券收购里昂证券重要时间轴

8.3.2　并购绩效评估

（1）指标设计

从中信证券收购里昂证券的分工过程进行阐述，基于层次分析法的要求，在研究不失真的前提下对各级评估指标进行简化表述，表 8-26 对绩效的评估指标体系进行了表述。主要包括短期绩效、中期绩效、长期绩效、并购分工、协同分工五大类[①]。

表 8-26　金融分工过程的信用评级指标体系

准则层（一级指标）	方案层（二级指标）
短期绩效 A_1	超额收益率 A_{11}
	累计超额收益率 A_{12}
	股票波动 A_{13}
中期绩效 A_2	财务状况 A_{21}
	战略融合 A_{22}
	文化整合 A_{23}
	融资优势 A_{24}

---

① 张子豪，张毅. 互联网金融风险的评价指标体系与法律治理 [J]. 统计与决策，2018，(20)：163-166.

续表

准则层（一级指标）	方案层（二级指标）
长期绩效 A_3	国际业务占比 A_{31}
	券商贡献比 A_{32}
	盈利能力 A_{33}
并购分工 A_4	谈判力度 A_{41}
	并购时间 A_{42}
	剩余股权 A_{43}
	售股选择 A_{44}
协同分工 A_5	信息共享程度 A_{51}
	数据公开程度 A_{52}

资料来源：根据相关研究整理所得

（2）层次分析

综合考虑金融、法律和经济管理等领域专家的意见，对中信证券收购里昂证券的分工过程的五大类指标综合考量后进行打分，构建了如表 8-27 所示的判断矩阵并计算出特征值。

表 8-27　各指标间重要度

	短期绩效	中期绩效	长期绩效	并购分工	协同分工
短期绩效	1	4	1/2	2	1/3
中期绩效	1/4	1	1/5	1/2	1/5
长期绩效	2	5	1	3	1/6
并购分工	1/2	2	1/3	1	1/8
协同分工	3	5	6	8	1

判断矩阵为 $A = \begin{bmatrix} 1 & 4 & 1/2 & 2 & 1/3 \\ 1/4 & 1 & 1/5 & 1/2 & 1/5 \\ 2 & 5 & 1 & 3 & 1/6 \\ 1/2 & 2 & 1/3 & 1 & 1/8 \\ 3 & 5 & 6 & 8 & 1 \end{bmatrix}$

对于矩阵 A 得出它的最大特征值为 $\lambda_{\max} = 5.3546$，特征向量为 $W = [0.235279, 0.083041, 0.317725, 0.115523, 0.907443]^T$，根据 $CI = \dfrac{\lambda_{\max} - n}{n-1}$，我们得出 CI=0.089，满足一致性标准，同理我们可以得出二级指标的判断矩阵，各二级指标的判断矩阵、特征向量及特征值，如表 8-28 至表 8-33 所示。

表 8-28 以短期绩效为准则的判断矩阵

判断矩阵	特征向量			特征值	CI	一致性
$A_1 = \begin{bmatrix} 1 & 1/2 & 3 \\ 2 & 1 & 3 \\ 1/3 & 1/3 & 1 \end{bmatrix}$	$[0.5201, 0.8257, 0.2184]^T$			3.0536	0.0268	满足
	超额收益率	累计超额收益率	股票波动	权重		
超额收益率	1	1/2	3	0.3325		
累计超额收益率	2	1	3	0.5279		
股票波动	1/3	1/3	1	0.1396		

表 8-29 以中期绩效为准则的判断矩阵

判断矩阵	特征向量				特征值	CI	一致性
$A_2 = \begin{bmatrix} 1 & 1/6 & 1/6 & 2 \\ 6 & 1 & 2 & 4 \\ 6 & 1/2 & 1 & 5 \\ 1/2 & 1/4 & 1/5 & 1 \end{bmatrix}$	$[0.6170, 0.1151, 0.1514, 0.7637]^T$				4.2097	0.0699	满足
	财务状况	战略融合	文化整合	融资优势	权重		
财务状况	1	1/6	1/6	2	0.3746		
战略融合	6	1	2	4	0.0699		
文化整合	6	1/2	1	5	0.0919		
融资优势	1/2	1/4	1/5	1	0.4636		

表 8-30 以长期绩效为准则的判断矩阵

判断矩阵	特征向量			特征值	CI	一致性
$A_3 = \begin{bmatrix} 1 & 4 & 3 \\ 1/4 & 1 & 1/3 \\ 1/3 & 3 & 1 \end{bmatrix}$	$[0.9027, 0.1722, 0.3942]^T$			3.0735	0.0368	满足
	国际业务占比	券商贡献比	盈利能力	权重		
国际业务占比	1	4	3	0.6145		
券商贡献比	1/4	1	1/3	0.1172		
盈利能力	1/3	3	1	0.2683		

表 8-31 以并购分工为准则的判断矩阵

判断矩阵	特征向量				特征值	CI	一致性
$A_4 = \begin{bmatrix} 1 & 2 & 4 & 4 \\ 1/2 & 1 & 4 & 4 \\ 1/4 & 1/4 & 1 & 3 \\ 1/4 & 1/4 & 1/3 & 1 \end{bmatrix}$	$[0.7689, 0.5604, 0.2242, 0.1280]^T$				4.2153	0.0717	满足
	谈判力度	并购时间	剩余股权	售股选择	权重		
谈判力度	1	2	4	4	0.4457		
并购时间	1/2	1	4	4	0.3249		
剩余股权	1/4	1/4	1	3	0.1792		
售股选择	1/4	1/4	1/3	1	0.0742		

表 8-32　以协同分工为准则的判断矩阵

判断矩阵	特征向量	特征值	CI	一致性
$A_5 = \begin{bmatrix} 1 & 2 \\ 1/2 & 1 \end{bmatrix}$	$[0.8944, 0.4472]^T$	2	0	完全
	信息共享程度	数据公开程度		权重
信息共享程度	1	2		0.6667
数据公开程度	1/2	1		0.3333

从表 8-33 可以看出，五个一级指标的重要性分别是协同分工、长期绩效、短期绩效、并购分工以及中期绩效，特别是协同分工的指标要求最高，权重达到 54.68%。作为新金融并购模式，中信证券收购里昂证券对业界具有重大影响力和借鉴意义[①]。协同分工的影响最为显著，风险亦最高。基于这个以及指标的较高权重，使得二级指标中机构信息共享程度和数据公开程度权重最高，除此之外国际业务占比的权重最高，高到 11.78%。其他的二级指标权重相对均衡。也就是说，在跨境收购项目中尤其是国际业务板块，我们必须更加注重协同分工及其对不同机构之间的激励过程，例如中信证券独特的可转债交易对里昂证券有着强大的吸引力，同时里昂证券也发挥着其定制化金融产品的虹吸效应。

表 8-33　层次总排序结果

准则层 方案层	A_1 0.1417	A_2 0.0500	A_3 0.1917	A_4 0.0697	A_5 0.5468	因素权重值
A_{11}	0.3325					0.0471
A_{12}	0.5279					0.0748
A_{13}	0.1396					0.0198
A_{21}		0.3746				0.0187
A_{22}		0.0699				0.0035
A_{23}		0.0919				0.0046
A_{24}		0.4636				0.0232
A_{31}			0.6145			0.1178
A_{32}			0.1172			0.0225
A_{33}			0.2683			0.0514
A_{41}				0.4457		0.0311
A_{42}				0.3249		0.0226
A_{43}				0.1792		0.0125
A_{44}				0.0742		0.0052
A_{51}					0.6667	0.3646
A_{52}					0.3333	0.1822

---

① 王爽. 中信证券并购里昂证券绩效分析 [D]. 河北金融学院，2018.

8.3.3 政策与建议

（1）加强并购后的整合

中信证券对里昂证券这一境外证券机构的股权交易结束后，并购后的评估整合操作是海外并购成败的关键，具有不同管理理念的券商在经营理念、企业文化、核心价值观等方面或多或少存在摩擦，所以并购后的整合是尤为重要的。

关键在于避免文化的冲突。中信证券选择将"中信里昂证券"作为其进军国际业务的跳板，并对整合后的企业内部架构进行了重新的设计与整合，对不同的金融职务说明书进行了重新编写，同化了其原有的异质性负面作用，不仅加强了金融领域的协同合作，诸如文化、体育和生态方面的协同也得到了激励。而且并购后整合的协同激励模式为其他金融协同机构树立了样板，成为多领域内非常有意义的"标杆树"。

（2）协同分工提高融资便利性

目前我国大型证券公司均已搭建完成上市平台，理论上具备了良好的融资环境。然而，在实际操作层面，我国证券公司在股权类融资环节除了面临中国证监会的审核以外，还需要市场环境的配合。例如 2018 年以来，中信证券的资本市场发展虽较为良好，但公司股价表现低迷，绝大部分公司股股价位于 0.5 倍 PB 至 1.0 倍 PB。根据国资监管要求，我国国有企业不能以低于净资产 90% 的价格增资扩股，即使市场中有极少部分公司突破此限制，也不具有协同效应。因此在并购时多家机构通过协同分工，使股权类融资途径均受到严格制约，根据监管办法有关规定发行的次级债可按一定比例计入资本金，这样就大大提高了融资的便利性[①]。

（3）明确并购分工发展战略和动因

中信证券跨境并购里昂证券对于其他金融协同机构的重要启示就在于要明确并购分工发展的战略和动因。随着我国自主创新发展战略的不断深入和当前"一带一路"等政策的大力支持，愈来愈多的中国金融企业和个人投资者开始走出国门投资海外业务，中信证券并购里昂证券为金融机构走出去提供了案例。中信证券在 21 世纪之初就开始了海外投资的尝试，并在海外设立子公司进行"摸石头过河"，但由于动因不明确，也走了不少弯路，应该制定适合自身的发展战略并实现其循序渐进，急功近利只其导致失败，只有明确战略和动因，才能在激励中实现最优化[②]。

---

① 刘茂森. 中信证券并购里昂证券的效应研究 [D]. 中国财政科学研究院，2019.
② 孙晶. 中信证券跨境并购里昂证券的协同效应及风险研究 [D]. 安徽财经大学，2019.

（4）注重并购双方发展优势的融合

金融行业的并购整合是双方在选择并购方式时必须面对的最大问题。如果公司的并购整合达到理想的激励效果，那整个并购激励都将是值得的。但是并购整合失败的后果，可能会对金融企业的经营造成持续性的损害。从以上对中信证券并购案例的分析可以得出，中信证券对里昂证券的激励整合是比较成功的，这是因为在整合过程中可以准确把握双方的优势。里昂证券拥有的广泛客户资源和国际经验为中信证券拓展了客户渠道[①]，而中信证券在内地市场拥有雄厚资金也为并购过程奠定了前提。因此，并购双方的优势互补可以降低并购重组带来的金融风险[①]。

[①] 戴政.证券公司跨国并购协同效应研究——以中信并购里昂为例[D].湖南大学，2016.

参考文献

[1] 庄毓敏, 邵镜容. 银行与财务公司合作服务实体经济 [J]. 中国金融, 2020, (12): 46-47.

[2] 助推经济转型：科技金融求创新 [J]. 金融博览, 2010, (06): 4.

[3] 朱建平, 杨巍. 基于层次分析法的我国 P2P 网络借贷平台信用评级研究 [J]. 当代金融研究, 2019, (03): 5-24.

[4] 朱大鹏. 商业银行与融资租赁公司合作模式研究 [N]. 金融时报, 2014-08-18（011）.

[5] 周有为. 中信证券并购里昂证券案例研究 [D]. 广西大学, 2013.

[6] 周小川. 法治金融生态 [J]. 中国经济周刊, 2005, (03): 11.

[7] 周炜. 国内外资产支持票据业务模式研究与案例分析 [J]. 金融经济, 2015, (12): 92-94.

[8] 周倩. 中国银行支付体系研究 [D]. 西北大学, 2008.

[9] 众安保险官网. 我们是谁 [Z/OL]. [2020-01-30]. https://www.zhongan.com/corporate/who-am-i.

[10] 中油财务. 财银合作在服务实体经济中实现共赢 [EB/OL]. [2019-12-12]. http：//cpf.cnpc.com.cn/cpf/gsxw/201712/4dc40faeed2d4384b5a36175c1a50b01.shtml.

[11] 中银消费金融荣膺"普惠金融消费者影响力奖" [N/OL]. [2020-11-19]. https://finance.ifeng.com/c/81VQAevtbkx.

[12] 中央政府门户网站. 中国首只中小企业集合债券成功发行 [EB/OL]. [2007-11-15]. http：//www.gov.cn/banshi/2007-11/15/content_806148.htm.

[13] 中央政府门户网站. 精确实体经济概念 更好支持实体经济发展 [EB/OL]. [2019-03-12]. http：//www.gov.cn/jrzg/2011-12/15/content_2021576.htm.

[14] 中金网. 商业银行正式进入金融期货市场 [EB/OL]. [2020-04-10]. http：//www.cngold.com.cn/20200410d1703n343638848.html.

[15] 中国邮政. 中邮证券资管业务再创佳绩 [EB/OL]. [2019-08-02]. http：//www.chinapostnews.com.cn/html1/report/2012/3412-1.htm.

[16] 中国银行保险监督管理委员会组建 [J]. 中国信用卡, 2018, (04): 90.

[17] 中国银行保险监督管理委员会 [EB/OL]. [2021-01-01]. https://baike.baidu.com/item/%E4%B8%AD%E5%9B%BD%E9%93%B6%E8%A1%8C%E4%BF%9D%E9%99%A9%E7%9B%91%E7%9D%A3%E7%AE%A1%E7%90%86%E5%A7%94%E5%91%98%E4%BC%9A/22428897?fr=aladdin.

[18] 中国银行保险报. 银保开展贷款保证保险的建议 [EB/OL]. [2016-07-12]. http：//pl.sinoins.com/2016-07/12/content_201693.htm.

[19] 中国人工智能 + 金融行业研究报告 2018 年 [A]. 上海艾瑞市场咨询有限公司. 艾瑞咨询系列研究报告（2018 年第 11 期）[C]. 上海艾瑞市场咨询有限公司, 2018: 48.

[20] 中国农业发展银行 [EB/OL]. [2020-10-14]. https://baike.baidu.com/item/%E4%B8%AD%E5%9B%BD%E5%86%9C%E4%B8%9A%E5%8F%91%E5%B1%95%E9%93%B6%E8%A1%8C/631988?fr=aladdin.

[21] 中国金融新闻网. "银担合作"助力民企债务融资 [EB/OL]. [2019-11-09]. https：//www.financialnews.com.cn/jigou/rzdb/201911/t20191109_171036.html.

[22] 中国建设银行 [EB/OL]. [2021-01-24]. https://baike.baidu.com/item/%E4%B8%AD%E5%9B%BD%E5%BB%BA%E8%AE%BE%E9%93%B6%E8%A1%8C/285062?fr=aladdin.

[23] 中国电子商务研究中心. 互联网金融生态系统2020——新动力、新格局、新战略 [EB/OL]. [2014-09-05].

[24] 政策性银行 [EB/OL]. [2021-01-25]. https://baike.baidu.com/item/%E6%94%BF%E7%AD%96%E6%80%A7%E9%93%B6%E8%A1%8C/4334658?fr=aladdin.

[25] 郑礼明. 分工理论的演变与发展 [J]. 区域治理, 2019,（34）：24-26.

[26] 郑建华, 黄灏然, 李晓龙. 基于大数据小微企业信用评级模型研究 [J]. 技术经济与管理研究, 2020,（07）：22-26.

[27] 郑慧, 李雪慧. 基于协同模型的科技创新、金融创新与科技金融动态关系研究 [J]. 海南金融, 2015,（12）：70-76.

[28] 证券投资 [EB/OL]. [2021-01-27]. https://baike.baidu.com/item/%E8%AF%81%E5%88%B8%E6%8A%95%E8%B5%84/2378?fr=aladdin.

[29] 肇启伟, 付剑峰, 刘洪江. 科技金融中的关键问题——中国科技金融2014年会综述 [J]. 管理世界, 2015,（03）：164-167.

[30] 赵宏. 论世界贸易组织的谈判机制 [J]. 国际贸易, 2016,（12）：4-9.

[31] 章延文, 冯怀春, 池仁勇. 金融生态与共享金融 [M]. 北京：清华大学出版社, 2020：157.

[32] 张子豪, 张毅. 互联网金融风险的评价指标体系与法律治理 [J]. 统计与决策, 2018,（20）：163-166.

[33] 张志勇. 商业银行与期货业合作模式研究 [J]. 新金融, 2009,（08）：46-49.

[34] 张钰. 互联网金融企业的盈利模式 [D]. 河北经贸大学, 2017.

[35] 张洋子. 构建金融科技生态圈：内涵、国际经验与中国展望 [J]. 科学管理研究, 2019, 37（02）：152-156.

[36] 张文强. 论资产证券化中风险隔离机制的构建 [J]. 当代经济科学, 2008,（30）：59-64.

[37] 张同功, 刘江薇. 新时期中国金融支持实体经济发展的区域差异 [J]. 区域经济评论, 2018, 33（03）：90-101.

[38] 张荣丰, 中国人民银行天津分行. 关于数字货币的发行与监管初探 [J]. 华北金融, 2017,（1）：36-38.

[39] 张荣. 区块链金融：结构分析与前景展望 [J]. 南方金融, 2017,（2）：57-64.

[40] 张利国. 中信集团, 超级产融结合模式 [Z/OL].[2020-8-20].http://www.360doc.com/content/20/0813/17/71134393_930157829.shtml.

[41] 张京友. 进化图论在知识型企业组织结构设计中的应用 [J]. 山东大学学报, 2013,（01）：107-110.

[42] 张家瑞. 互联网金融生态的演进——以京东金融为例 [J]. 现代商业, 2016,（11）：190-191.

[43] 袁勇. 区块链技术发展现状与展望 [J]. 自动化学报, 2016, 42（4）：481-494.

[44] 余泽超. 浅谈普惠金融背景下如何解决小微企业融资难的问题 [D]. 江西财经大学, 2019.

[45] 殷贵林. 皖江城市带城市分工与合作机制研究 [J]. 对外经贸, 2013,（06）：86-88.

[46] 叶文辉. 大数据征信机构的运作模式及监管对策——以阿里巴巴芝麻信用为例 [J]. 武汉金融, 2016,（02）：66-68.

[47] 杨子萱. 区块链对比特币与金融发展业的影响 [J]. 辽宁经济, 2020,（09）：30-31.

[48] 杨振. 价格激励机制对企业创新行为的影响研究 [J]. 价格理论与实践, 2020,（05）：133-136.

[49] 杨珍增, 陆建明. 金融发展、国际分工与全球失衡 [J]. 世界经济研究, 2011,（03）：21-27+87.

[50] 杨哲. 金融发展与科技创新的协同关系研究 [D]. 天津财经大学, 2017.

[51] 杨涛. 关于建设信用经济应用平台破解融资难的操作方案解析 [J]. 经济界, 2019,（06）：40-47.

[52] 杨凌云, 王成, 姚玮, 汤世志. 建立我国商业银行组织体系的战略选择 [J]. 金融理论与实践, 1995,（02）：22-24.

[53] 杨飞. 平安集团综合经营模式探析 [J]. 杭州金融研修学院学报, 2020,（09）：65-67.

[54] 杨东. 论金融消费者概念界定 [J]. 法学家，2014，（05）：64-76.
[55] 杨镈宇. 京津冀区域金融协同发展水平评价及政策建议 [D]. 河北大学，2016.
[56] 严晋. 区块链技术在资产证券化领域的应用研究 [D]. 华中师范大学，2019.
[57] 薛求知. 无国界经营 [M]. 上海：上海译文出版社，1997：135.
[58] 薛晋洁. 合资企业合作困境影响因素的实证研究 [D]. 西南交通大学，2016.
[59] 许凌锋. 我国互联网征信体系分析探讨——以芝麻信用为例 [J]. 现代营销（下旬刊），2020，（03）：50-51.
[60] 熊小雅. 我国互联网金融生态系统建设进路研究 [J]. 中小企业管理与科技（中旬刊），2020，（08）：80-81.
[61] 信托机构 [EB/OL]. [2021-01-27]. https: //baike.baidu.com/item/%E4%BF%A1%E6%89%98%E6%9C%BA%E6%9E%84/4633542?fr=aladdin .
[62] 新京报. 中信银行等四家银行升级区块链福费廷交易平台 [N/OL].[2019-09-10].http: //liancaijing.com/590657.html.
[63] 新华财经. 长三角农村金融机构合作宣言 [EB/OL].[2019-08-02]. http: //news.xinhua08.com/a/20190802/1876230.shtml.
[64] 谢盛纹，等. 年报预约披露推迟、金融生态环境与债务融资成本——基于信息风险识别和风险补偿转化视角 [J]. 管理评论，2018，（12）：200-211.
[65] 小詹姆斯，等. 管理学基础 [M]. 北京：中国人民大学出版社，1982.
[66] 项目收益分配，https: //doc.mbalib.com/view/d9deae5402e5d7ed46508cdeaec67d3b.html.
[67] 向玲. 企业组织结构研究进展 [J]. 长安大学学报（社会科学版），2006，8（4）：28-31.
[68] 夏义鑫，武诗雨. 芝麻信用体系创新模式研究 [J]. 现代商贸工业，2018，39（21）：54-56.
[69] 习近平. 习近平谈治国理政 [M]. 北京：外文出版社，2017.
[70] 习近平. 在全国金融工作会议上的讲话 [N]. 人民日报，2017-07-16（1）.
[71] 习近平. 携手推进"一带一路"建设——在"一带一路"国际合作高峰论坛开幕式上的演讲 [N]. 人民日报，2017-05-15（1）.
[72] 西华大学会计学省级特色专业课题组，章道云，周佩，姚世斌. 金融引擎助推中国实体经济发展研究 [J]. 管理世界，2013，（11）：172-173.
[73] 吴晓求. 现代金融体系：基本特征与功能结构 [J]. 中国人民大学学报，2020，（1）：60-73.
[74] 吴晓光. 浅析我国金融信息服务市场的发展 [J]. 银行家，2011，（07）：88-90.
[75] 吴明理，姜全. 激励相容机制下的第三方信用挖掘：光大银行税贷易案例 [J]. 征信，2017，35（02）：57-61.
[76] 文宗瑜. 支持非金融支付行业发展财税政策研究 [J]. 地方财政研究，2014，（07）：33-37+47.
[77] 魏琬昕. 地方政府简政放权改革中的权责关系调整 [D]. 南昌大学，2018.
[78] 魏凯. 保险业信息共享建设研究 [D]. 对外经济贸易大学，2018.
[79] 王竹泉，王苑琢，王舒慧. 中国实体经济资金效率与财务风险真实水平透析——金融服务实体经济效率和水平不高的症结何在？[J]. 管理世界，2019，35（02）：58-73+114+198-199.
[80] 王越乙. 企业集体谈判制度的困境及其优化路径 [J]. 管理世界，2014，（10）：182-183.
[81] 王雅俊. 互联网背景下消费金融的发展模式研究 [J]. 技术经济与管理研究，2017，（11）：79-83.
[82] 王修志，谭艳斌，孔胜雪. 双循环发展逻辑：以大国分工体系助推国际分工合作 [J/OL]. 改革与战略：1-11[2020-10-21].https: //doi.org/10.16331/j.cnki.issn1002-736x.2020.11.007.
[83] 王雄，资产证券化（ABS）融资模式的理论与实验模拟 [J]. 求索，2012，（08）：41-43.
[84] 王松涛. 无边界组织：企业组织结构变革的新模式 [J]. 同济大学学报，2008，（04）：118-124.

[85] 王爽. 中信证券并购里昂证券绩效分析 [D]. 河北金融学院, 2018.
[86] 王琦月. 金融科技下商业银行供应链金融模式研究——以平安银行为例 [D]. 江西师范大学, 2020.
[87] 王克馨. 中国产融结合发展模式与路径选择研究 [D]. 东北财经大学, 2015.
[88] 王京京. 中国商业银行体系与金融稳定的关联性研究 [D]. 东北师范大学, 2016.
[89] 王剑. 未来之门：大资管行业的生态链与竞合格局 [J]. 现代商业银行, 2018, (5)：43-47.
[90] 王华萍. 基于宏观审慎视角的非银行金融机构发展研究 [J]. 区域金融研究, 2016, (03)：39-43.
[91] 王福钊, 周雁, 次仁罗增, 冷本杰. 互联网金融服务框架模式研究 [J]. 中国经贸导刊（中）,2020(07)：72-73.
[92] 童欣. 我国商业银行监管评级体系研究 [D]. 复旦大学, 2011.
[93] 同盾科技张新波：金融与 AI 加速融合 行业深度分工局面已形成 [EB/OL]. [2020-10-27].https：//new.qq.com/omn/20201017/20201017A07ZGI00.html.
[94] 田园. 科技与金融的深度融合及平台模式发展 [J]. 海峡科技与产业, 2018, (08)：38-39.
[95] 田艳平, 冯垒垒. 区域合作、利益共享：区域协调发展的基础 [J]. 学习与实践, 2015, (01)：36-43. 信息共享 [EB/OL]. [2020-06-14].https：//baike.baidu.com/item/%E4%BF%A1%E6%81%AF%E5%85%B1%E4%BA%AB/2411616?fr=aladdin.
[96] 唐伟栋. 我国互联网金融发展现状及对策建议——基于蚂蚁金融服务集团案例分析 [D]. 西南财经大学, 2016.
[97] 唐家才. 开放共享：网商银行的运营探索及技术支撑 [J]. 金融电子化, 2016, (04)：52-53.
[98] 唐斌, 赵洁. 商业银行的引资谈判与发展策略 [J]. 上海金融, 2005, (08)：56-57.
[99] 孙杨. 中信证券跨境并购里昂证券案例分析 [D]. 辽宁大学, 2019.
[100] 孙晶. 中信证券跨境并购里昂证券的协同效应及风险研究 [D]. 安徽财经大学, 2019.
[101] 宋秀波. 关于科尔曼社会资本理论的解读 [J]. 社科纵横（新理论版）, 2011, 26（02）：55-56.
[102] 首席升级官. 2020 年之际阿里再调组织架构, 包含了下一个 10 年的野心 [Z/OL].[2019-12-19]. https：//baijiahao.baidu.com/s?id=1653337190992929105&wfr=spider&for=pc.
[103] 时晨. 互联网金融内生性风险 [J]. 中外企业家, 2017, (02)：45+48.
[104] 石文娟. 区块联盟链下的银行间合作机制研究及实践 [J]. 金融电子化, 2019, (07)：66-68.
[105] 如何找寻信托公司未来业务拓展的方向？ [Z/OL].[2016-09-14].http：//www.360doc.com/content/16/0924/23/35178403_593389729.shtml.
[106] 融汇岛. 关于商业银行与中国融资租赁公司合作模式的深度思考 [EB/OL].[2019-03-12].http：//www.rhd361.com/special/news?id=0666651f9cba42d49d08e8ec40b1c8e5.
[107] 人人都是产品经理. 联合贷款, 应该怎么管？ [EB/OL].[2019-10-28].http：//www.woshipm.com/it/3021027.html/comment-page-1.
[108] 人民银行重庆市分行课题组. 论我国金融机构分工与管理——《我国金融机构分工和管理问题》的课题研究总报告 [J]. 金融研究, 1991, (10)：9-20.
[109] 人民网. 金融支持实体经济力度不断增强 [EB/OL].[2020-01-17].http：//hi.people.com.cn/GB/n2/2020/0117/c231187-33724204.html.
[110] 券商中国. 行业转型棋到中盘, "双冠王"华泰证券资管发力关键赛道竞争优势.[Z/OL].（2019-12-30）.https：//www.sohu.com/a/363642235_177992.
[111] 全洪云. 利益共享的内涵及其社会意义 [J]. 中共贵州省委党校学报, 2014, (02)：82-85.
[112] 青海新闻网. 青海中关村：倾力打造"金融共同体" [N/OL].[2016-11-09]. https：//www.sohu.com/a/118480586_115496.

[113] 青岛金融. 交通银行银担合作简介 [EB/OL].[2012-12-09].http：//jrb.qingdao.gov.cn/n26118648/n26118973/n26119760/150411123144708653.html.

[114] 乔海曙. 当前经济形势及货币、信贷政策研究 [J]. 上海金融，1998，(9)：10-12.

[115] 平安银行官网：http：//bank.pingan.com/gongsi/gongyinglian/.

[116] 平安集团官网：http：//www.pingan.cn/about/overview.shtml.

[117] 皮天雷，赵铁. 互联网金融：范畴、革新与展望 [J]. 财经科学，2014，(6)：22-30.

[118] 皮天雷，刘垚森，吴鸿燕. 金融科技：内涵、逻辑与风险监管 [J]. 财经科学，2018，(09)：16-25.

[119] 彭芳春，黄志恒. 小微企业融资的"小银行优势"：一般假说与我国适用 [J]. 财会通讯，2015，(35)：9-11+129.

[120] 潘路明. 金融机构布局及其流动性解析 [J]. 商，2015，(34)：167+179.

[121] 欧连明，李毓祁. 浅谈银行信贷管理的权责对等原则 [J]. 海南金融，2001，(04)：29-30.

[122] 宁波银行官网：http：//www.nbcb.cm.cn/investor_relations/basic_information/stock_structure/201502/t20150204_27728.shtml.

[123] 念霜. 浅析分业经营与混业经营利弊——基于中国银行保险监督管理委员会的设立 [J]. 中国管理信息化，2019，22（09）：145-147.

[124] 毛唯臻. 互联网金融生态构建路径探析 [J]. 当代经济，2018，(19)：12-14.

[125] 迈克尔·波特，著. 竞争优势 [M]. 陈丽芳，译. 北京：中信出版社，2014：126.

[126] 蚂蚁官网. 集团介绍 [Z/OL].（2020-01-30）.https：//www.antgroup.com/about/introduction.

[127] 马云. 金融行业需要搅局者 [J]. 市场观察，2013，(7)：11.

[128] 马晓曦. 布局移动金融生态链——光大手机银行发布 6.0 版本 [J]. 中国金融家，2020，(1)：123.

[129] 马博南. 独立审计、内部审计与公司治理 [J]. 现代企业，2019，(07)：136+150.

[130] 罗明忠. 战略联盟：我国金融机构合作的理性选择 [J]. 华南金融研究，2001，(6)：19-21.

[131] 栾华. 投资银行学 [M]. 北京：高等教育出版社，2011.

[132] 吕璞，马可心. 基于相对风险分担的集群供应链协同创新收益分配机制研究 [J]. 运筹与管理，2020，29（09）：115-123.

[133] 吕宁. 委托-代理关系中的逆向激励及其博弈分析 [J]. 企业科技与发展，2020，(12)：230-233.

[134] 陆瑶，张叶青，贾睿. "辛迪加"风险投资与企业创新 [J]. 金融研究，2017，000（006）：159-175.

[135] 陆岷峰. 我国中小企业集合债制度探析 [J]. 南京审计学院学报，2011，(8)：27-32.

[136] 陆金所官网. 平安众+简介 [Z/OL].[2020-01-30].http：//about.pingan.com/zhong/.

[137] 刘晓姣. 金融与实体经济的关系分析 [J]. 现代营销，2019，(9)：125.

[138] 刘沛佩. 我国证券市场智能投顾发展的监管思考 [J]. 证券市场导报，2019，(01)：62-69.

[139] 刘茂森. 中信证券并购里昂证券的效应研究 [D]. 中国财政科学研究院，2019.

[140] 刘军，黄解宇，曹利军. 金融集聚影响实体经济机制研究 [J]. 管理世界，2007，(04)：152-153.

[141] 刘戒骄. 京津冀产业协同发展的动力来源与激励机制 [J]. 区域经济评论，2018，(06)：22-28.

[142] 刘家宝. 互联网保险新模式 [J]. 大陆桥视野，2020，(07)：62-64.

[143] 刘恒. 人力资本与企业收益分配改革的研究 [M]. 长沙：中南大学出版社，2006.

[144] 刘博识. 互联网金融企业资产证券化发展问题研究——以蚂蚁金服 ABS 为例 [D]. 华东政法大学，2019.

[145] 蔺鹏. 区域金融创新与科技创新的耦合机理和联动效果评估——基于京津冀协同创新共同体的研究 [J]. 南方金融，2019，(509)：58-68.

[146] 林洲钰，林汉川. 中小企业融资集群的自组织演进研究——以中小企业集合债组织为例 [J]. 中国工业经济，2009，(9)：87-95.

[147] 林毅夫.中国经济学的机遇和挑战 [J].当代经济，2007,（07）：4-5.
[148] 林淑蓉.互联网金融对证券行业的影响 [J].销售与管理，2020,（01）：124-125.
[149] 连平.深化金融体制改革，加快构建现代金融体系 [N/OL].[2018-03-01].http://www.xinhuanet.com/money/2018-03/01/c_129820009.htm.
[150] 李正辉，万晓飞.金融生态国际竞争力促进经济增长的实证分析 [J].金融研究，2008,（4）：199-206.
[151] 李长润.商业银行矩阵式组织结构的构建 [J].经济师，2003,（8）：22-23.
[152] 李颖.我国商业银行内部控制体系建设的研究 [J].时代金融，2019,（21）：17-18.
[153] 李颖.金融科技内涵、趋势与路径 [J].海南金融，2018,（11）：23-28.
[154] 李亚平.我国互联网银行经营模式与效率研究 [D].浙江大学，2019.
[155] 李文增.数字货币与无现金社会 [J].世界文化，2017,（11）.
[156] 李文，李晓辉.会计盈余管理与独立审计质量分析 [J].商讯，2020,（21）：34-35.
[157] 李为章.中小企业集合债券融资机制及其效率研究 [D].湖南大学，2014.
[158] 李狮.增进银企互信 破解融资难题 [N].榆林日报，2015-09-14（001）.
[159] 李全伟.中信"大协同"战略 [Z/OL].[2017-05-09].https://www.hbrchina.org/2017-0509/6584.html.
[160] 李庆红.浅论金融体系的专业化分工 [J].内蒙古财经学院学报，1996,（04）：34-35.
[161] 王峰虎.分工、契约与股票市场效率 [D].西北大学，2003.
[162] 李庆国.分工演进视角下的中国商业银行转型 [D].南京大学，2017.
[163] 李鹏.公共管理学 [M].北京：中共中央党校出版社，2010.
[164] 李明.国有商业银行组织结构变革研究 [J].天津大学学报，2004,（01）：41-47.
[165] 李健，马亚.科技与金融的深度融合与平台模式发展 [J].中央财经大学学报，2014,（05）：23-32.
[166] 李福刚.关于我国金融资源配置问题的思考 [J].时代经贸，2006,（01）：72-73.
[167] 李成，张琦.金融发展对经济增长边际效应递减内在机理研究——基于"两部门划分法"的理论框架 [J].经济科学，2015,（05）：5-16.
[168] 拉德克利夫-布朗，刘达成.论社会结构 [J].世界民族，1992,（5）：23-31.
[169] 克里斯·安德森，著.长尾理论：为什么商业的未来是小众市场 [M].乔江涛，石晓燕，译.北京：中信出版社，2015：89.
[170] 科技与金融结合课题组.当代科技与金融结合的大趋势 [J].科技进步与对策，1987,（02）：24-25.
[171] 金融资产管理公司 [EB/OL].[2021-01-27].https://baike.baidu.com/item/%E9%87%91%E8%9E%8D%E8%B5%84%E4%BA%A7%E7%AE%A1%E7%90%86%E5%85%AC%E5%8F%B8/6419509?fr=aladdin.
[172] 蒋平.银保合作如何更好地服务实体经济 [J].中国银行业，2020,（07）：6+33-35.
[173] 黄珊,互联网金融商业模式研究——以平安集团为例 [D].浙江大学，2017.
[174] 黄国妍.上海构建金融科技产业生态链研究 [J].科学发展，2020,（5）：5-19.
[175] 华夏幸福产业研究院.产业观察|解剖麻雀——百度区块链 ABS 应用案例分析 [Z/OL].[2019-06-14].http://mp.ofweek.com/blockchain/a845683827136.
[176] 华泰证券官方网站，Huatai Securities（htsc.com.cn）.
[177] 胡志民.经济法 [M].上海：上海财经大学出版社，2006.
[178] 胡瑶.展产融结合提升企业价值 [J].经济研究导刊，2019,（23）：7-8+12.

[179] 胡静. 我国商业银行中间业务定价机制与风险控制研究 [D]. 武汉理工大学，2010.
[180] 胡浩. 银期合作 [M]. 北京：中国金融出版社，2006.
[181] 胡宝海. 现代金融担保法研究：不动产担保及其证券化理论 [M]. 北京：中国社会科学出版社，1999.
[182] 何欣. 互联网金融生态系统：运行机制、缺陷与优化研究 [J]. 中外企业家，2019，(28)：87.
[183] 何盛明. 财经大辞典 [M]. 北京：中国财政经济出版社，1990.
[184] 何德旭. 推进区域金融协同发展 [J]. 中国金融，2015，(21)：81-82.
[185] 郝云，贺然. 新时代我国企业利益共享的公正实施机制 [J]. 伦理学研究，2020，(04)：28-35.
[186] 郝瑾. 企业集团产融结合的路径及模式分析 [J]. 企业管理，2016，(09)：111-113.
[187] 杭州发改. 余杭金控小微企业增信集合债券助力小微企业发展 [EB/OL]. [2019-04-27]. https：//www.sohu.com/a/310115899_120034998.
[188] 韩哲. 中国区域金融业发展非均衡性研究 [D]. 吉林大学，2014.
[189] 韩上尚. PPP 项目特许协议再谈判机制研究 [D]. 西南科技大学，2018.
[190] 韩盼. 基于合作收益视角的医疗保险谈判机制研究 [D]. 福州大学，2016.
[191] 海湾合作委员会. 开发金融科技生态系统 [EB/OL]. [2015-08-12]. https：//www.strategyand.pwc.com/m1/en/reports/2015/developing-fintech-ecosystem-gcc.html.
[192] 国务院. 国务院办公厅关于有效发挥政府性融资担保基金作用切实支持小微企业和"三农"发展的指导意见 [EB/OL]. [2019-02-14]. http：www.gov.cn/zhengce/content/2019-02/14/content_5365711.htm.
[193] 郭玉. P2P 网络借贷平台运营模式及其风险评价 [D]. 重庆大学，2019.
[194] 顾祎旸. 协同创新的理论模式及区域经济协同发展分析 [J]. 理论探讨，2013，(05)：95-98.
[195] 谷新生. 关于金融服务实体经济的若干思考 [EB/OL]. [2018-04-13]. http：//ah.people.com.cn/n2/2018/0414/c227767-31461542.html.
[196] 辜胜阻. 金融风险特征及防控风险的战略思考 [J]. 中国经济问题研究，2018，(4)：99-105.
[197] 构建互信共生的"银企命运共同体" [J]. 中国银行业，2018，(12)：3.
[198] 龚加加. 基于循环购买结构的信托型 ABN 应用案例研究 [D]. 北京交通大学，2019.
[199] 傅勇，匡桦. 近约束、委托-代理机制与中国市政项目融资的规范 [J]. 经济社会体制比较，2015，(05)：31-44.
[200] 付莉. 金融与实体经济关系及穿透式监管探析 [J]. 中国物价，2020，(04)：38-40.
[201] 冯维江. 风险隔离——金融防火墙制度及对中国的启示 [J]. 国际贸易，2003，(9)：55-57.
[202] 风险投资的辛迪加模式研究 [J]. 湖北社会科学，2009，(05)：80-83.
[203] 非银行金融机构 [EB/OL]. [2021-01-25]. https：//baike.baidu.com/item/%E9%9D%9E%E9%93%B6%E8%A1%8C%E9%87%91%E8%9E%8D%E6%9C%BA%E6%9E%84/3046110?fr=aladdin.
[204] 方芝. 金融交易中的交易成本与正规融资条件下中小企业融资问题的关系分析——基于威廉姆森的交易成本理论 [J]. 时代金融，2016，(26)：242+244.
[205] 方波. 水利工程的业主与工程监理委托代理关系分析 [J]. 黑龙江水利科技，2019，47（04）：36-39.
[206] 杜栋. 协同、协同管理与协同管理系统 [J]. 现代管理科学，2008，(2)：92-94.
[207] 窦森. 我国金融资源的城乡配置问题研究 [J]. 经济问题，2009，(09)：96-99.
[208] 董悦，马坤. 移动支付风险及应对策略研究 [J]. 电脑知识与技术，2018，14（28）：291-293.
[209] 董其奇. 信息化助力中国银行业布局国际金融生态链 [J]. 金卡工程，2005，(3)：51-52.
[210] 东南网. 中信集团与工信部签署战略合作协议助力"中国制造 2025" [N/OL]. (2016-04-21). http：//money.fjsen.com/2016-04/21/content_17689199.htm.
[211] 丁翔. 委托代理视角下大型工程合谋行为及其治理机制研究 [D]. 南京大学，2015.

[212] 翟立宏，吕海鹏. 论新时期商业银行的业务分工 [J]. 中国煤炭经济学院学报，1998，(03)：74-77.

[213] 邓丝元. 浙江网商银行小额贷款模式分析 [D]. 辽宁大学，2018.

[214] 党茜. 互联网金融核心竞争力的经济学探索 [J]. 中国商论，2020，(21)：31-32.

[215] 党超. 国际资本流动对中国商业银行体系稳定性的影响 [D]. 吉林大学，2017.

[216] 戴政. 证券公司跨国并购协同效应研究 [D]. 湖南大学，2016.

[217] 崔莎娜. 基于交易成本理论的铁路企业组织模式分析 [D]. 北京交通大学，2017.

[218] 丛建哲. 银行业的互联网化探讨 [J]. 黑龙江金融，2013，(09)：32-33.

[219] 陈振宇. 兴业银行温州分行"商行+投行"业务发展模式研究 [D]. 兰州理工大学，2019.

[220] 陈哲. 金融生态视角下的金融监管 [J]. 北京交通大学学报（社会科学版），2012，(11)：52-58.

[221] 陈雨露，马勇，阮卓阳. 金融周期和金融波动如何影响经济增长与金融稳定?[J]. 金融研究，2016，(2)：1-22.

[222] 陈文涛，罗震东. 互联网时代的产业分工与集聚——基于淘宝村与专业市场互动机制的空间经济学分析 [J]. 南京大学学报（哲学·人文科学·社会科学），2020，57（02）：65-78+158-159.

[223] 陈卫东. 建立更紧密的产融协作关系 [J]. 中国金融，2020，(12)：41-43.

[224] 陈炜. 互联网金融背景下证券行业发展研究 [J]. 时代金融，2016，(09)：137.

[225] 陈硕. 金融控股集团协同发展的路径与对策探讨 [J]. 管理观察，2020，(17)：153-154.

[226] 陈劲，朱子钦. 发挥科技创新对现代化经济体系建设的支撑作用 [N/OL].[2019-02-11].

[227] 陈建中. 建立金融主导型的投资机制 [J]. 浙江金融，1987，(05)：16-18.

[228] 陈春花. 协同：组织效率新来源 [J]. 清华管理评论，2019，(10)：14-21.

[229] 常新锋，陈璐瑶. 金融发展、资本效率对经济高质量发展的空间溢出效应分析 [J/OL]. 金融经济学研究：1-11[2020-10-22].http://kns.cnki.net/kcms/detail/44.1696.F.20200929.1522.022.html.

[230] 曹兴，马慧. 新兴技术创新网络下多核心企业创新行为机制的仿真研究 [J]. 中国软科学，2019,(06)：138-149.

[231] 曹路萍. 科技金融与科技产出、经济发展协同研究 [D]. 厦门大学，2014.

[232] 蔡彬彬. 金融分工与金融发展 [D]. 武汉大学，2004.

[233] 伯特. 结构洞：竞争的社会结构 [M]. 上海：上海人民出版社，2008.

[234] 保险公司 [EB/OL]. [2021-01-26]. https：//baike.baidu.com/item/%E4%BF%9D%E9%99%A9%E5%85%AC%E5%8F%B8/507332?fr=aladdin.

[235] 百融金服. 揭秘百融金服普惠金融战略，张韶峰出席"中关村金融科技论坛"[Z/OL].[2018-12-21]. https：//zhuanlan.zhihu.com/p/52957858.

[236] 白钦先. 再论以金融资源论为基础的金融可持续发展理论——范式转换、理论创新和方法变革 [J]. 国际金融研究，2000，(2)：7-14.

[237] 巴曙松，白海峰. 金融科技的发展历程与核心技术应用场景探索 [J]. 清华金融评论，2016，(11)：99-103.

[238] Wilson R.Theory Of Syndicates[J].Econometrica，1968，(36)：1-119.

[239] Tansley A G. The use and abuse of vegetational concepts and terms[J]. Ecology，1935，16（3）：284-307.

[240] Robert G. King，Ross Levine. Finance and Growth：Schumpeter Might be Right[J]. The Quarterly Journal of Economics，1993，108（3）：717-737.

[241] MBA 智库百科 [EB/OL].[2019-03-12]. https：//wiki.mbalib.com/wiki/%E8%BE%9B%E8%BF%9A%E5%8A%A0.

[242] MBA 智库 [EB/OL]. [2016-04-27].https：//wiki.mbalib.com/wiki/%E6%96%AF%E5%AF%86-%E6%9D%A8%E6%A0%BC%E5%AE%9A%E7%90%86.

[243] Mark S Granovetter. The Strength of Weak Ties[J]. Mark S. Granovetter，1973，78（6）.

[244] Leong C，Tan B，Xiao X，et al. Nurturing a FinTech ecosystem：The case of a youth microloan startup in China[J]. International Journal of Information Management，2017，37（2）：92-97.

[245] James S Coleman. Social Capital in the Creation of Human Capital[J]. James S. Coleman，1988.

[246] 杨旭东. 关于银保合作模式重构与创新的思考 [J]. 上海保险，2020，(01)：16-19.

[247] Hugh T Patrick.Financial Development and Economic Growth in Underdeveloped Countries[J]. Economic Development and Cultural Change，1966，41（2）：174-189.

[248] http：//theory.people.com.cn/n1/2019/0211/c40531-30616902.html.

[249] Granovetter M S. The Strength of Weak Ties[J]. American Journal of Sociology，1973，78（6）：1360-1380.

[250] Degenne A，Wellman B，Berkowitz S D．Wellman Barry, Berkowitz S. D. Social structures, a network approach[J]. Revue Française de Sociologie，1990，31（1）：149.